Çamlıbahçe
Ortaçeşme
Yalıköy
Örnekköy
Elmalı
Riva-Beykoz Yolu
Yeni Riva Yolu
İbrahimpaşa Korusu
Zerzavatçı
Beykoz
İncirköy
Beykoz Konakları
Paşabahçe
Soğuksu
Acarkent Sitesi
Görele
Polonez
Çiğdem
Beykoz Cd
Çubuklu
Fatih Sultan Mehmet Sk
Çavuşbaşı-Çengeldere
Mihrabat Cd
Rüzgarlıbahçe
Kavacık
Cumhuriyet Cd
Çavuşbaşı-Fatih
Çavuşbaşı
Çavuşbaşı-Çiftlik
Göksu Siteleri
Göksu
Göksu II Barajı
Göksu I Barajı
Çavuşbaşı-Yavuzselim
Orman Alanı
Hekimbaşı
Çavuşbaşı-Baklacı
Ormanlık Alan
Alemdar
Askeri Bölge
Orhanlı
Yavuztürk
Hasippaşa
Çekmeköy-Merkez
Çekme
Taşdelen
Şile Otoyolu
Aşağı Dudullu Şaplan Bayırı Mezarlığı
Atatürk
Umraniye
Çekmeköy-Mimarsinan
Sultançiftliği-Merkez
Çekmeköy-Hamidiye
Sultançiftliği-Güngören
Ihlamurkuyu
Aşağıdudullu
Sütçü İmam Cd
Alemdağ Cd
Çekmeköy-Mehmetakif
Çekmeköy Kışlası
Çekmeköy-Çamlık
Atakent
Çakmak
Kerestecilеr Ve Hurdacılar
Sarıgazi-Meclis
Sarıgazi-İnönü
Yukarıdudullu
Sarıgazi-Kemaltürkler
Sarıgazi
Esenşehir
Fetih
Mustafakemal
Sarıgazi-Merkez
Esatpaşa
Demirciler De Sanayi Sitesi
Sarıgazi-Emek
Örnek
Ormanlık Alan
Samandıra Kışlası
Barbaros
Küçükbakkalköy
Yenisahra
Atatürk
Yeniçamlıca
Sahrayıcedit
Samandıra-Ferhatpaşa
Samandıra
Kadıköy
Kayışdağı
Samandıra-Eyüpsultan
Askeri Bölge
Erenköy
İçerenköy
Kayışdağı Ormanı
Kozyatağı
Fındıklı
Suadiye
Bostancı
Küçükyalı Evren Kışlası
Başıbüyük
Samandıra-Fatih
Altıntepe
Küçükyalı Merkez
Aydınevler
Göğüs Hastalıkları Hastanesi Süreyyapaşa Sanatoryumu
Büyükbakkalköy
E80
O-2
O-4
O-1
D020
D100

GEZİ REHBERİ

İstanbul

Halil Ersin AVCI

KAYNAK
YAYINLARI

İSTANBUL GEZİ REHBERİ

Editör
Hasan Hayri DEMİREL

Görsel Yönetmen
Engin ÇİFTÇİ

Grafik - Sayfa Düzeni
Sinan ÖZDEMİR

Haritalar
Mehmet Fatih DÖKER
Cem KIRLANGIÇOĞLU

İllüstrasyon
Nejdet ÇATAK

Fotoğraflar
Halit Ömer CAMCI
Metehan KURT
Mustafa YILMAZ

ISBN
978-9944-125-55-0

Yayın Numarası
31

Basım Yeri ve Yılı
Çağlayan Matbaası
Sarnıç Yolu Üzeri Nu: 7 Gaziemir / İZMİR
Tel: (0232) 252 20 96
Nisan 2008

Genel Dağıtım
Gökkuşağı Pazarlama ve Dağıtım
Merkez Mah. Soğuksu Cad. Nu: 31 Tek-Er İş Merkezi
Mahmutbey / İSTANBUL
Tel: (0212) 410 50 00 Faks: (0212) 444 85 96

Kaynak Yayınları
Emniyet Mahallesi Huzur Sokak Nu: 5
Üsküdar / İSTANBUL 34676
Tel: (0216) 318 42 88 Faks: (0216) 318 52 20
www.kaynakyayinlari.com.tr

İÇİNDEKİLER

İSTANBUL GEZİ REHBERİ / SURİÇİ - 1. BÖLÜM

SURİÇİ - 18 BÖLÜM 1

HALİÇ-106

BÖLÜM 2

EYÜP - 124

BÖLÜM 3

GALATA-BEYOGLU-TAKSİM-TOPHANE-136

BÖLÜM 4

BEŞİKTAŞ-170

BÖLÜM 5

ÜSKÜDAR - KADIKÖY - BEYKOZ - 200

BÖLÜM 6

ADALAR-244

BÖLÜM 7

MESiRE ve PiKNiK ALANLARI

BÖLÜM 1

SURİÇİ

Hangi mevsimde gezilir: Dört Mevsim

Gezmek için ne kadar zaman ayırmak gerekli: Saray için ortalama 3-4 saat, Harem için bir saat, Hazine için kırk dakika ayırmak gereklidir.

Önemli Not: Sarayın, Harem Dairesi için ayrı bilet alınması gerekmektedir.

TOPKAPI SARAYI

Salı günleri hariç her gün 09.00–16.00 saatleri arasında ziyarete açıktır. Ramazan ve Kurban Bayramlarının ilk günü saat 12.00-16.00 saatlerinde açıktır. Harem Dairesi ayrı ücrete tabidir.

Buyurun…

Gezi güzergâhını takip ederek geldiğimiz bu noktadan karşımıza baktığımızda sol yanımızdaki Ayasofya ve sağ yanımızdaki III. Ahmet çeşmesinin arasından ge-

Topkapı Genel Görünüm

III. Ahmet Çeşmesi:

çen yolun sonunda Topkapı Sarayı'nın ihtişamlı, ihtişamlı olduğu kadar da mütevazı dış avlu kapısı olan Bab-ı Hümayun'u (Sultan Kapısı) görürüz. Bu kapı, sarayı çevreleyen surlar ve kuleler kompleksine bağlı ana kapıdır.

III. Ahmet Çeşmesi:

Sarayın önünde Ayasofya'nın arkasında bugünkü Sultan Ahmet Çeşmesi sebili vardır. 18. yüzyılda III. Ahmet zamanında yapılmıştır. Kasidesiyle ünlüdür. Kasidede "Aç Besmeleyle iç suyu Han Ahmed'e eyle

duâ" beyiti meşhurdur. Kuşların su içmesi için oyulmuş duvar hücreleri Osmanlı zerafet ve inceliğinin birer nişanesidir. Çeşmenin musluk tablasında "Maşallah" yazısı vardır. Çeşmenin dört yüzünde birer çeşme, her köşesinde de sebil bulunmaktadır.

Bab-ı Hümayun:

Kapı yuvarlak kemerli ve kitabelidir. Kapının iki tarafında II. Mahmut'un ve Abdülaziz'in tuğraları vardır. Kapının yanlarında Yeniçeri odaları bulunmaktaydı. Kapı, eskiden Bevvab-ı Bab-ı Hümayun denilen kapıcılar ile korunurdu. Burayı geçtikten sonra gelen birinci avlu denilen yer, Sarayın Birun kısmıdır. Burada Saray'ın dış hizmetlerine ait yapılar vardır. Hastane, fırın, odunluklar, darphâne, silahlıklar vs.

Bab-ı Hümayun'dan içeriye girildiğinde sol taraftaki Aya İrini kilisesi dikkatimizi çeker.

Bir Yeniçeri

Aya İrini, Doğu Roma'nın İlk Kilisesi:

Romalılar, 313 yılında Milano fermanı ile Hristiyanlığı kabul etmişler, yeni inançlarının gereği olarak da ülkenin çeşitli yerlerine kiliseler yapmaya başlamışlardı. Konstantiniyye veya Konstantinapolis şehrinin kurucusu İmparator Konstantin, 330'larda şehri yeniden kurarken kendi adına bir forum, saray ve hipodrom yaptırmıştı. Yeni inançları için de çok tanrılı eski Roma tapınaklarının üzerine, Doğu Roma'nın ilk kilisesi olan Aya İrini Kilisesi'ni inşa ettirdi. Aya İrini ya da Hagia Eirene'nin sözlükteki anlamı "Kutsal Barış"tır. Ancak kilisenin yapıldığı dönemde yaşamış ve Hristiyanlığın Romalılar arasında yayılmasına vesile olmuş olan bir azize, Azize İrene'nin de ismidir. Azize'nin gerçek adı Penelope'dir. Aya İrini veya Azize İrene'nin ilginç bir hikâyesi de vardır: Hristiyanlığı yaymaya çalışır. Putperestler tarafından yılanlarla dolu bir kuyuya atılır; ölmez. Taşlanır, atlara bağlanıp sürüklenir; yine de ölmez. Mucizelerin sonunda putperestler Hristiyan olur; İrene'yi de bir azize olarak kabul ederler. İmparator Konstantin, bu olağanüstü olay üzerine, yaptırdığı tek tanrılı dinin ilk mabedine Aya İrini adını verir.

Fatih'in İstanbul'u fethetmesinden sonra yapımına başlanan Topkapı'nın dış surları Ayasofya ve Aya İrini'nin arasından geçer. Aya İrini, Topkapı saray kompleksinin içinde kalmasına rağmen Fatih, bu kiliseyi camiye çevirtmemiştir. Birçok Doğu ve Batı diline hâkim olan Fatih Sultan Mehmed Han, Aya İrini Kilisesi'nin hikâyesini bildiği için Aya İrene'ye ve yaptıklarına saygının ifadesi olarak bu kiliseyi camiye çevirtmemiştir. Aya İrini Kilisesi Osmanlı'nın son yüzyılına kadar kıymetli savaş ganimetlerinin saklandığı, bazı özel silahların konulduğu özel eşya korunağı olarak kullanılmıştır. Sonra gelen padişahlar da bu geleneği bozmamışlardır. 1869 yılında Aya İrini, Müze-i Hümayun (Sultanın Müzesi) adını almıştır.

Yolun biraz daha ilerisinde yine sol yanımızda Darphâne'yi görebiliriz.

Aya İrini Kilisesi

Aya İrini Kilisesi

Darphane

Darphâne:

Darphâne veya Darbhâne-yi Hümayun, Osmanlı Devleti'nin sikkelerinin kesildiği yani bugünkü manasıyla para basılan yerdir. Günümüzde ise İstanbul'un tarihine dair bazı sergiler burada yer almaktadır.

Anayoldan devam ettiğimizde sağ yanımızda kalan bilet gişelerinin ilerisinde Topkapı Sarayı'nın girişi Babüsselam'ı (Bab'üs-Selam, Selam Kapısı) görürüz.

Topkapı Sarayı, Marmara Denizi'ni Karadeniz'e bağlayan İstanbul Boğazı'nın girişinde en havadar ve stratejik noktasında, Sarayburnu'nda kurulmuştur. İstanbul'un fethinden sonra 1460 yılında yapımına başlanan Saray'ın inşaatı 1478 yılında bitirilmiştir. Yapıya daha sonra birçok ekler ilave edilmiş her devrin ihtiyacına göre şekillendirilmiştir. Saray, yaklaşık olarak yedibin metrekare bir alanı kapsar. Fatih tarafından beş kilometrelik kalın surlarla sarayın sınırları belirlenmiştir. Saray, depremlerden etkilenmiş, II. Beyazıt, Kanuni, IV. Murad ve IV. Mehmed zamanında onarılmıştır. Sarayın surlarının onüç kapısı olduğu rivayet edilmektedir. En ünlü kapıları Topkapı ve Balıkhâne Kapısı'dır. Sarayın surlarında yirmi sekiz kule vardır.

Babüsselam Kapısı, Alay Meydanı'nın sonundadır. Bu kapının üzerinde II. Mahmut ve III. Mustafa'nın tuğraları bulunur. Ana kapılardan biri olan bu kapıdan padişah at üzerinde içeriye girerdi. Bu kapıdan girildiğinde Divan meydanına çıkılır. Bu ikinci avlunun sağ tarafında sıra sıra baca ve kubbeleriyle Matbah-ı Amire(Saray Mutfağı) yer alır.

Matbah-ı Amire:

Matbah-ı Amire'de her gün kadın ve erkek dört-beş bin kişiyi doyuracak yemek hazırlanırdı. Hele resmî günlerde, mesela, yeniçeriye

ulufe dağıtıldığı günlerde on-on beş bin arasında olan askerlere çorba, pilav, zerde; Ramazan'ın on beşinci gecesi de bütün yeniçeri nefer ve zabitine baklava pişirilirdi. Matbah-ı Amire'nin bir kısmına "Helvahâne" adı verilirdi. Burada her türlü tatlılarla, reçeller, şuruplar ve macunlar hazırlanırdı. Kokulu sabunlar da Helvahâne'de hazırlanırdı. Padişahların yedikleri yemekler Matbah-ı Amire'nin ayrı bir yerinde hazırlanırdı. Bu yere "Kuşhâne Matbahı" veya "Matbah-ı Has" adı verilirdi.

Babüsselam'dan girişte sol tarafta ise Beşir Ağa Camii'ni ve Has Ahırları görürüz.

Has Ahırlar:

Has Ahırlar, padişahın ve saray atlarının bakıldığı yerlerdi. Ayrıca padişah ve saray hanımlarının atlı arabaları da burada tutulurdu.

Harem ve Divan yine Babüsselam'dan girişten sonraki sol tarafta yer almaktadır.

Harem:

Yaklaşık iki yüzelli odadan oluşan Harem-i Humayün, saray kadınlarının yetiştirildiği bir çeşit okuldu. Burada, padişahın aile hayatını yaşamasının yanında, sarayda padişahın hanımlarına hizmet edecek saray adabını bilen kalifiye personel de yetiştirilirdi. Ayrıca önde gelen devlet adamları için de nitelikli eşlerin yetiştirildiği bir yerdi. Bu açıdan devlet adamlarının yetiştirildiği Enderun'un bir benzeridir denilebilir. Harem'de yetiştirilen kadınlara dinî derslerin dışında müzik, yemek, dikiş, nakış vs. gibi Osmanlı Dönemi kadınının eşine iyi bakması için bilmesi gerekenler öğretilirdi. Haremi Hümayun'un ana yapıları arasında; III. Murad Yatak Odası, I. Ahmet Kütüphanesi, III. Ahmet Yemiş Odası, Veliaht Dairesi, Şehza-

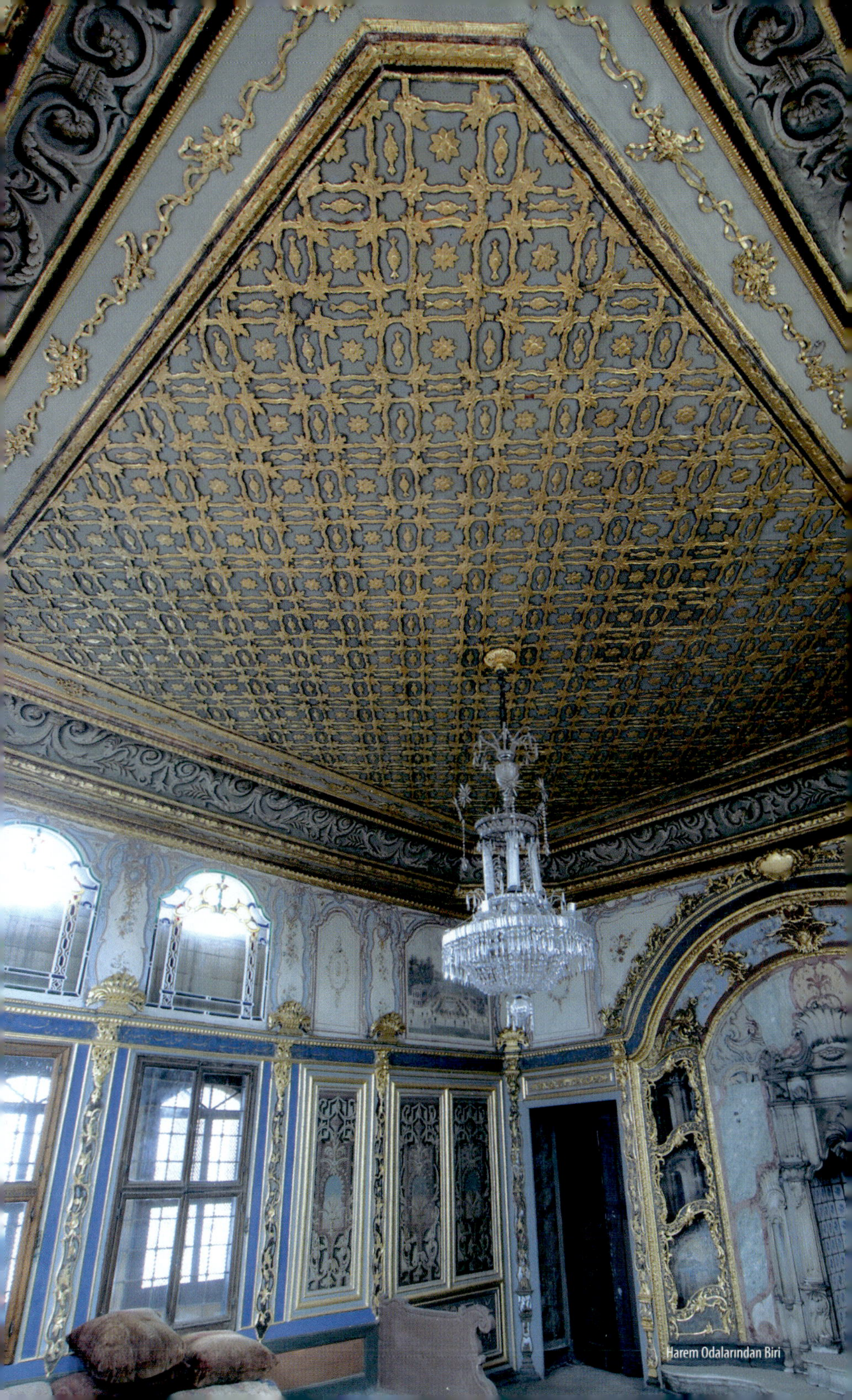
Harem Odalarından Biri

deler Dairesi, Valide Sultan Dairesi, III. Selim Dairesi, Mihrişah Sultan Dairesi, I. Abdülhamid Yatak Odası vardır. Osmanlı Harem Dairesi Topkapı Sarayı'nın en iyi korunan bölümlerinden biriydi. Hareme sadece padişah ve hasta olan cariyelerle ilgilenmek için doktorlar girerdi. Harem cariyeleri çok sıkı önlemler ile Harem Dairesi dışına çıkar ve kesinlikle kimse tarafından görünmeyecek şekilde hazırlanırlardı. Harem Dairesi'ne giren doktor dahi, cariyeleri göremez, hasta kadının nabzını bile ince bir kumaş altından ölçerdi.

Divan-ı Hümayun:

Osmanlı divan toplantılarının yapıldığı yerdir. Büyük kubbesinden dolayı Kubbealtı da denir. Burada, Osmanlı devlet erkânı toplanır, devletin meseleleri görüşülürdü. Çoğu zaman divana Veziriazam (Baş vezir, Sadrazam) başkanlık eder, veziriazamın oturduğu yerin hemen üstünde bulunan kafesten padişah, divan toplantılarını izlerdi. Divan'dan bakıldığında kafesin içi görülmediğinden padişahın toplantıyı izleyip izlemediği anlaşılamaz ve heyet sanki hep padişah oradaymış gibi hareket ederdi. Padişah, uygun bulmadığı konularda heyete müdahale ederdi. Bütün devlet meseleleri, önemli veya taşrada halledilememiş davalar, elçi kabulleri burada yapılırdı. Divan toplantıları genelde haftanın dört günü, sabah namazı vaktinin bitişi ile başlar, öğleye kadar sürerdi. Veziriazam, ikindi vakti padişahın yanına gider, ikindi namazını müteakip padişaha gündemi aktarırdı. Bu sunuma da Arz Divanı denirdi.

Divan'ın hemen yanında zırh ve silah sergisi mutlaka görülmesi gereken yerlerdendir. Buradan sonra karşımıza çıkan kapının adı Babüssaade (Saadet kapısı) dir. Divan avlusunun en sonunda yer alan bu kapı birçok tarihî olaya şahitlik etmiştir.

Babüssaade:

Babüssaade adı verilen saadet kapısına Ak Ağalar Kapısı da denir. Bu kapıdan üçüncü avluya girilir. Buradan sonrası padişahın özelidir. Herkes buradan içeri giremez. Burası sarayın enderun kısmıdır. Cülus (Tahta çıkış) ve bayramlaşma merasimleri bu kapının önünde yapılırdı. Yine

Divan-ı Hümayun

Sancak-ı Şerif bu kapının önünde padişah tarafından sefere çıkan komutana verilirdi. Bu kapıdan hemen girişte iki tarafında çeşme olan Arz Odası ile karşılaşırsınız.

Arz Odası:

Divan üyeleri ve yabancı elçiler burada karşılanırdı. Veziriazam, divan toplantısı bittikten sonra ikindi vakti Arz Divanı veya İkindi Divanı olarak adlandırılan, padişaha yaptığı gündem ile ilgili arzını burada gerçekleştirirdi.

Arz Odası'nın hemen arkasında işlemeleri ve mimarisi ile muhteşem görünen III. Ahmet Kütüphanesi vardı. Avlunun sağ tarafında Ak Ağalar Dairesi, Enderun Mektebi, Seferli Koğuşları, Hazine, Kiler ve Has Ağa Koğuşları vardı. Buradaki kısımların en önemlilerinden biri Hazine'dir.

Hazine:

Bu kısımda Saray hazinesinde bulunan çok değerli altın ve gümüşten işlenmiş saray eşyaları, IV. Murad'ın tahtı, zümrüt ve elmaslarla bezeli Topkapı Hançeri ve meşhur Kaşıkçı Elması gibi birçok eser bulunmaktadır. Ayrıca, Hindistan ve Çin'den gelen çeşitli kıymetli eşyanın yanında dünyanın birçok yerinden gönderilen kıymetli hediyeler de burada ve yanındaki kısımlarda sergilenmektedir. Topkapı Sarayı müzesinin tablo bölümünün başlıca eserleri padişah portreleridir. Bunlar genelde 19. yüzyıl eserleridir. Yine aynı avlu içinde padişah kaftanlarının sergilendiği bir kumaş koleksiyonu mecuttur.

Has Oda veya Hırka-i Saadet Dairesi:

Has Oda Mukaddes Emanetlerin sergilendiği Hırka-i Saadet dairesidir. Hz. Muhammed (s.a.s.)'in hırkası ve diğer Mukaddes Emanetler burada bulunur. Bu kısım Fatih zamanında kurulmuştur. Yavuz Sultan Selim ve IV. Murad devrinde değişikliklere uğramıştır. Yavuz zamanında Mukaddes Emanetlerin buraya getirilmesi ile Has Oda'da çalışanların sayısı arttırılarak 40 kişi olmuştur. Burada has odabaşı, silahtar, çuhadar, rikabdar vs. gibi çalışanları vardı. Bunlar Hırka-i Şerif Dairesi'nin temizliğini yaparlardı. Burası padişahlar için çok önemli bir yerdi. Padişahlar burada dualar ederlerdi. Yavuz'un Mısır'ı 1517'de fethinden sonra Peygamber Efendimiz (s.a.s.)'e, diğer peygamberlere ve Sahabe-i Kiram'a ait eşyalar buraya getirilerek konulmuştur. O günden itibaren de gece gündüz her daim burada Kur'an okunması ferman olunmuştur. Osmanlı Devleti'nin yıkılışına kadar da bu âdet devam etmiştir. Burada gece-gündüz Kur'an okunmuştur. Bu kısımda Hırka-i Şerif (Peygamber Efendimiz (s.a.s.)'in hırkası), Hz. Muhammed (s.a.s.)'in kılıcı ve kabzası, mübarek Kadem-i Pakları (ayak izleri), Sakal-ı Şerifi gibi eşyanın yanında Hz. Muhammed (s.a.s.)'e ait mukaddes eşyalar başta olmak üzere birçok sahabe ve halifeye ait eşya ile daha önce yaşamış olan peygamberlere ait eşyalar bulunmaktadır. Sarayın en eski yapısı olan Fatih Köşkü de sarayın bu kısmındadır. Köşk, İstanbul Boğazı'na nâzır bir yerdedir.

Sofa-yı Hümayun:

Dördüncü avlu diye de adlandırılan bu yerin önemli yapıları Sofa-yı Hümayun denilen ve avluya ismini veren mermer süslü havuz ve yanındaki Sofa Köşkü'dür. IV. Murad'ın yaptırdığı Revan ve Bağdad köşkleri de buradadır. Bu köşklerin süslemeleri benzerlik gösterir. Önemli bir fark Revan Köşkü'nün altın kubbe tezyinatının sıva üstüne, Bağdad Köşkü'nün kubbe nakışlarının deri üzerine yapılmış olmasıdır. Yine bu avluda Sünnet Odası, Hekimbaşı Odası, Sofa Camii, Mecidiye Köşkü, Kameriye Köşkü, Esvap Köşkü gibi yapılar göze çarpar.

Sünnet Odası:

Sünnet Odası tek odalı olup arkasında da küçük bir müştemilatı bulunmaktadır. Sultan İbrahim zamanında (1840–1648) yapıldığı sanılmaktadır. Köşkün içi ve dışı çinilerle kaplanmıştır. Çinilerin bir kısmı XV.-XVI. yüzyıllara ait olmakla birlikte büyük çoğunluğu XVII. yüzyılda tarihlenmiştir. Duvarları süsleyen mavi-beyaz çinilerin yanı sıra pencere içlerine karşılıklı çeşmeler de yerleştirilmiştir. III. Ahmed'in(1703–1730) şehzadelerinin sünneti sırasında bu oda kullanılmış ve bu sebeple de köşkün adı Sünnet Odası olarak kalmıştır.

Revan Köşkü:

IV. Murad'ın Revan'ı fethetmesinin anısı için 1636 da yapılmıştır. Köşk, sekizgen bir plan şemasına sahiptir ve üç eyvanlıdır. Revan Köşkü'nün bazı Osmanlı kaynaklarında "Sarık Odası" diye geçmesi, padişahı törenlerde simgeleyen sarıkların Tülbent Gulamı tarafından burada korunmasıyla ilgilidir. Ayrıca, Has Oda'nın her yıl Ramazan ayında yapılan temizliği sırasında Hırka-i Saadet ve diğer mukaddes eşyalar Revan Köşkü'ne taşınırdı.

Bağdad Köşkü:

IV. Murad'ın Bağdad'ı yeniden fethinin anısına 1639 yılında yaptırılmıştır. Bağdad Köşkü, kalın kemerler üzerine oturmuş mermer sütunlu ve geniş saçaklı bir revakla çevrilidir. Sütunlar taban taşına pirinç çemberlerle sabitlenmiştir. Dış duvar çinileri firuze ve laciverttir. Pirinç pencere parmaklıkları sekiz köşeli yıldız şeklinde kubbe motifleri narçiçeği şeklindedir. Kubbeden altın yaldızlı bir kafesle çevrili kırmızı bir top sarkardı. İç duvarları kaplayan çinilerin üzerinde Kuran-ı Kerim'den ayetler okunur. Kapı ve dolap kanatları sedef ve bağa işlemelidir.

Sünnet Odası

İftariye Köşkü veya İftariye Kameriyesi:

1640'ta Sultan I. İbrahim tarafından yaptırılmıştır. Kameriye Köşkü, İstanbul manzarasının seyredildiği en müstesna yerlerdendir. Kameriye şeklinde olan bu köşkün özelliği tombaktan oluşudur. Dört sütunun taşıdığı bir tekne kubbe ile örtülüdür. Kameriye, çıkıntı yapan konumuyla mermerlikten ayrılmış, alttaki bahçelere ve şehire, Haliç ve Galata'ya yönelik bir konuma getirilmiştir. Bu kameriyede Ramazan aylarında sultanın iftarı beklediği, orucunu burada açtığı düşünülmektedir. Bu sebeple İftariye adını almıştır. Yaz aylarına rastlayan bayram törenle-

Bağdad Köşkü

TOPKAPI - HAREM DAIRESI KESITI

ine-i Hümayun
Arz Odası
Silah Sergisi
mii
III. Ahmet
Kütüphanesi
Matbah-ı
Amire
rem
stanesi
Harem Girişi
Divan-ı Hümayun
Adalet
Kulesi
Zülüflü Baltacılar
Koğuşu

rinde sultan, enderûnluların bayram tebriklerini burada kabul eder ve aşağı bahçede yapılan spor gösterilerini seyrederdi.

Hekimbaşı Kulesi (Baş Lala Kulesi)

Hekimbaşıların padişahlar için ilaç, macun hazırladıkları yer olarak kullanılmıştır. Sarayın birun teşkilatında yer alan hekimbaşılar, hasodalılardan baş lalaya bağlı oldukları için kuleye Baş Lala Kulesi de denmektedir.

Sofa Köşkü:

Sofa Köşkü, Merdivenbaşı Kasrı, Mustafa Paşa Köşkü gibi isimleri olan bu köşkü, Merzifonlu Kara Mustafa Paşa 17. yüzyılda sadrazamlığı sırasında yaptırmıştır. Bu da köşkün Mustafa Paşa Köşkü adını da almasına sebep olmuştur. III. Ahmed zamanında onarılan köşkün 1704 tarihli kitabesinde köşk "Sofa Köşkü" olarak anılmaktadır.

Mecidiye Köşkü:

Dördüncü avlunun sağındaki alçak set üzerinde Mecidiye Köşkü bulunmaktadır. Bu köşk, yanındaki Esvap Odası ve Sofa Camii ile birlikte ayrı bir bölüm oluşturmaktadır. Mecidiye Köşkü ve onunla birlikte Esvap Odası (Elbise odası, Giyinme Odası) Sultan Abdülmecid zamanında rokoko üslubunda 1859 yılında yapılmıştır. Köşke, cephedeki ahşap kanatlı üç büyük kapıdan girilmektedir. Bunlardan ortadaki kapı zemin katına inişi sağlamaktadır. Köşkün duvarları yabancı ressamların imzalarını taşıyan padişah portreleri, yaldızlı aynalar ve şömineler ile süslenmiştir. Tavanlarında 20–30 kollu kristal avizeler bulunmaktadır.

Zülüflü Baltacılar Koğuşu

III. Ahmet Kütüphanesi

Arz Odası

AYASOFYA

Gezmek için ne kadar zaman ayırmak gerekli: **1 saat**

İstanbul'un fetih âbidesi eşsiz eser, Doğu Roma İmparatorluğu'nun diktiği devasa anıt, Ayasofya, 4. yüzyılın ikinci yarısında Konstantinopolis'in (Eski İstanbul) kurucusu Büyük Konstantin'in oğlu Konstantinus zamanında yapılmıştır. 404 yılında, bir isyan sırasında yanan ilk yapının yerine, daha büyük ölçülerde inşa edilen ikinci kilise 415 yılında törenle açılır. 532 yılında Hipodromda yapılan bir araba yarışı sonucu çıkan dinî nitelikli kanlı isyan, on binlerce insanın ölümüne ve pek çok binanın yakılmasına sebep olur. "Nika" isyanı diye bilinen ve İmparator Justinyen aleyhine gelişen bu isyanda Ayasofya Kilisesi de yanmıştır.

İsyanı zorlukla bastıran İmparator Justinyen "Hz. Âdem'den beri hiçbir devirde görülmemiş ve görülmeyecek" bir ibadethâne yapmak için harekete geçer. Önceki bazilikanın kalıntılarının üzerine 532 yılında yapılmaya başlanan, Hristiyanlık âleminin bu en büyük kilisesi beş yılda tamamlanarak, 537'de merasimlerle açılır. İmparator, hiçbir masraftan kaçınmayarak devlet hazinesini mimarların önüne saçar. Ayasofya'nın mimarları Trallesli Anthemius ile matematikçi Miletoslu İsidorus'tur. Kubbe inşaatı Roma mimarisi tarafından geliştirilmiştir. Kubbeli yapılar çoğunlukla Doğu dünyasının eserleriyken, Ayasofya'da tam bir sentez ortaya konmuş, Roma mimarisi Ortadoğu, Mezopotamya ve Asya mimarisi ile mezcedilmiştir.

Orijinal adı Hagia Sofia'dır. Türkler Ayasofya derler. Saint Sofia şeklindeki isimlendirme yanlıştır. Çünkü Ayasofya kilisesi bir azizeye veya kutsal kişiye değil kutsal hikmete, Hristiyanlığın özüne ithaf olunmuştur. Ayasofya adının manası "kutsal bilgelik veya kutsal hikmet"tir. Bu isim Hristiyanlık üçlemesinin ikinci unsuru olan Sophia'dır.

AYASOFYA KESİTİ

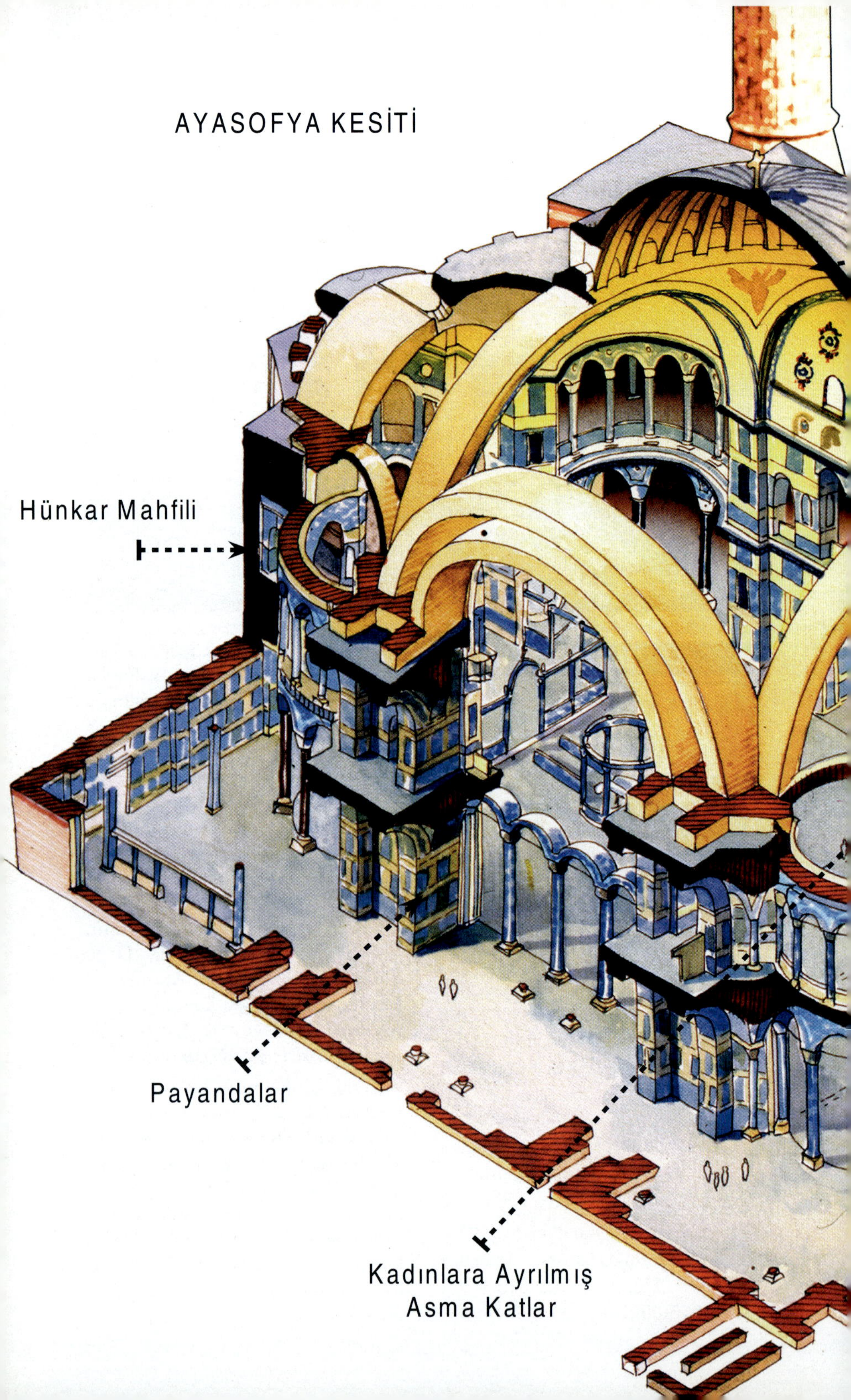

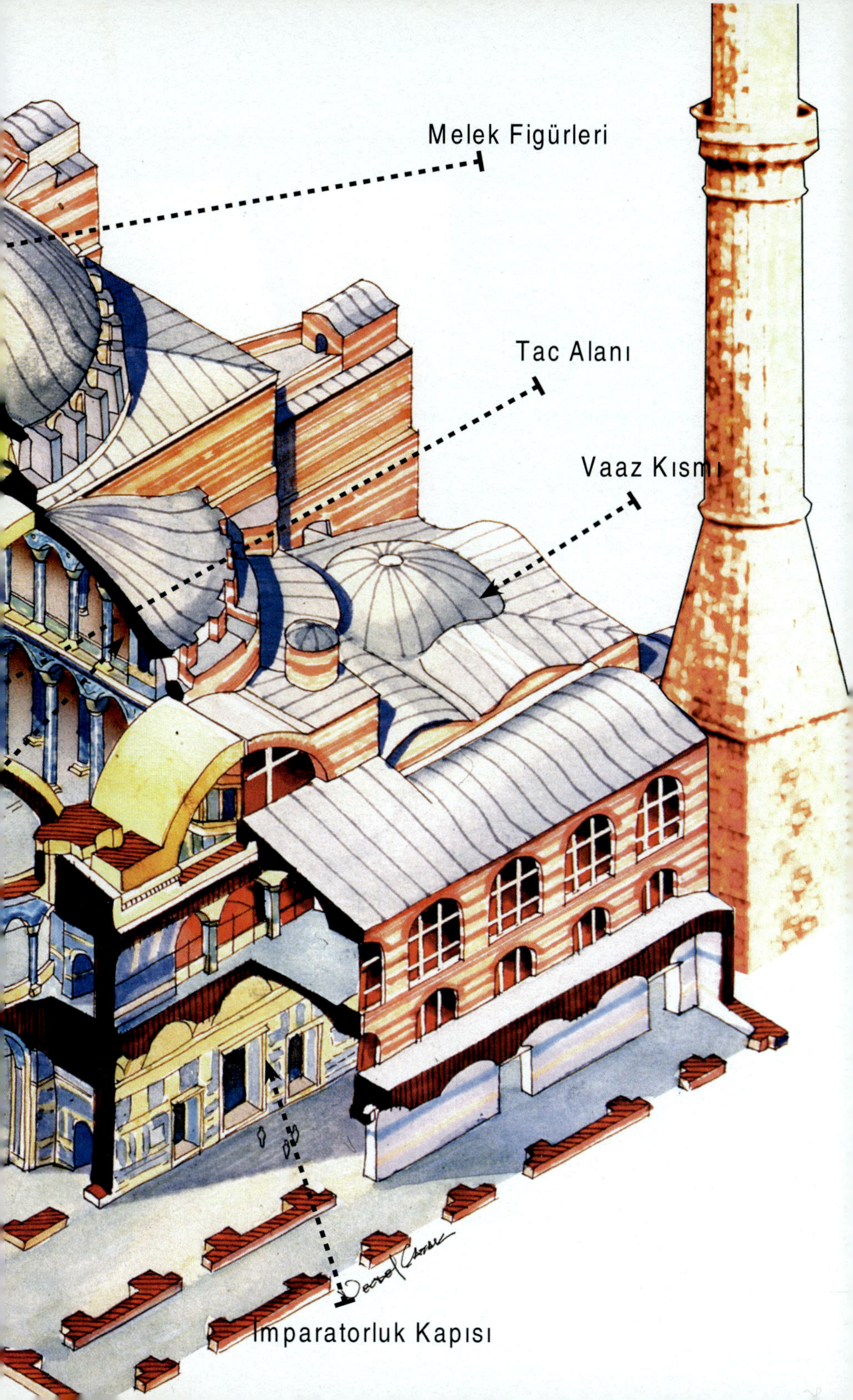
Melek Figürleri
Tac Alanı
Vaaz Kısmı
İmparatorluk Kapısı

Açılış merasiminde heyecanına hâkim olamayan İmparator, atların çektiği arabası ile içeriye dalmış, Tanrı'ya şükrederek, daha büyük daha ihtişamlı bir ibadethâne yaptığı zannıyla, Süleyman Peygamber'e üstün çıktığını haykırmıştı.

Eşsizliğine rağmen yapının hayatî önemde hataları vardı. En önemli mesele kubbenin iriliği ve yan duvarlara yaptığı basınçtır. Böylesine bir kubbenin ağırlığının temellere aktarılması için lazım olan mimari unsurlar o devirde henüz tam gelişmemişti. Yanlardan dışa doğru eğilen duvarlar orijinal, basık kubbenin 558 yılında yıkılmasına şahit oldular. Yapılan ikinci kubbe daha yüksek ve daha küçük çaplı tutulmuştu. Bu kubbenin de yarıya yakın kısmı 10. ve 14. yüzyıllarda iki defa daha çökmüştür.

Ayasofya her devirde hazineler dolusu paralar sarf edilerek ayakta tutulabilmiştir. Fatih şehri 1453 yılında fethettiğinde Ayasofya harap hâldeydi. Doğu Roma'nın (Bizans) Ayasofya'yı tamir ettirebilecek veya ayakta tutabilecek imkânı yoktu. Fetihten hemen sonra Ayasofya camiye çevrilerek bina kurtarılmıştır. Türk mimarı Koca Sinan'ın 16. yüzyılda eklediği payanda duvarları, 19. yüzyıl ortasında Mimar Fossati kardeşlerin tamir etmesi ve 1930'dan itibaren yapılan diğer restorasyonlar ve kubbenin demir kuşak ile çevrilmesi önemli tamirlerdir. İlk yapı da hesap edilirse

Ayasofya 1093 yıl başkilise ve 480 yıl cami olarak, aynı Allah'a inanan iki değişik dinin hizmetinde olduktan sonra 1930–1935 yıllarında müze yapıldı. Osmanlı duvar kaplama ve süslemelerinin altından ortaya çıkartılıp temizlenen bir kısım mozaikler Doğu Roma'nın (Bizans) önemli sanat eserleri arasında yer alırlar.

Avlunun içerisindeki müze girişi, asırlar sonra yeniden kullanılmaya başlanan, batı yönündeki orijinal kapıdır. Girişin yanında önceki, ikinci binanın kalıntıları görülür. Vaftiz olamayanların girebildikleri dış kori-

dokuz kapı ile kilisenin esas kısmına açılır. Ortadaki yüksek kapı İmparatorluk Kapısı idi. Bunun üzerindeki mozaik pano 9. yüzyıl sonunda yapılmıştır. İç koridor ve yan neftlerin tavanındaki diğer figürsüz mozaikler Justinyen devri orijinalleridir. Yapının ana kısmında ziyaretçiyi görkemli ve muazzam bir mekân karşılar. İlk adımdan itibaren kubbenin tesiri derhal hissedilir. Sanki havaya asılı gibi durmakta ve bütün binayı kaplamaktadır. Duvarlar ve tavanlar mermer ve mozaiklerle kaplı, rengârenk bir görünüştedir. Kubbe mozaiklerinin 3 değişik renk tonu, yapılan 3 değişik tamirat devrini gösterir. Yüksekliği ve çapı ile döneminde dünyanın en büyük kubbesi iken günümüzde de sayılı büyük kubbelerindendir. Yapılan tamiratlardan dolayı kubbe tam bir çember değildir. Kuzey – Güney çapı 31, 87 metredir. Doğu – Batı çapı 30, 87 metre olup yüksekliği 55, 60 metredir. Kubbenin dayandığı dört pandantifte, dört kanatlı melek figürü, yüzleri kapatılmış olarak yer alır. Ayasofya'nın yüz ölçümü 7.570 metrekaredir.

Ayasofya sütun başlıkları bütün yapının en karakteristik ve belirgin, klasik, 6. yüzyıl Doğu Roma (Bizans) süsleme örnekleridir. O çağa ait bir özellik olan derin oyulmuş mermerler güzel bir ışık, gölge oyunu ortaya serer. Köşelerde yer alan antik porfir sütunlar, yeşil Selanik mermerinden yapılma orta sütunlar ve bütününün beyaz mermerden yapılma, zengin işlemelerle süslü başlıkları etkileyicidir. Ayasofya'yı boş bir müze görünümünden sıyırıp kilise veya cami olarak kullanıldığı, gösterişli, eski orijinal görünümünde hayal etmek lazımdır.

Osmanlı Devleti'nin son dönemlerine kadar özel gün ve gecelerde en sık kullanılan bir cami olmuştur. Bina, Osmanlı Devleti'nin hoşgörüsü sayesinde günümüze kadar geldi. İnançları gereği Müslümanlar birçok tasviri kaldırdı. Resimlerin ve mozaiklerin üzerine boya çekildi. Ancak tahrip edilmediler. Başkalarına saygının ifadesi olarak kaldılar. Ayasofya, Fet-

hin ikinci gününde camiye dönüştürüldü. İlk namazı Sultan Mehmed kıldırdı. Cami ilk olarak cuma namazıyla ibadete açıldı. Camiye çevrilirken çok hummalı bir çalışma oldu. Harap hâldeki bina temizlendi onarıldı. Mihrap ve minber eklendi.

Camiye daha sonra belirli sürelerle dört minare eklendi. İlk minare, caminin doğu yönündeki kızılımsı minaredir. Bu minare Fatih zamanında yapılmıştır. Topkapı Sarayı tarafındaki minare ise II. Bayezıd tarafından inşa ettirilmiştir. Diğer iki minare ise Mimar Sinan'a III. Murad devrinde yaptırılmıştır. Mimar Sinan'ın yaptığı tadilat sayesinde minareler aynı zamanda ana mekânı desteklemektedir. Yani minareler yapının mihenk taşına tutturulmuştur. Dolayısıyla minarelerden birinin yıkılması, ana kubbenin çöküşünü tetikleyebilir. Birçok padişah bu esrarengiz yapıya katkılarda bulunmuştur.

Galeriler seviyesinde duvarlara asılı, deri üzerine yapılmış 7.5 metre çapındaki II. Mahmut Dönemi meşhur hattat, ilim ve adalet adamı, Kazasker Mustafa Paşa'nın yazdığı "Allah" "Muhammed" "Ebubekir" "Ömer" "Osman" "Ali" "Hasan" "Hüseyin" levhaları yapının cami olduğunu vurgular.

Üstün kaliteli mermerden yapılmış iki küresel iri kap orta mekânın giriş yanlarında yer alır. Antik orijinli bu kaplar 16. yüzyılda Bergama'dan getirtilmiştir. Binanın kuzey köşesinde "terleyen sütun" bulunur. "Terler Direk" olarak da anılmaktadır. Etrafı iki metre kadar bronz levhalarla kaplı olan direğin ortasında kocaman bir delik vardır. Bu deliğe insanlar parmağını sokar bunun uğur getirdiğine inanılır. Direk; "uğurlu direk", "ağlayan direk", "Hızır'ın parmağını soktuğu direk" da olarakda adlandırılır.

Evliya Çelebi "Ayasofya'nın, fetihten sonraki dönemde camiye çevrilişi için kullanılan harca, Hz Muhammed (s.a.s)'in mübarek tükürüğü, Mekke toprağı ve Zemzem suyu karışımı bir bileşimin bu sütun önünde katıldığını, onun neminden ötürü sütunun terlemeye başladığını" söyler.

Bir rivayete göre, kilise camiye çevrildiğinde kıblesinde hafif bir eğrilik olduğu ve Hz. Hızır'ın gelip bu sütundan tutarak caminin kıblesini ayarladığı, sütundaki deliğin ve çevresindeki ele benzeyen yerin Hz. Hızır'ın el izi olduğu anlatılır.

Burası önemli bir mekân olduğundan bahçesinde birçok devlet adamı ve eşrafı yatmaktadır. I. Mustafa, Sultan İbrahim, II. Selim, III. Murad ve III. Mehmed'in türbeleri buradadır.

Ağlayan Direk

SULTAN AHMET CAMİİ ve KÜLLİYESİ

Gezmek için ne kadar zaman ayırmak gerekli: **1 saat**

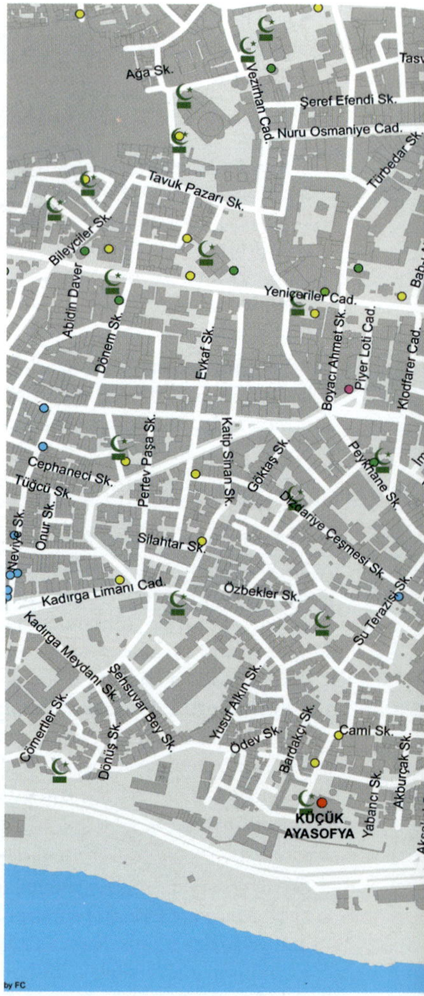

Topkapı Sarayı'ndan çıkışta Osmanlı ihtişamının bir portresi gibi duran Sultan Ahmet Camii bizi karşılar. Sultan Ahmet Camii ve Külliyesi, Mimar Sinan'ın öğrencilerinden Sedefkâr Mehmed Ağa'ya Sultan I. Ahmet tarafından, 1609–1616 yıllarında yaptırılmıştır. Caminin inşaatı yedi yıl sürmüştür. İnşaatın temeline ilk kazmayı Sultan Ahmet vurduğu gibi inşaat sırasında da çok defalar taş taşıdığı anlatılır. Caminin Ayasofya'nın karşısına yapılmasını Sultan Ahmet istemiştir. Caminin açılışına Aziz Mahmud Hüdai Hazretleri de katılmıştır. Boğaz'dan Marmara'ya açılırken ve özellikle de Marmara'dan Boğaz'a girerken Topkapı Sarayı, Ayasofya ve diğer eserlerle birlikte mükemmel bir bütün oluşturur. Zaten bu görüntü de İstanbul'un sembolü hâline gelmiştir. Cami, Hünkâr Kasrı, imarethâne-i amire, sıbyan mektebi, medrese, dar-ül kurra, dar-üş şifa, hamam, sebil, sipahi odaları ve çarşı bölümünden oluşmaktadır. Bugün bu yapıların çoğu yıkılmıştır. Külliyeden geriye türbe ve medrese kalmıştır.

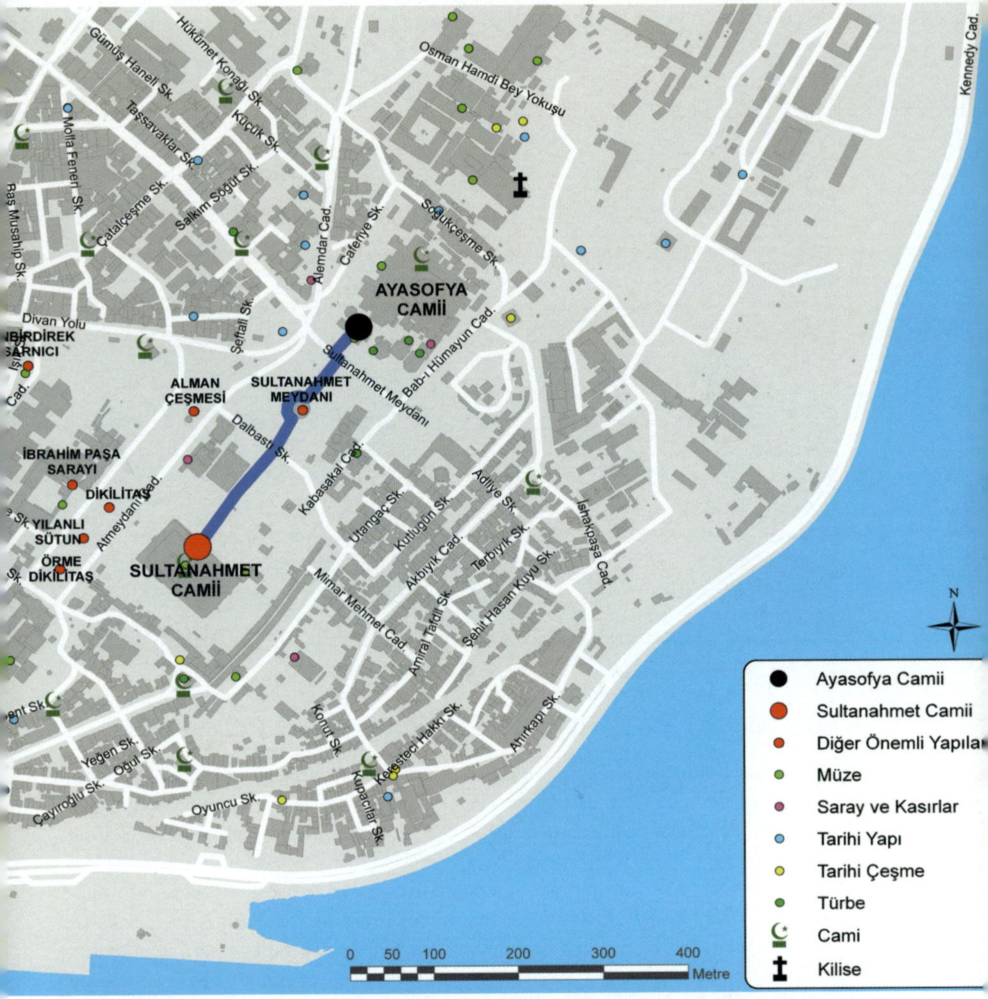
AYASOFYA CAMİİ
SULTANAHMET MEYDANI
SULTANAHMET CAMİİ
ALMAN ÇEŞMESİ
İBRAHİM PAŞA SARAYI
DİKİLİTAŞ
YILANLI SÜTUN
ÖRME DİKİLİTAŞ
BİRDİREK SARNICI
Divan Yolu
Osman Hamdi Bey Yokuşu
Soğukçeşme Sk.
Alemdar Cad.
Caferiye Sk.
Bab-ı Hümayun Cad.
Sultanahmet Meydanı
Dalbastı Sk.
Kabasakal Cad.
Atmeydanı Cad.
Mimar Mehmet Cad.
Akbıyık Cad.
Adliye Sk.
İshakpaşa Cad.
Kennedy Cad.
Ahırkapı Sk.
Keresteci Hakkı Sk.
Kutlugün Sk.
Utangaç Sk.
Terbıyık Sk.
Şehit Hasan Kuyu Sk.
Amiral Tafdil Sk.
Konut Sk.
Kupacılar Sk.
Oyuncu Sk.
Yeğen Sk.
Oğul Sk.
Çayıroğlu Sk.
Şeftali Sk.
Salkım Söğüt Sk.
Çatalçeşme Sk.
Molla Fenari Sk.
Raş Musahip Sk.
Taşsavaklar Sk.
Gümüş Haneli Sk.
Hükümet Konağı Sk.
Küçük Sk.
N
0 50 100 200 300 400 Metre
Ayasofya Camii
Sultanahmet Camii
Diğer Önemli Yapılar
Müze
Saray ve Kasırlar
Tarihi Yapı
Tarihi Çeşme
Türbe
Cami
Kilise

Sultan Ahmet Cami, mimari çözümlerinden çok iç süslemelerle dikkatleri üzerine çekmektedir. Ana binaya mermer basamakla çıkılır. Kapının üzerinde kubbesi vardır, ayrıca kitabeyle süslenmiştir. Sultan Ahmet Meydanı'na açılan kapı "Zincirli Kapı" olarak tabir edilir. Rivayete göre, padişah kapıya zincir çektirmiş, böylece camiye her girişte Allah'ın(c.c.) evine saygının ifadesi olarak boynunu eğmek zorunda kalırmış. Kendisi gibi herkesin bu edebi kazanması için de zincirin kaldırılmamasını vasiyet etmiş.

Caminin avlusu oldukça büyüktür ve mermer döşelidir. Avlunun ortasında, üzerinde kubbesi olan fıskiyeli bir havuzu vardır. Dünyanın tek altı minareli camisidir. Üçer şerefeli, boyları eşit dört minare caminin dört ana köşesine konulmuştur. Avluda boyları diğerlerine göre daha kısa olan iki şerefeli iki minare vardır. Altı minarede toplam on altı şerefe vardır. Caminin minareleri yivlidir. Sultan Ahmet'e kadar olan dönemde tahta çıkan her padişah Osmanlı Devleti'nin kaçıncı sultanı ise yaptırdığı camiye o kadar şerefe koydururdu. Sultan I. Ahmet 16. Osmanlı padişahı olduğu için cami altı minareli ve on altı şerefeli yapılmıştır. Sultan Ahmet Camii'nin altı minareli olması durumunda cami Kabe'yi çevreleyen Mescid-i Haram ile aynı sayıda minareye sahip olacaktı. Sultan Ahmet bu durumun Kabe'ye karşı bir saygısızlık olacağını düşünmüş ve Mescid-i Haram'ın her zaman daha üstün olması gerektiği-

ni söyleyerek caminin minarelerinin inşaatına ara verdirerek önce Mescid-i Haram'a bir minare daha yaptırmış, ardından caminin inşaatına devam edilmiştir.

Caminin ana kubbesi dört yarım kubbeyle desteklenmiş ayrıca merkez kubbe mermer tabanlı, çinilerle süslenmiş, dört fil ayağıyla desteklenmiştir. Caminin içi iki yüz altmış pencerenin taşıdığı ışıkla oldukça aydınlıktır. Yetmiş iki metreye altmış dört metrelik ferah bir iç hacmi vardır. Kubbesinin çapı 23,5 metre, yüksekliği ise kırk üç metredir. 21.043 adet mavi tonlu enfes bitki motifli çiniyle caminin iç mekânı süslenmiştir. Gül, sümbül, karanfil, nar, erik çiçekleri, dallar salkımlar ile camiye doğal bir görünüm verilmeye çalışılmıştır. Çiniler İznik ve Kütahya'dan getirilmiştir. Özellikle cümle kapısı ve Hünkâr mahfilindeki altın yaldızlı çiniler tam bir sanat harikasıdır. Çinilerdeki mavi tonun ağırlığından dolayı yabancı seyyahlar camiye Mavi Cami (Blue Mosque) demişlerdir.

Caminin mihrap ve minber mermer oymacılığının; kapı pencere kanatları, sedef kakmacılığının; vaiz kürsüsü, ağaç işlemeciliğinin; süslemeler ise kalem sanatının eşsiz örnekleriyle donatılmıştır.

Mihrabın iki yanında uzunca şamdanlar vardır. Mihrapta Hacer'ül-Esved'den bir parça vardır. Hünkâr Kasrı, alanında tektir. Dış taraftan eyimli bir yerden çıkılan mahfilin girişi iki odalıdır. Üst kata yine bir rampayla çıkılır. Minber, altın yaldızlıdır. Yapımında Marmara mermeri, ataş taşı, somaki tuğla kullanılmıştır. Tahta çıkan padişah ilk cuma namazını ya Sultan Ahmet'te ya Ayasofya'da kılardı. Tarihte birçok kez elçilerin, gelen seyyahların ve turistlerin hayranlıklarına mazhar olmuştur. Birçok özelliğinden dolayı ilkleri taşır. Türk-İslam cami mimarisinin simgelerindendir.

Sultan Ahmet Meydanı (At Meydanı):

Gezmek için ne kadar zaman ayırmak gerekli: **30 dakika.**

Bu meydan Doğu Roma zamanından itibaren spor müsabakalarının, atış talimlerinin yapıldığı büyük yarışların düzenlendiği bir yer olagelmiştir. Osmanlı Devleti zamanında da bu özelliğini koruyan meydana Roma Dönemi'nde üç tane büyük sütun dikilmiştir.

Dikilitaş:

Gezmek için ne kadar zaman ayırmak gerekli: **5 dakika**

Mısır'daki Teb şehrinde bulunan Luksor Tapınağı'nın önünden Roma İmparatoru I. Theodosios tarafından söktürülerek İstanbul'a deniz yoluyla getirilmiş olan Dikilitaş bugünkü yerine M.S. 390'da dikilmiştir. Dikilitaş, M.Ö 1700 yıllarında Firavun III. Tutmosis için yapılmıştır. Yirmi metre yüksekliğinde pembe granit taşından yapılmış sütunun dört yüzünde Mısır hiyeroglif yazısı ile kabartma kitabeler mevcuttur. Kitabelerde eski Mısır tanrısı Amon-Ra övülmekte ve III. Tutmosis'in zaferleri anlatılmaktadır. Anıtı taşıyan iki aşamalı mermer blok üzerinde Grekçe ve Latince yazılar bulunmaktadır. Diğer yüzlerinde ise anıtın dikilişi ve araba yarışlarıyla ilgili kabartma heykeller yer almaktadır.

Dikili Taş

SULTAN AHMET CAMİİ KESİTİ

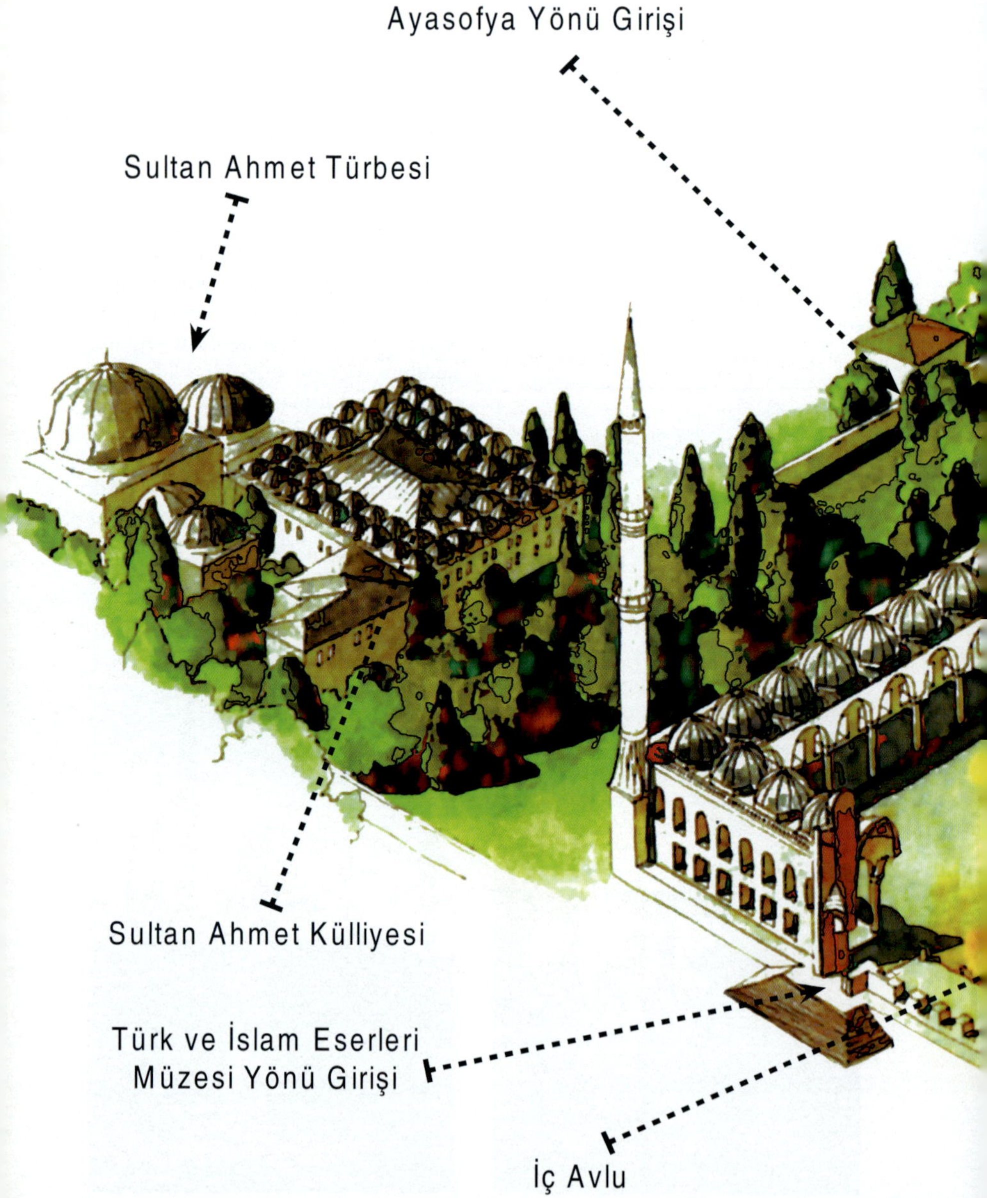

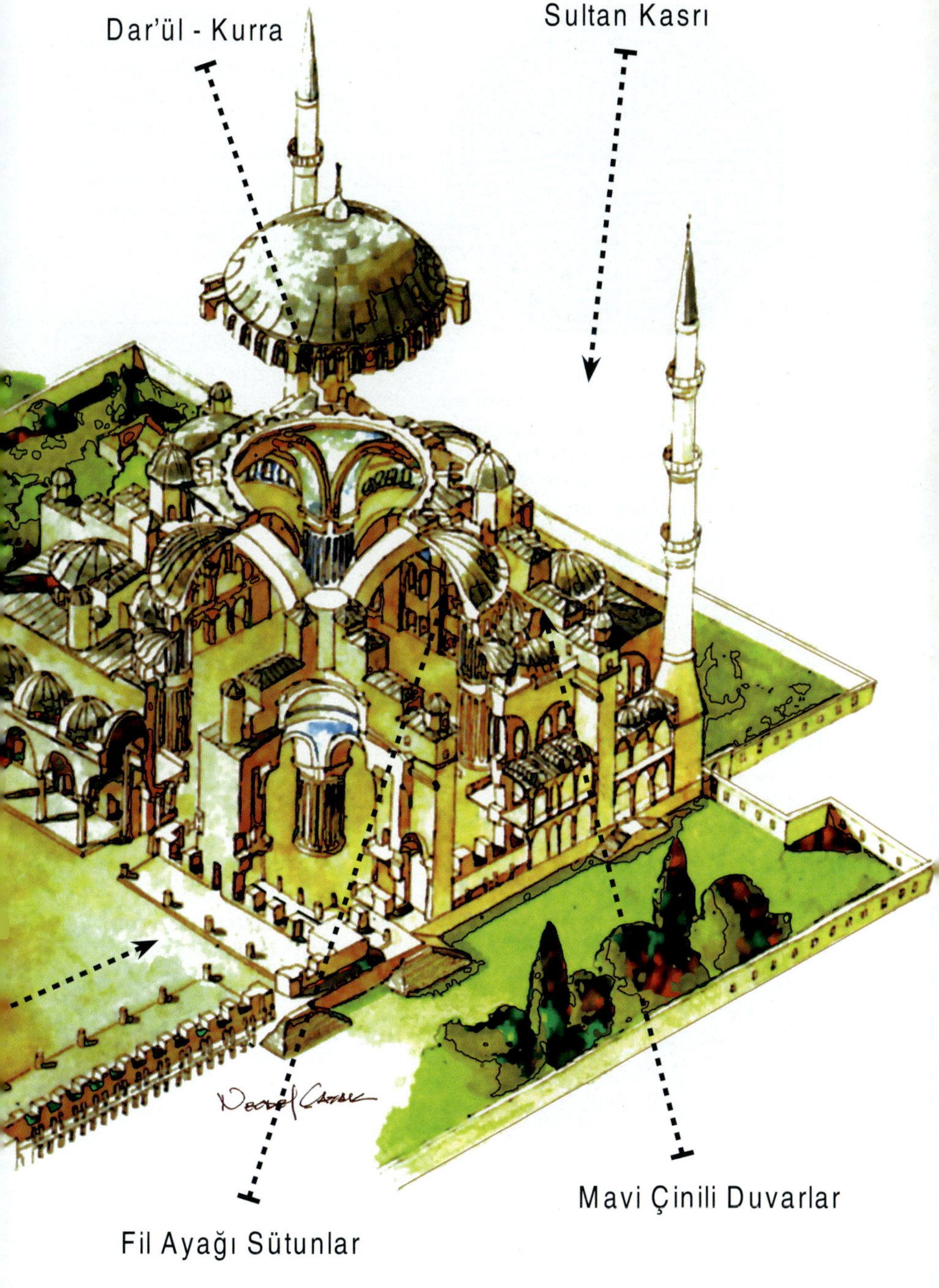
Dar'ül - Kurra
Sultan Kasrı
Mavi Çinili Duvarlar
Fil Ayağı Sütunlar

Sultan Ahmet Camii kıble duvarı, Aşere-i Mübeşşere

Ayrıca İstanbul'un en eski anıtı olma özelliğini taşıyan bu anıt At Meydanı'nın tam ortasına denk düşmektedir. Anıtın İstanbul'a getirilme sebebi bu meydanı güzelleştirmenin yanında Roma'nın Mısır'a olan hâkimiyetini göstermektir. Sultan Ahmet Meydanı'ndaki diğer iki sütunun birisi Yunanistan'dan getirilmiştir. Diğeri Romalılara aittir. Bunun sebebi Doğu Roma'yı oluşturan ve ayakta tutan felsefe ve bilimin kaynağını göstermekti. Yani Eski Yunan ve Mısır bilgisi üzerinde yeni Roma düşüncesi ve hâkimiyeti anlatılmaya çalışılıyordu.

Burmalı Sütun (Yılanlı Sütun):

Gezmek için ne kadar zaman ayırmak gerekli: **5 dakika**

İstanbul'un en eski eserlerinden birisidir. Birbirine dolanmış 3 yılan figüründen oluşan sütunda yılanla-

rın kafaları altın bir kazanın 3 ayağını oluşturuyordu. M.Ö. 5. yüzyıl'da Persleri yenen otuz bir Yunan şehri, elde ettikleri bronz ganimetleri eriterek bu eşsiz kalitedeki eseri yaptırmıştı. Sekizmetre boyundaki Yılanlı Sütun aslında Delfi'deki Apollo Mabedi'ne dikilmişti. İmparator Konstantin tarafından MS. 324 yılında getirttirilerek hipodromun ortasına diktirilmiştir. 17. yüzyılda yılanların kafaları yerlerinde duruyordu. Sonradan kaybolan kafaların bir parçası bulunarak İstanbul Arkeoloji müzesine konulmuştur.

Örme Sütun (Örme Obeliski):

Gezmek için ne kadar zaman ayırmak gerekli: **5 dakika**

Sütunun kesin yapılış tarihi belli değildir. Ancak 10. yüzyılda VII. Konstantin tarafından üzeri pirinç ve bakırdan levhalarla kaplanmıştır. Bu sütun, üzerindeki düzenek sayesinde yarışları seyre gelen halkı güneşten koruyan açılır kapanır tentelere sahipti. Yarış ve gösteri günleri bu tenteler açılır ve seyircilere gölgelik olurdu. 1204 yılındaki IV. Haçlı istilası sırasında bu sütunun etrafındaki plakalar da yağmalanmıştır.

İbrahim Paşa Sarayı (İslam Eserleri Müzesi):

Gezmek için ne kadar zaman ayırmak gerekli: **1 saat**

16. yüzyıla ait olan İbrahim Paşa Sarayı 1983 yılından beri Türk ve İslam Eserleri Müzesi olarak kullanılmaktadır. Sultan sarayları dışında günümüze gelen tek özel saraydır. Kemerler üzerine yükseltilmiş yapı, üç taraftan ortadaki terası çevreler. Terastan müzenin ilk bölümüne merdivenlerle ulaşılır. Odalar ve salonlarda İslam dünyasının değişik ülkelerinde yapılmış nadir sanat eserleri sergilenmektedir. Taş ve pişmiş toprak, metal ve seramik objeler, cam eşyalar, el yazma kitaplar devirlerinin en kıymetli örnekleridir. Büyük salonların bulunduğu geniş camekânlı kısımda, 13-20.

yüzyılların el işi Türk halılarının şaheser örnekleri sergilenir. Bu eşsiz koleksiyon dünyanın en zengin koleksiyonudur. 13. yüzyıl Selçuklu halıları ve sonraki asırlara ait diğer parçalar itina ile sergilenmişlerdir. Halı bölümünün alt katı son birkaç asrın Türk günlük hayatı ve eserlerinin sergilendiği Etnoğrafik bölümdür.

Binbirdirek Sarnıcı:

Gezmek için ne kadar zaman ayırmak gerekli: **30 dakika**

Sultan Ahmet Meydanı'nın batısında yer alır. Yakın yıllarda temizlenerek yanından geçen yola bir galeri ile bağlanmıştır. Ziyaret yerine dönüştürülen sarnıç 64 x 56 metre boyutundadır. 4. yüzyıla ait bir eserdir. Tarihte yaptırıcısının adı Philoksenos diye anılmaktadır. Büyük Konstantin devrinden kalmadır. İki yüz yirmi dört adet orijinal sütundan iki yüz on iki adedi günümüze gelmiştir. Küçük satış reyonları kafe ve sergi alanları ile sarnıcın ortasında yer alan, sütunların orijinal boyunun görülebildiği çukur bölüm, tadilat sırasında yapılmışlardır.

Küçük Ayasofya:

Gezmek için ne kadar zaman ayırmak gerekli: **15 dakika**

Binası 527 yılında Doğu Roma İmparatoru Jüstinyanus zamanında yapılmış olan cami, Eminönü İlçesinde, Cankurtaran ile Kadırga arasında, Küçük Ayasofya Caddesi'nin sonundadır. Kiliseden çevrilme camilerdendir. Daha önce adı "Sergiyos ve Bakhos Kilisesi" idi. Alt sütunlar üzerindeki kitabede tapınağın I. Jüstinyen'in, St. Sergiyos ve St. Bacchus adlı azizler adına bu kiliseyi yaptırdığı yazılıdır. Sultan II. Bayezid zamanında Darüssaade Ağası Hadım Hüseyin Ağa tarafından bir minare eklenerek camiye çevrilmiştir. Sol tarafdaki bahçesinde Hüseyin Ağa'nın türbesi bulunmaktadır.

Alman Çeşmesi:

Gezmek için ne kadar zaman ayırmak gerekli: **5 dakika**

1898 yılında Türk-Alman dostluğunun bir nişanesi olarak Alman İmparatoru II. Wilhelm'in, Sultan II. Abdülhamid'e hediyesidir. Parçaları Almanya'dan gönderilmiş. İstanbul'da inşa edilmiştir. Açılışını iki hükümdar birlikte yapmışlardır. Kubbesi altın mozaikler ile süslüdür. Eskiden bayramlarda çeşmelerinden bal ve şerbet akıtılırdı.

YEREBATAN SARNICI

Gezmek için ne kadar zaman ayırmak gerekli: **45 dakika**

"Hiçbir şey göründüğü gibi değildir." sözünü doğrular biçimde küçük girişi ile dışarıdan mütevazı görünümüne rağmen sarayı andıran büyüklüğü ile ziyaretçilerini şaşırtan bir yapıdır Yerebatan Sarnıcı. Sultan Ahmet Meydanı'nın hemen sol yanında, Ayasofya'nın güneybatısında bulunur. İçerisindeki sütunların çokluğu ve ihtişamlı görünüşünden dolayı halk arasında "Yerebatan Sarayı" olarak da bilinir. Doğu Roma Dönemi'ndeki ismi Basilika (Kilise) Sarnıcı'dır. Doğu Roma İmparatoru I. Justinianus (527–565) tarafından yaptırılmıştır.

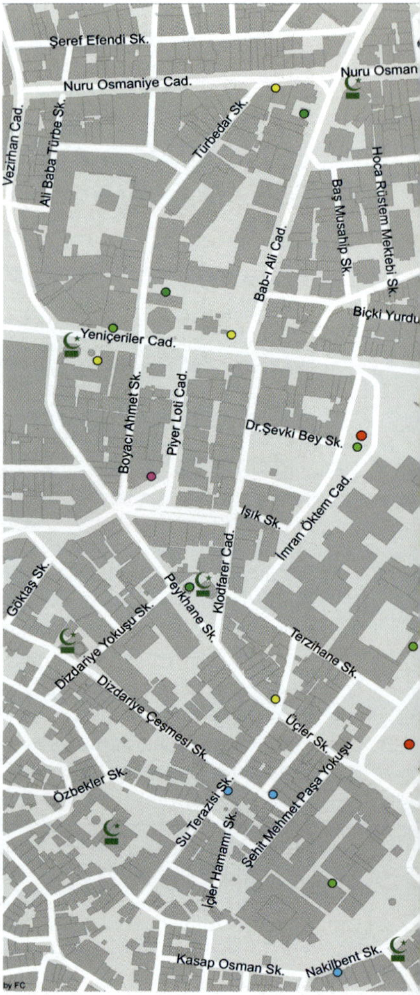

Sarnıcın yerinde daha önce Genç Roma çağına ait III. veya IV. yüzyılda yapılmış olan, ticari ve hukuki işlerde, bilim ve sanat faaliyetlerinde kullanılan büyük bir Bazilika bulunuyordu. Daha sonra aynı yere yapılan diğer kiliselerde çeşitli felaketlerde yandıktan sonra en son 532 yılındaki "Nika" yangınını takiben I. Justinianus, Ayasofya'nın yeniden imarı sırasında burayı bir sarnıç olarak yaptırmıştır. İnşaatta yedi bin köle çalışmıştır. İmparator Valens tarafından (368) yılında yaptırılan dokuzyüz yet miş bir metre uzunluğundaki Valens (Bozdoğan) kemeri ile İmparator Justinianus'un yaptırdığı 115,45 metre uzunluğundaki Mağlova Kemerlerinin suları bu sarnıçta toplanmıştır. Sarnıcın yerinde daha önce bir bazilika bulunmasına binaen de buraya "Bazilika Sarnıcı" adı verilmiştir. Bazilika Sarnıcı'nın suyu şehre ondokuz kilometre mesafede Belgrat Ormanları'ndaki Eğrikapı Su Taksim Merkezi'nden gelmekteydi.

Medusa Başı

Sarnıcın uzunluğu yüz kırk metre, genişliği yetmiş metre olup diktörtgen biçimde bir alanı kapsayan büyük bir yapıdır. Elli iki basamaklı taş bir merdivenle inilen bu sarnıcın içerisin-

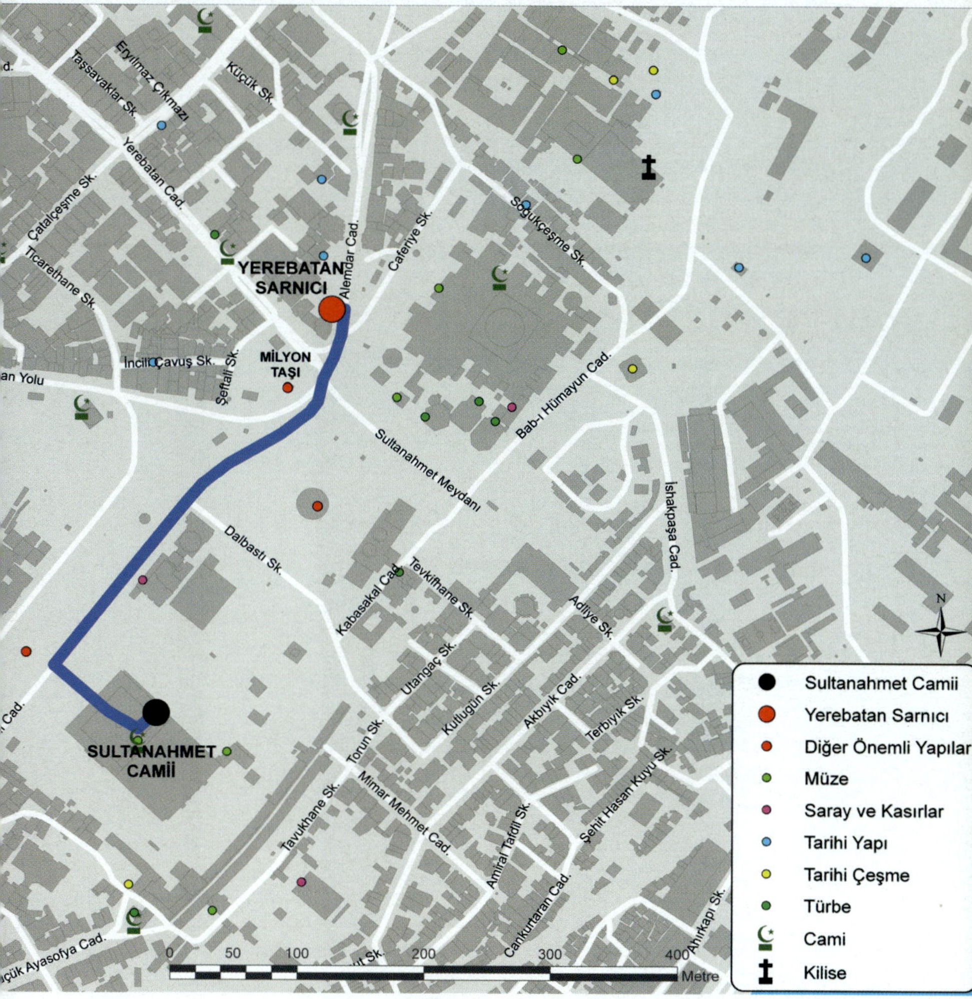

de her biri dokuz metre yüksekliğinde üç yüz otuz altı sütun bulunmaktadır. Birbirine 4.80 metre aralıklarla dikilen bu sütunlar, her sırada yirmi sekiz tane olmak üzere on iki sıra meydana getirirler. Suyun içerisinde yükselen bu sütunlar uçsuz bucaksız bir ormanı hatırlamakta ve ziyaretçiyi sarnıca girer girmez etkilemektedir. Sarnıcın tavan ağırlığı haç biçiminde tonozlar ve yuvarlak kemerler vasıtasıyla sütunlara aktarılmıştır, çoğunluğu daha eski yapılardan toplandığı anlaşılan ve çeşitli mermer cinslerinden ve granitten yontulmuş sütunların büyük bir kısmı tek parçadan, bir kısmı da üst üste iki parçadan oluşmaktadır.

Bu sütunların başlıkları da yer yer farklı özellikler taşır. Bunlardan doksan sekiz adedi Corinth üslubu yansıtırken bir bölümünde Dor üslubunu yansıtmaktadır. Sarnıcın tuğladan örülmüş 4.80 metre kalınlığındaki duvarları ve tuğla döşeli zemini Horasan harcından kalın bir tabakayla sıvanarak su geçmez hâle getirilmiştir. Toplam dokuz bin sekiz yüz metrekare bir alanı bulunan bu sarnıç yaklaşık yüz bin ton su depolama kapasitesine sahiptir. Sarnıçtaki sütunların, köşeli veya yivli biçimde olan birkaç tanesi hariç büyük çoğunluğu silindir biçimindedir. Bu sütunlar içerisinde üzeri oyma ve kabartma halinde Tavus Gözü, Sarkık Dal, Gözyaşı şekillerinin tekrarıyla süslenmiş olanı özellikle dikkati çeker.

Bir söylentiye göre, gözyaşı şekli bulunan direkler Büyük Basilika'nın inşasında ölen yüzlerce kölenin anısına dikilmiş ve çağlar boyu onların dramını anlatarak gelmiştir. Sarnıcın kuzeybatı köşesindeki iki sütunun altında kaide olarak kullanılan iki Medusa başı Roma çağı heykeltıraşlık sanatının IV. yüzyıla ait şaheser örneklerindendir.

Sarnıç kurulduğundan günümüze kadar, çeşitli onarımlardan geçmiştir. Osmanlı Devleti Dönemi'nde iki defa tamir edilen sarnıcın ilk onarımı 18. yüzyılda III. Ahmet zamanında 1723'de Mimar Kayserili Mehmed Ağa tarafından yaptırılmıştır. 19. yüzyılda ikinci büyük onarım Sultan II. Abdülhamid (1876–1909) zamanında yapılmıştır.

Doğu Roma zamanında Sarayburnu'nda genişçe bir yer işgal eden imparatorların ikamet ettiği büyük sarayın su ihtiyacını karşılayan Yerebatan Sarnıcı, İstanbul'un Osmanlılar tarafından 1453 yılında fethinden sonra, bir müddet daha kullanılmış ve padişahların oturduğu Topkapı Sarayı'nın bahçelerine buradan su verilmiştir. Durgun su yerine çeşme suyunu yani akan suyu tercih eden Osmanlıların şehirde kendi su tesislerini kurduktan sonra bu sarnıcı kullanmadığı anlaşılmaktadır.

HEMEN YAKININDA

Milyon Taşı: Doğu Roma İmparatoru Konstantin tarafından dikilmiştir. Bu taş Romalılar tarafından İstanbul merkezi sıfır noktası olarak kabul ediyordu. Hatta Romalılar bu taşı dünyanın da merkezi kabul ediyorlardı. İmparatorluktaki bütün mesafeler bu taşa olan uzaklığa göre belirlenirdi. Yol mesafelerinin daha kolay hesaplanması için Roma yollarına buna benzer taşlar dikilmiştir. Bunların merkezi de Yerebatan Sarnıcı'nın yanındaki bu taştır. Meşhur Roma sözünde denildiği gibi "Her yol Roma'ya çıkar." Bu taşın yanında bir su terazisi vardır. Bu teraziler suyolları üzerine 60–200 metreler arası uzaklıklarla konurdu. Taşınan suyun yaptığı basınç sebebiyle sıkışan havanın boşaltılması için emniyet sübabı olarak kullanılırlardı. (Gezi Süresi: 1 dakika)

NEREDE YENiR; NEREDE OTURULUR

Tarihi Sultan Ahmet Köftecisi, 0212 520 05 66

Küçük Ayasofya Cafe

Buradan sonra iki yol izleyebilirsiniz. İsterseniz Yerebatan Sarnıcı'ndan sonra Gülhane Parkı, Eminönü, Mısır Çarşısı ve Yeni Cami'yi gezebilir ya da Kapalı Çarşı, Beyazıt Meydanı ve Camii, İstanbul Üniversitesi, Süleymaniye Camii ve Fatih Camii'ni gezebilirsiniz.

BiRiNCi GÜZERGÂH

Yerebatan-Gülhane

GÜLHANE PARKI

Gezmek için ne kadar zaman ayırmak gerekli: **1 saat**

Gülhane Parkı eskiden Topkapı Sarayı'nın "Has Bahçe"lerinden biriydi. Ulu ağaçlar, güller, laleler, bin bir çiçek bu bahçeyi süslerdi.

1839'da Mustafa Reşit Paşa'nın Tanzimat Fermanı'nı okuduğu Gülhane daha sonraları ihmale uğramış, padişahların Dolmabahçe Sarayı'na taşınması ve sonrasında Avrupa'dan gelen Berlin-Bağdad demiryolunun Sarayburnu'ndan geçmesi üzerine parkın ağaçları kesilmiş, köşkleri yıkılmıştır. Burası eski özelliğini kaybetmiştir.

Haliç'teki Kâğıthane'ye eskiden Sadabad denirdi. Asırların geçmesine rağmen burası Osmanlı Devleti'nin sonuna kadar gözde bir gezme yeri olarak kaldığı hâlde, İstanbul'un kalabalık semtlerine yakın olan Gülhane Parkı'na her türden insanın gelmesi ve nezahetini kaybetmesi sebebiyle halk arasında "Bitli Kâğıthane" olarak anılır olmuştur. O zamanlar ahali, Gülhane Parkı'na, tatillerde, bayramlarda yemeklerini alarak çoluk çocuk eğlenmeye, dinlenmeye geliyordu. Gülhane Parkı bugün İstanbul yakasının en bakımlı en büyük parkı olarak halkın yararına sunulmuş bulunmaktadır.

HEMEN YAKININDA

İstanbul Arkeoloji Müzesi:

Gezmek için ne kadar zaman ayırmak gerekli: **2 saat**

Ressam, arkeolog Osman Hamdi Bey'in kurucusu olduğu müze 13 Haziran 1891' de Müze-i Hümayun ismi ile açılmıştı. 1902 ve 1908 tarihlerinde yan kanatları, yüzüncü kuruluş yılında 1991'de de modern büyük bir bölüm eklenmiş ve yeni düzenlemeler yapılmıştır. Abidevî binanın mimarı Vallaury idi. Sağ tarafta Antik çağ heykelleri salonları uzanır. Konforlu, güzel bir teşhirde tamamı bakımdan geçip, temizlenmiş, Arkaik Çağ'dan, Roma Devri'ne devam eden eşsiz hey-

keller sıralıdır. Salonların ilkinde antik mezar taş ve rölyefleri, sonra Anadolu Pers egemenliği, Afrodisias buluntularının yer aldığı Kenan Erim Salonu, Efes, Milet ve Afrodisias'tan eserler sergilenen Anadolu'nun Üç Mermer Şehri Salonu, Hellenistik Devir heykelleri, Menderes Manisa'sı ve nihayet Hellenistik tesirli Roma ve Roma Devri heykelleri Salonları bulunur.

Girişin sol tarafında hediyelik, hatıra eşyaları ve kitapçı reyonundan sonra Osman Hamdi Bey Hatıra Salonu, sonra da Sayda Krallar Nekrapolü'nden bizzat kendisinin kazıp çıkarttığı eserlerin salonları uzanır. İlk üç lahit Sayda Kralı Tabnit ailesine aittir. Benzersiz bir Likya Lahdi ile Satrap Lahdi de buradadır. Sonraki bölümde M.Ö. 4. yüzyıla tarihlendirilen, dünya ünlüsü İskender Lahdi ile Ağlayan Kadınlar Lahdi vardır. Büyük İskender'e ait olduğu zannedilen lahitin dört tarafı Makedonyalılar ile Persler arasında savaş ve av sahnelerini gösteren yüksek kabartmalar ile süslenmiştir. Yeni ek bina girişi yan duvarında Assos Athena mabedi'nin ön yüzü birebir ölçülerde canlandırılmıştır. "İstanbul Çevre Kültürleri" bölümü, değişik çağlara ait civar buluntu ve tümülüs kazılarında ortaya çıkarılmış şahane eserlerin modern ve güzel biçimde sergilendiği ilk salondur. Bizans Devri Eserleri Salonu da buradadır. "Çağlar boyu İstanbul" bölümü ve üst katlarda, karşılıklı vitrinlerde çağdaş eserlerin yer aldığı, "Çağlar Boyu Anadolu ve Truva", "Anadolu ve Komşu Ülkeler Medeniyetleri"; Filistin, Suriye ve Kıbrıs eserleri kronolojik sıralama ile teşhir edilmektedir.

Gotlar Sütunu: Gülhane Parkı'nın Sarayburnu yönünde bulunan ve Roma Devri'nden günümüze hiç değişikliğe uğramadan gelen en eski âbidedir. 4. yüzyıl'da dikilmiş olan sütun yüksek kaide üzerinde on beş metre boyunda monalit mermerdir. Sütun başı Korinth üslubunda kartal arması ile süslüdür. Gotlara karşı kazanılan zaferden bahseden kitabe, satırlarından dolayı Gotlar Sütunu adıyla anılır.

Sarayburnu: Gülhane Parkı'nın sonunda Sarayburnu'na ulaşılır. Burası birçok tarihî olaya şahitlik etmiştir.

Osmanlı Donanması, sultanları bu burnun açıklarından selamlardı. Zaferler buradan yapılan top atışları ile kutlanırdı. Şimdi burası çok ziyaret edilen bir mekân olarak, çay bahçeleri ile halka hizmet vermektedir.

NEREDE YENİR NEREDE OTURULUR

Sarayburnu çay bahçeleri

EMİNÖNÜ

Gezmek için ne kadar zaman ayırmak gerekli: **En az 2 saat**

İstanbul'u dünyanın kalbi sayarsak herhâlde Eminönü de İstanbul'un kalbi sayılmalıdır. Osmanlı Dönemi'nde İstanbul'un hukuki ve idari yapısı-

nı oluşturan üç kadılıktan (Eminönü, Eyüp, Üsküdar) biri ve en önemlisi olan Eminönü "Belde-i Şahane" olarak nitelendirilirdi.

Bizans Dönemi'nde koruduğu konumunu Osmanlı Dönemi ve sonrasında Türkiye Cumhuriyeti devrinde de korumuştur. Türkiye'nin incisi gibidir. Eminönü tarihten günümüze hep liman ve ticaret merkezi olagelmiştir. İlçe; Haliç, Fatih, Marmara Denizi ve İstanbul Boğazı'yla çevrelenmiştir. İlçe, adını Osmanlı Dönemi'nde kurulan deniz gümrüğü ve Deniz Eminliği'nin burada bulunması sebebiyle almıştır. Haliç girişinde bulunan ve günümüze kadar var olan limanla birlikte Sirkeci, semtin en gözde yerlerindendir. Eminönü, Osmanlı'nın ve İslam medeniyetinin en önemli tarihî eserlerini barındırır.

İlçe, Osmanlı Dönemi'nde önemli bir ithalat ve ihracat merkeziydi. Semt, Topkapı Sarayı ve Bab-ı Âli'yi(Osmanlı Başbakanlığı, şimdiki İstanbul Valilik Binası) içinde barındırması sebebiyle Osmanlı Dönemi'nde çok önemli bir yönetim merkeziydi. Hatta bir zaman için dünyanın yönetildiği yer denilmesi yanlış olmasa gerektir. Buradan elçiler hiç eksik olmazdı. Semtin görünümü günümüzde değişse de semt öneminden ve işlevselliğinden hiçbir şey kaybetmemiştir.

MISIR ÇARŞISI

Mısır Çarşısı, Eminönü'nde Yeni Camii'nin arkasında ve Çiçek Pazarı'nın yanındadır. İstanbul'un en eski kapalı çarşılarından olan Mısır Çarşısı, IV. Mehmed zamanında, 1660 yılında Turhan Sultan tarafından Yeni Cami'nin giderlerinin karşılanması için yaptırılmıştır. Mimarı Kazım Ağa'dır.

Çarşı yüz dükkânlı, planı "L" şeklindedir. Çarşının adı başta "Valide Çarşı" veya "Yeni Çarşı" idi. Daha sonra çarşının içine yerleşen baharatçıların mallarını Mısır'dan getirmesi ve burada satması dolayısıyla çarşıya "Mısır Çarşısı" denilmeye başlanmıştır. Çarşının camiye yakın kısmının üzeri kubbelidir. Çarşının içerisinde "L"yi oluşturan iki kısmın birleştiği yerde lonca vaizinin ahşap kürsüsü vardı. Vaiz, çarşı esnafıyla ilgili duyuruları buradan yapar, soru ve sorunlar ile buradan ilgilenirdi.

Çarşı, son olarak 1940–1943 yılları arasında İstanbul Belediyesi tarafından restore edilmiştir. Çarşı, günümüzde baharatçılar ağırlıkta olmakla birlikte birçok esnaf tarafından kullanılmaktadır. (Gezi Süresi:30 dakika)

NEREDE YENiR NEREDE OTURULUR

Galata Köprüsü- Yunus Balık (Galata Köprüsü altında, Takisim'e doğru sol yanda içkisiz tek mekân), Yeni Galata Köprüsü E-H No:16 Eminönü-İstanbul Tel: 0212 519 85 91

YENİ CAMİ

Gezmek için ne kadar zaman ayırmak gerekli: 30 dakika

Eminönü Meydanı'nda, Mısır Çarşısı'nın yanında bulunan camiye halk arasında etrafında bulunan güvercinlerin çokluğundan dolayı "Güvercinli Cami" de denir. Külliyenin merkezindeki cami, deniz kıyılarındaki sultan camilerinin en görkemlisi olarak İstanbul'un görünümünü tamamlar. Yapımına, Sultan III. Mehmed'in annesi ve Sultan III. Murad'ın eşi Safiye Sultan adına 1597'de Mimar Davud Ağa tarafından başlanmıştır. Caminin mimarlığını 1598'den sonra Dalgıç Ahmed Ağa üstlenmiştir.

1603'e kadar süren inşaat, Sultan I. Ahmed'in tahta çıkışı ve takip eden merasimler dolayısıyla yarım kalmıştır. 1661 yılında Sultan IV. Mehmed'in annesi Hatice Turhan Sultan tarafından tekrar başlatılan inşaat Mustafa Ağa'nın mimarlığında 1663'te tamamlanmıştır.

Külliye bir cami, sıbyan mektebi, sebil, çeşme, hünkâr kasrı ve türbeden oluşmaktaydı. Ancak sıbyan mektebi günümüze ulaşamamıştır. Sekiz sütun ve dokuz kubbeli son cemaat yeri ikinci kat pencere altlarına kadar çinilerle kaplıdır.

Pencere üstlerinde de Hattat Tenekecizade Mustafa Çelebi'nin hatları vardır. Sağda ve solda üçer şerefeli iki minare yer almıştır. Kare planlı camiye merdivenle üç kapıdan girilir. Çinilerle süslü olan dört fil ayağına ve dört kemere oturan merkezî kubbeyi, dört yarım kubbe desteklemektedir.

Mihrabı ve minberi beyaz mermerdendir. Mihrabın solunda değerli taşlarla süslü bir mozaik tablo vardır. Külliyeye dâhil Hatice Turhan Sultan Türbesi, içinde gömülü beş padişah ve çok sayıda hanedan mensubuyla Osmanlı sülalesinin en büyük kabristanıdır.

Türbede Hatice Turhan Sultan'ın yanı sıra Sultan IV. Mehmed, Sultan III. Osman, Sultan II. Mustafa, Sultan III. Ahmed ve Sultan I. Mahmud'un da mezarları vardır. Türbenin kubbesinin çapı on beş metreden fazladır.

KAPALI ÇARŞI

Gezmek için ne kadar zaman ayırmak gerekli: **En az 2 saat.**

Kapalı Çarşı İstanbul'un merkezinde yer alan dünyanın en eski ve büyük kapalı çarşısıdır. Kapalı Çarşı' nın temeli 1461 yılında atılmıştır. Dev ölçülü bir labirent gibi, altmıştan fazla sokağı, üç binden fazla dükkânı ile Kapalı Çarşı, İstanbul'un görülmesi gereken, benzersiz bir merkezidir. Âdeta bir şehri andıran, bütünü ile örtülü bu site, zaman içerisinde gelişip büyümüştür.

Beyazıt Camii ile Nur-ı Osmaniye Camii arasında büyük bir alanı kaplayan çarşı İstanbul'un fethinden hemen sonra Ayasofya Camii'ne gelir getirmesi amacıyla kurulmaya başlanmıştır. Çarşı kurulduğu günden bugüne, yoğunluğunu hiç kaybetmeyen önemli bir ticaret merkezi olmuştur. Çarşının mimarisi Bursa Ulu Cami'nin mimarisine benzemektedir. On iki büyük ayak üzerinde yirmi kubbesi vardır. Çarşı, birçok yangın ve deprem felaketi geçirmiş ve birçok kez onarılmıştır. Bir külliye şeklinde inşa edilmiş gibidir. İçerisinde çarşı, dükkân, bedesten, depo, han, han odası, mescid gibi kısımları vardır.

Fesciler, serpuşçular, feraceciler, perdahçılar, terlikçiler, kuyumcular, aynacılar ve kalpakçılar gibi geçmişteki iş kollarının bulundukları yerlere bu iş kollarının isimleri verilmiştir. Lonca sistemine göre bu meslek grupları çarşının içerisinde belirli bölgelere yerleştirilmişlerdir. Günümüzde bu meslek gruplarından sadece birkaçı kalmıştır.

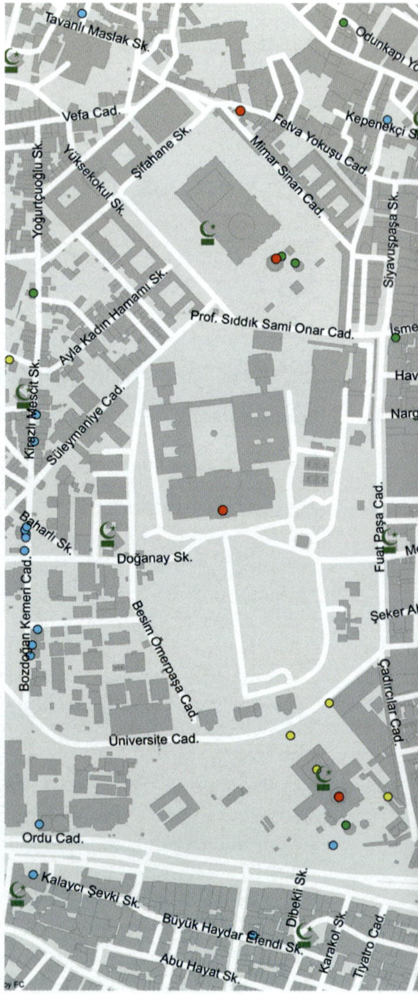

Çarşı, günümüzde turistlerin uğrak mekânlarından biridir. Eski Kapalı Çarşı esnafı sessiz ve dürüst olmasıyla meşhurdu.

Çarşının kubbeleri kurşun kaplıdır. Eskiden burası güvenilir yerlerin başında geldiği için burada insanlar değerli eşyalarını korkmadan saklayabiliyorlardı. Çünkü çarşının her ta-

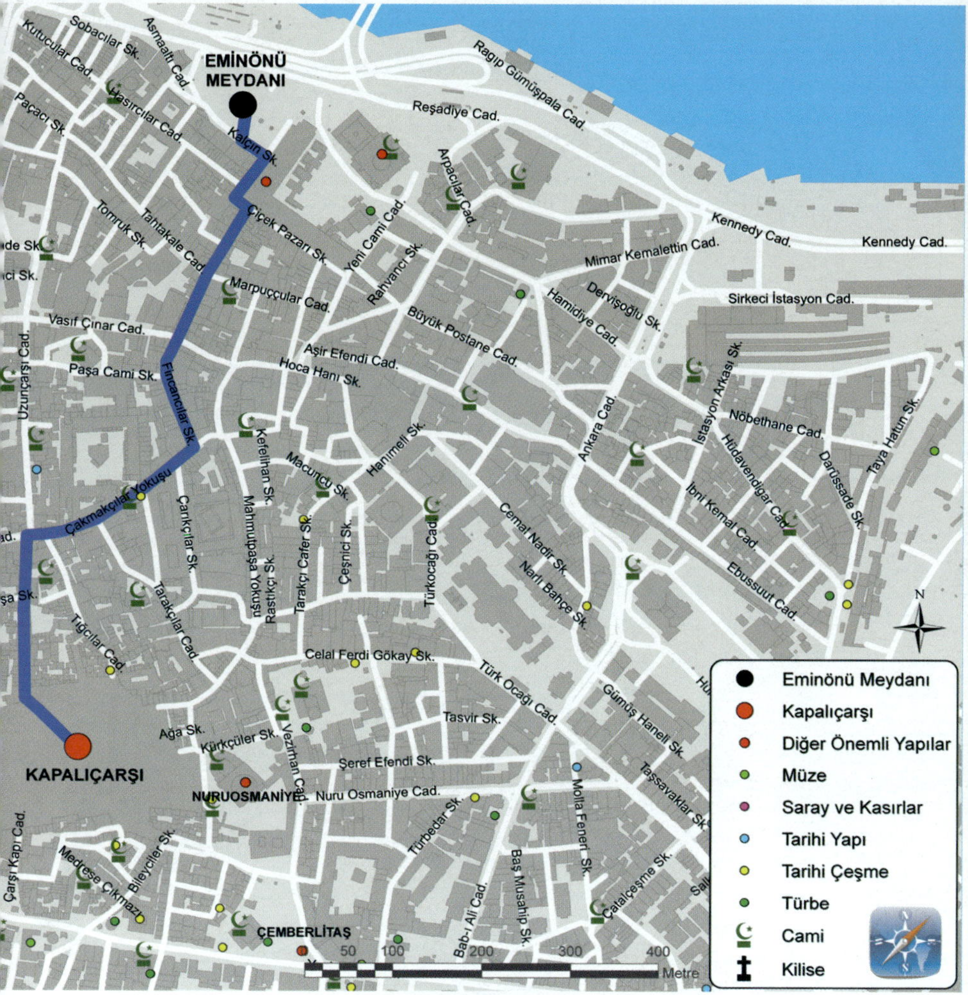

rafında bekçi olduğu gibi kapıları da kapatılırdı.

Kapalı Çarşı'nın belli başlı üç büyük Kapısı vardır: Beyazıt Kapısı, Fesçiler Kapısı, Sahaflar Kapısıdır. Diğer kapıları ise Kürkçüler Kapısı, Nur-ı Osmaniye Kapısı,

Mahmut Paşa Kapısı, Mercan Kapısı, Tacirler Kapısı, Örücüler kapısı'dır.

Kapalı Çarşı'da günümüzde çeşitli seramik, deri vb. eşyalarla, ağılıklı olarak mücevherat ve altın ticareti yapılır.

Nur-ı Osmaniye Camii İçten Görünüşü

HEMEN YAKININDA

Gezmek için ne kadar zaman ayırmak gerekli: **25 dakika.**

Nur-ı Osmaniye Camii:

İstanbul'un yedi tepesinin ikincisinde, Sultan I. Mahmut tarafından 1748'de yapımına başlanmış, ölümü yüzünden kardeşi III. Osman tarafından 1755'de tamamlatılmıştır. Mimarı Mustafa Ağa ve yardımcısı Simon Kalfa (Mimar Simeon)'dır. Üç boyutlu taş bezemeleriyle dünya mimarisinde bile eşi olmayan, tamamen özgün ve biricik bir barok şaheseridir. Eteği otuz iki pencere ile çevrili tek bir kubbesi vardır. İç bezemelerinde en göze çarpan unsur kubbesinde ve duvarlarındaki hatlardır. İki şerefeli, iki minaresi vardır. Kurşun yerine taş alemler, ilk kez bu minarelerde kullanılmıştır. Nuruosmaniye Kütüphanesi'nde beş binden fazla yazma ve basma eser vardır.

Çemberlitaş:

M.S. 330'da Başşehrin Roma'dan İstanbul'a nakli sebebi ile şehrin ikinci tepesindeki büyük oval bir meydanın ortasına, İmparator Konstantin'in şerefine dikilmiştir. Forum Konstantin diye bilinen meydanın etrafı sütunlu galeriler ile çevriliydi. Çemberlitaş, yanık sütun olarak da bilinir. Orijinalinden daha kısa hâli ile günümüze gelebilmiştir. Eskiden üstünde Büyük Konstantin'in güneş tanrısı pozundaki heykeli bulunurdu. Sütunun porfir blokları zamanla ve yangınlardan çatladığı için demir çemberlerle çevrilmiştir. Mermer başlık 12. yüzyıl, alttaki örme takviye kısmı 18. yüzyıla aittir. Sütunun dibindeki küçük bir odada erken Hristiyanlığa ait kutsal emanetler odası olduğuna inanılırdı. Buradan geçen ana yol Büyük Konstantin devrinden beri aynı güzergâhtadır.

Çemberlitaş ve Nur-ı Osmaniye Camii

BEYAZIT CAMİİ ve MEYDANI

Gezmek için ne kadar zaman ayırmak gerekli: **En az 1 saat.**

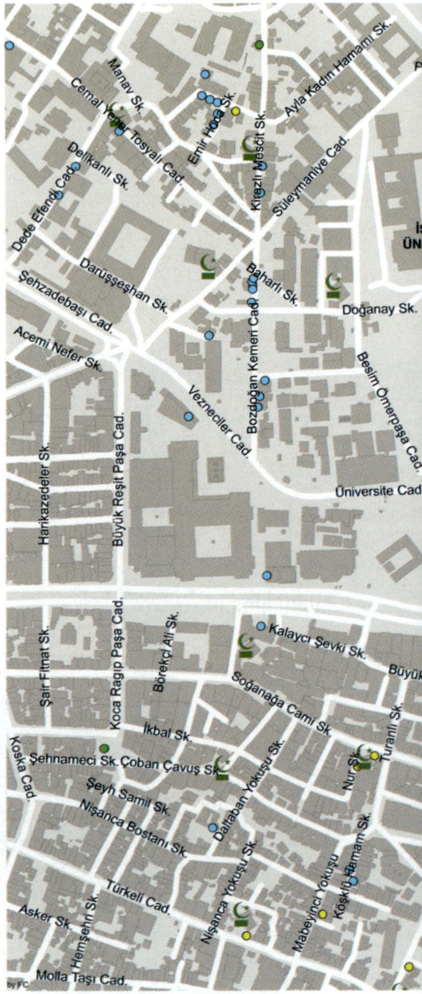

Beyazıt Camii, Doğu Roma Dönemi'nin ünlü meydanlarından olan "Forum Tauri" (Boğa Meydanı)'da kurulu, Divan yolundan Aksaray'a giderken sağ tarafta kalan orijinalliğini kaybetmemiş en eski sultan camisidir. Cami, İstanbul'u fetheden Fatih Sultan Mehmed'in oğlu II. Beyazıt tarafından 1505 yılında yaptırılmıştır. Mimarı tam olarak bilinmemekle birlikte Mimar Kemaleddin veya Yakubşah bin Sultanşah olduğu düşünülmektedir. Fatih Camii külliyesinden sonra inşa edilen en büyük külliyelerdendir.

Cami, Osmanlı klasik mimarisinin son örneklerindendir. Beyazıt Camii; medrese, türbe, aşhâne, sıbyan mektebi, han, imaret ve hamamdan oluşan büyük bir külliyedir. Külliye geniş bir alana yayılmıştır. Caminin kuzeyinde kalan imaret ve doğusunda kalan sıbyan mektebi bugün Beyazıt Kütüphanesi olarak kullanılmaktadır. Medrese ise "Vakıflar Hat Sanatı" müzesidir. İçerisinde çok güzel yazma eserler vardır.

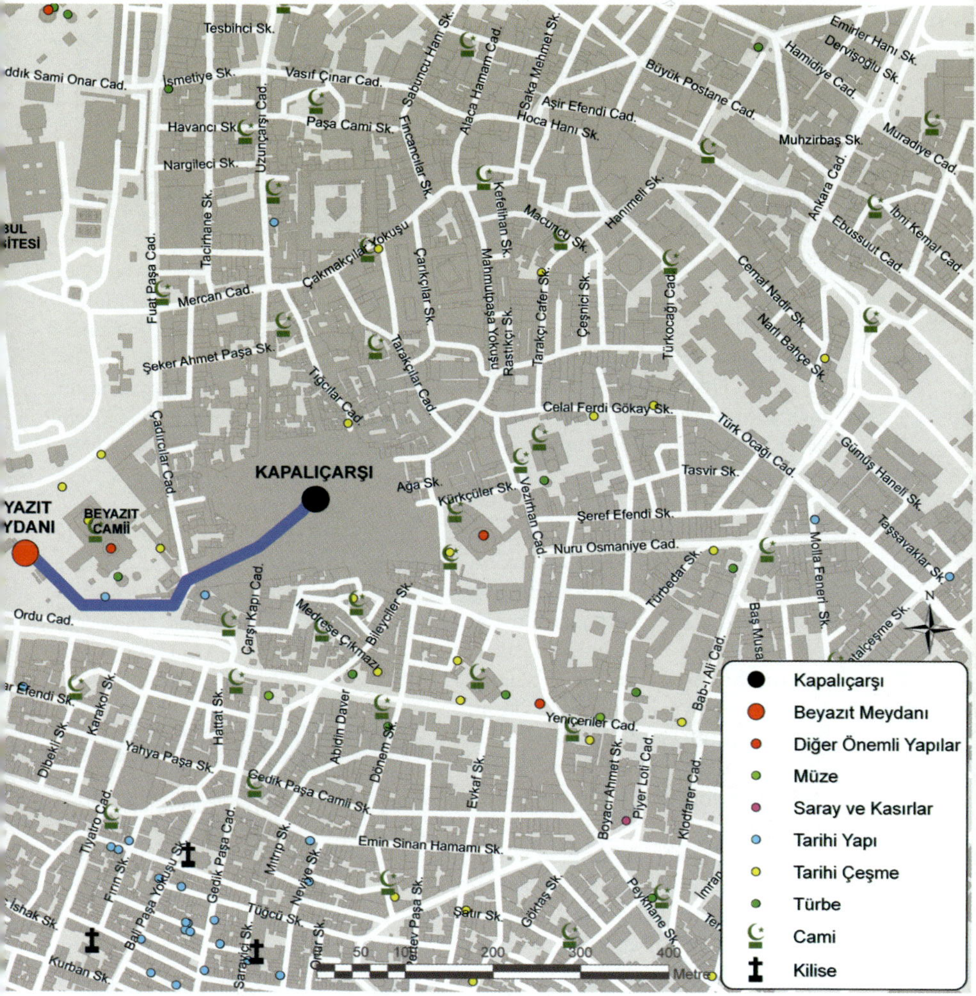

Beyazıt Camii İç Avlu Gravürü

Beyazıt Camii Cümle Girişi İçten, Zümer 39/53

Şeyhülislam (Şeyh'ül-İslâm) bu medresede doğrudan ders verirdi. Bu yapı bugün Ordu Caddesi üzerinden Aksaray'a inerken sağ tarafta kalmaktadır. Ayrıca İstanbul Üniversitesi Kütüphanesi'nin yanında kalan, merdivenle çıkılan eski yapı, bu külliyenin hamamıdır. "Patrona Halil İsyanı" da bu hamamda başladığı için bu hamama "Patrona Halil Hamamı" denir. Halil adında bir hamam tellağı tarafından çıkarılan isyan, tarihte Lale ismiyle bilinen devri bitiren olay olmuştur. Bu yüzden bu tarihî bina çok önemlidir. Beyazıt Camii'nin iki minaresi arasındaki mesafe yetmiş metredir. Bu özelliği ile cami, iki minaresi arasındaki mesafesi en uzak olan camidir. Minareleri tek şerefelidir. Caminin avlu kapılarında dönemin ünlü hattatları tarafından yazılan kitabeler vardır. Avlusu "U" şeklindedir. Avlu kemerlerini ve kubbelerini, 20 sütun taşımaktadır.

Kubbenin çapı on sekiz metredir. Minber, mihrap, kürsü, hünkâr mahfili çok orijinal ve değişik bir üslûpla yapılmıştır. Sütun işlemeleri enfestir. İç hacmi oldukça geniştir. Kitabelerini ünlü Hattat Şeyh Hamdullah yazmıştır. Ayrıca kubbedeki süslemeler de Şeyh Hamdullah'a aittir. Caminin hazire kısmında ise caminin banisi Sultan II. Beyazıt'ın Türbesi vardır. Türbe sadedir. Üzeri kubbe şeklindedir. Diğer türbelerde olduğu gibi sekizgen şeklinde inşa edilmiştir. Beyazıt'ın yanındaki diğer türbede ise kızı Selçuk Hatun vardır. Diğer bir türbe ise iç süslemeleri ve dış görünümüyle dikkat çeken Tanzimat Dönemi'nin önemli isimlerinden biri olan Mustafa Reşit Paşa'ya aittir.

HEMEN YAKININDA

Gezmek için ne kadar zaman ayırmak gerekli: **45 dakika.**

İstanbul Üniversitesi: Türk araştırmacılar köklerini 1453'e götürmektedir. Gerçekten, fethin ertesi günü 30 Mayıs 1453'te Ayasofya ve Zeyrek'te yapılan ilmî toplantılar, İstanbul Üniversitesi'nin bilim yaşamının ilk günü ve takiben bir külliyenin kurulması

İstanbul Üniversitesi Giriş kapısı

için başlangıç sayılmaktadır. Sovyet tıp bilgini Danişefski dünyanın en eski tıp fakültesinin İstanbul'da olduğu görüşündedir.

Yükselme ve Genişleme dönemlerinde kurulan Beyazıt, Yavuz ve Kanuni Sultan Süleyman Medreseleri dönemlerinin hukuk, edebiyat, ilahiyat ve tabiî bilimler okutulan birer görkemli üniversitesi sayılıyorlardı.

Islahat ve Tanzimat'ın Batılılaşma hareketi eğitim kurumlarına da yansımış, bilgisizlik her alanda yenilmişliğin sebebi olarak ortaya konmuştur. "İlerleme ancak ilim ile gerçekleşebilir ilkesiyle" 23 Temmuz 1846'da Darülfünun'un kurulması fermanı modern üniversitenin kuruluş tarihi kabul edilmektedir.

Cemil Bilsel, I. Darülfünun'da 31 ilk kanun 1863 günü verilen ilk deneysel fizik dersini İstanbul Üniversitesi'nin yakın başlangıcı olarak değerlendirmektedir.

20 Şubat 1870'te, bu kez "Darülfünun-u Osmanî" adıyla ikinci kez açıldı. Üçüncü açılışı, 1874'te Galatasaray binasında edebiyat, hukuk ve fen bölümlerinden oluşan Darülfünun-u Sultanî'nin açılmasıyla başlar.

II. Abdülhamid'in tahta çıkışının 25. yılında, 1 Eylül 1900'de din, matematik ve edebiyat bölümlerinden oluşan dördüncü Darülfünun, Darülfünun-u Şahane (Padişahın Üniversitesi) adıyla açıldı.

İstanbul Darülfünunu: Nihayet, 1908 yılında II. Meşrutiyet'in ilanından sonra hukuk, tıp, fen, edebiyat ve ilahiyat bölümlerinden oluşan İstanbul Darülfünunu 20 Nisan 1912'de tarihli bir kararla kuruldu. 1919 yılında yeni bir düzenlemeyle ilmî ve kısmen yönetim özerkliğine kavuştu.

Cumhuriyet Sonrası: Genç Türkiye Cumhuriyeti ise "kurtuluşu" izleyen dönemde 21 Nisan 1924 tarihli ve 493 sayılı Kanun'la İstanbul Darülfünunu'nun tüzel kişiliğini tanımış ve 7 Ekim 1925'te kurumun bilimsel ve yönetsel özerkliğini kabul etmiş, medreseler "Fakülte" statüsüne kavuşturulmuştur.

İstanbul Üniversitesi 1 Ağustos 1933' de yeni bir kadro ve yapıyla açıldı. Cumhuriyet 10. yılını kutlarken 1 Kasım 1933'te İstanbul Üniversitesi "ilk ve tek" üniversite olarak eğitime başladı.

Üniversitenin bugünkü yerinde daha önce Fatih zamanında inşa edilen Saray-ı Atike vardı. Daha sonra burada Bab-ı Seraskerî (Askerî İşler Dairesi) kuruldu. Sonra adı Harbiye Nezareti (Savaş Bakanlığı) olarak değiştirilmiştir.

Bugünkü Beyazıt Kampüsü içerisinde kalan Beyazıt Kulesi pek çok yangına maruz kalan İstanbul'da yangın gözetleme kulesi olarak inşa edilmiştir. Kule, daha önceleri ahşaptan yapılmıştır. Bugünkü hâlini 1828' de almıştır. II. Mahmut tarafından Balyan ailesine yaptırılmıştır. Kule, İstanbul ve Eminönü'nün anıtsal yapılarındandır. Elli metre boyundadır. Yüz seksen merdivenle çıkılmaktadır. Kuleden İstanbul muhteşem bir şekilde seyredilmektedir. Bugün rektörlük

olarak kullanılan bina II. Mahmut zamanında Seraskerlik binası olarak kullanılmıştır. İstanbul Üniversitesi'nin simgesi hâline gelen kapı 19. yüzyılda yapılmıştır. Kapıdaki hatlar Hattat Kazasker Mustafa Paşa'ya aittir. Bu dönemin mimari üslubunu taşır.

Kapının sol yanındaki iki katlı yapı Enver Paşa'nın konutu olarak kullanılmıştır. Rektörlük binası da Harbiye Nezareti(Savaş Bakanlığı) olarak kullanılmış, Osmanlı Genel Kurmayı da I. Dünya Savaşı'nı buradan idare etmiştir.

NEREDE YENİR NEREDE OTURULUR

Beyazıt Çınaraltı Çay bahçesi

SÜLEYMANİYE CAMİİ

Gezmek için ne kadar zaman ayırmak gerekli: **1 saat.**

İstanbul'un üçüncü tepesinde çok geniş bir alana yayılan bu külliye, bakanları kendisine hayran bırakmaktadır. Kanuni Sultan Süleyman devrinde 1550-1557'de Mimar Sinan'a yaptırılan cami, mekteb-i sıbyan, darü'l-hadis, darü'z-ziyafe, darü'ş-şifa, darü't-tıp, bimarhâne, tabhâne, hamam, kervansaray, arasta, çarşı ve medreselerden oluşurdu. Muazzam bir insan gücüyle yedi yıl gibi kısa sürede bitirilen cami, Türk-İslam sanatının doruk noktalarındandır. İlk taşı Şeyhülislam Ebussuud Efendi'nin koyduğu rivayet edilir. Açılışını da Kanuni'nin emriyle caminin mimarı Sinan yapmıştır.

Caminin inşaatına neredeyse devletin bütün topraklarından malzeme gelmiştir. İç mekândaki meşhur sütunların birisi İstanbul kız taşından, diğeri Topkapı Sarayı'ndan, üçüncüsü İskenderiye'den ve dördüncüsü de Lübnan'daki Balbek'ten getirilmiştir. Bu sütunlar dokuz metre boyunda yüz on dört santimetre çapındadır. Bunlar gibi diğer malzemeler de dışar'dan getirilmiştir. Taşlar İzmit ve İstanbul'dan; kereste, Istıranca'dan; demir, Bulgaristan'dan; kurşun, Sırbistan'dan getirilmiştir. Bu açıdan bakıldığında Osmanlı Devleti'nin bütününün bir eseri, bir mozaiği gibidir.

Malzemeye göre de insan çalışmıştır. İnşaatta çalışan insan sayısının çeşitli zaman ve dönemlere göre dört milyon kişiyi bulduğu söylenir. Dönemin her alanda en ünlü usta ve kalfaları çalışmıştır. Mimar Sinan da bir şef gibi bu muazzam işçi ordusunu yönetmiştir.

Külliyenin yaklaşık bir milyon altına mal olduğu söylenmektedir. Bu devirlerde bir akçe ile İstanbul'da yüz balık alınmakta, altı ila sekiz akçeye de bir koç verilmekteydi. Bir altın yaklaşık seksen akçe yapmaktaydı. Bu açıdan düşünülürse caminin ne kadar büyük bir paraya mâl olduğu tahmin edilebilir. Camiyi çevreleyen dış avlunun on bir kapısı vardır. İç avluya açılan cümle kapısı oldukça görkemlidir. İç avlu da kalem işiyle süslemeli yirmi sekiz kubbeden oluşan revaklarla çevrilidir. Revakların kemerlerini yirmi dört sütun taşır. Şadırvan mermer ve

Süleymaniye Camii, Fatiha 1/57

tunçtan yapılmıştır. Kurşun kaplı bir çatısı vardır.

Caminin ana mekânı dört büyük mermer tarafından dört büyük fil ayağı üzerinde taşınan 26,5 metre çapında bir kubbeyle örtülüdür. Kubbenin yüksekliği elli üç metredir.

Caminin levhaları Hasan Çelebi tarafından yazılmıştır. İç mekânda ilginç bir yöntem kullanılmıştır. Caminin içerisinde esintisi hissedilmeyen bir hava akımı vardır. Bu hava akımı daha önceleri caminin iç aydınlatmasında kullanılan yağ kandillerinden çıkan is ve dumanı kubbede bulunan küçük deliklere götürüyordu. Burada serin hava ile karşılaşan is ve duman yoğunlaşarak sıvı hâle geçiyor ve bu iş için ayrılan mürekkep hokkalarında biriktirilip mürekkep yapımında kullanılıyordu. Ayrıca caminin ortasında tavandan aşağıya sarkan deve kuşu yumurtalarının da caminin içinde örümcek yuvası oluşumunu engellemesi için kullanıldığı söylenmektedir.

Caminin avlusunun köşelerinde ikişer şerefeli ve diğerleri de ana mekânın doğu batı köşelerinde üçer şerefeli iki minare bulunmaktadır. On şerefe Sultan I. Süleyman'ın onuncu padişah olduğunu, dört minare ise İstanbul'un fethinden sonra padişahlık yapan dördüncü padişahı temsil eder. Ayrıca caminin iç kısmındaki dört büyük sütunun da Dört Halife'yi (Hulefa-i Raşidin) temsil ettiği söylenir.

Caminin iç mekânındaki hünkâr mahfili de sadeliğin içindeki güzelliğin örneği gibidir. Mahfil sekiz sütun üzerine yerleştirilmiştir. Kapı, gül motifleriyle süslenmiştir. Ayrıca mihrab ve minber de mermerden olup işlemeciliği kusursuzdur. Caminin pencere kanatları bitki motifleriyle süslenmiştir. Caminin hazire kısmında Kanuni Sultan Süleyman başta olmak üzere Hürrem Sultan ve Mimar Sinan'ın türbeleri vardır.

Caminin medrese kısmı bugün Süleymaniye Kütüphanesi olarak hizmet vermektedir. Güney kısımda kalan ve Kur'an kursu olarak hizmet eden bina, dönemin akıl hastanesi olarak kullanılan tımarhânedir. Tabhâne, Kuzeybatı köşesindedir. Süleymaniye'nin imaret kısmı bugün Darüzziyafe adıyla restoran hâline getirilmiştir. Sıbyan mektebi çocuk kitaplığı olarak kullanılmaktadır. Kervansaray ise caminin güney kısmında yer almaktadır. Bugün burası kapalıdır. Caminin hemen her tarafı orijinalitesini korumaktadır.

Kanuni Sultan Süleyman Türbesi:

Sekizgen şekilli türbe caminin kıble yönündedir. Bu türbenin en önemli özelliği giriş kapısının üstünde Hacer'ül-Esved'den bir parça taşımasıdır. Rivayet edildiğine göre, Kanuni zamanında Hacer'ül-Esved'in muhafazası değiştirilirken mübarek taş kazara yere düşürülmüştür. Buradan kopan parçalar padişahın emriyle İstanbul'a getirilmiştir. Padişahın dileği üzerine en büyük parça türbesinin giriş kapsının üzerine konulmuştur.

Mimar Sinan mimar başı olmadan önce yaptığı işlerle Kanuni'nin dikkatini çekti ve Lütfü Paşa'nın desteği ile de mimarbaşı yapıldı.

Gezmek için ne kadar zaman ayırmak gerekli: **15 dakika**

Mimar Sinan Türbesi:
Türbe, caminin doğu kısmında kapıdan çıkınca biraz aşağıdadır. Yaptığı eserlere göre oldukça mütevazıdır. Mimar Sinan, 1489 yılında Kayseri'nin Ağırnas köyünde doğdu. Yavuz zamanında devşirme olarak İstanbul'a geldi. Kanuni zamanında yeniçeri ocağına katıldı. Mimar Sinan, mimarbaşı olmadan önce yaptığı işlerle Kanuni'nin dikkatini çekti ve Lütfü Paşa'nın desteği ile de mimarbaşı yapıldı. Mimarbaşı olduktan sonra sanatta zirveye çıktı ve sayısız eser yaptı. Bunların en önemlisi şüphesiz çıraklık eseri olan Şehzadebaşı Camii ve külliyesi, kalfalık eseri, Süleymaniye Camii ve ustalık eseri olarak da Edirne'de inşa ettiği Selimiye Cami'dir. Mimari alanda sadece camii yapmamış, birçok esere mimarlık yapmıştır. Ayasofya'nın bugüne gelmesini sağlamış, seksen dört cami, elli iki mescit, yedi Dar'ül-Kur'an, yirmi türbe, on yedi imaret, üç Dar'üs-Sefa, beş su yolu, yirmi kervansaray, otuz altı saray, sekiz mahzen, kırk sekiz adet hamam yaptırmıştır. Toplam üç yüz altmış dört eseri vardır. Türbesini kendisi yaptırmıştır. Çok sadedir. Türbenin kuzey kısmında bir sebil vardır.

HEMEN YAKININDA

İstanbul Üniversitesi Botanik Bahçesi:
Türkiye'nin ilk botanik bahçesidir. Süleymaniye Külliyesin'in kuzey tarafında, Haliç'e bakan sırtlarda kurulmuştur. Süleymaniye Camii arkasındadır ve İstanbul İl Müftülüğü ile aynı bahçededir. Bahçenin temelleri 1933'te atılmıştır. Atatürk, Hitler rejiminin baskısından kaçan üç Yahudi profesörü Türkiye'ye davet ederek botanik ve zooloji dersleri vermelerini istemiştir. Alfred Heilbronn, Leo Brauner ve Andre Naville, bir yıl içinde Botanik Bahçesi'ni kurmuşlardır. Türkiye'de Dünya Botanik Birliği tarafından tanınan ve tohum kataloğu yayımlayan sadece iki bahçeden birisidir. İstanbul Üniversitesi Alfred Heilbronn Botanik Bahçesi, yirmi iki dönümlük bir arazi üzerine kurulmuştur. Yaklaşık beş bin cins ve altı bin tür bitki mevcuttur. Botanik Bahçesi'nde yüz yirmi yedi familya bitki bulunuyor.

Gezi Notu: *Toplu hâlde ziyaretleri için randevu almak gerekmektedir. 9.00–16.30 saatleri arası açıktır. Minimum 1 saat, verimli gezmek için 3 saat ayırmak gerekir.*

NEREDE YENiR NEREDE OTURULUR

Tarihî Süleymaniye Kuru fasulyecisi

Darüzziyafe, Süleymaniye Camii Külliyesi, 0212 511 84 14-512 11 00

ŞEHZADE CAMİİ

Gezmek için ne kadar zaman ayırmak gerekli: **En az 30 dk.**

İstanbul Büyükşehir Belediyesi'nin karşısında bulunmaktadır. 1544–1548 yılları arasında Kanuni Sultan Süleyman tarafından çiçek hastalığından ölen oğlu Şehzade Mehmed adına Mimar Sinan'a yaptırılmıştır. "Taşla konuşan deha" unvanına sahip Mimar Sinan bu cami için " çıraklık" eserim demiştir. Bu cami de diğer Osmanlı sultan camileri gibi külliye şeklinde inşa edilmiştir. Medresesi, sıbyan mektebi, hünkâr mahfili ve türbeleriyle bütünlük göstermektedir. Medrese ve sıbyan mektebinin yeri bugün restoran olarak kullanılan caminin batı tarafında kalan kısımdır. Tabhânesi(Misafirhâne) de yine bu civardadır.

Cami on beş milyon akçeye mâl olmuştur. Açık avlu kısmında on iki

sütun üzerinde yükselen on altı kubbe vardır. Ortasında ise IV. Murad devrinde yapılmış şadırvan vardır. İç mekân 38x38 kare plan üzerine inşa edilmiştir. Ana mekân ve dış avlu hemen hemen birbirine eşittir. Merkezî kubbenin yanında dört yarım kubbe ana kubbeyi destekler. Ana kubbe

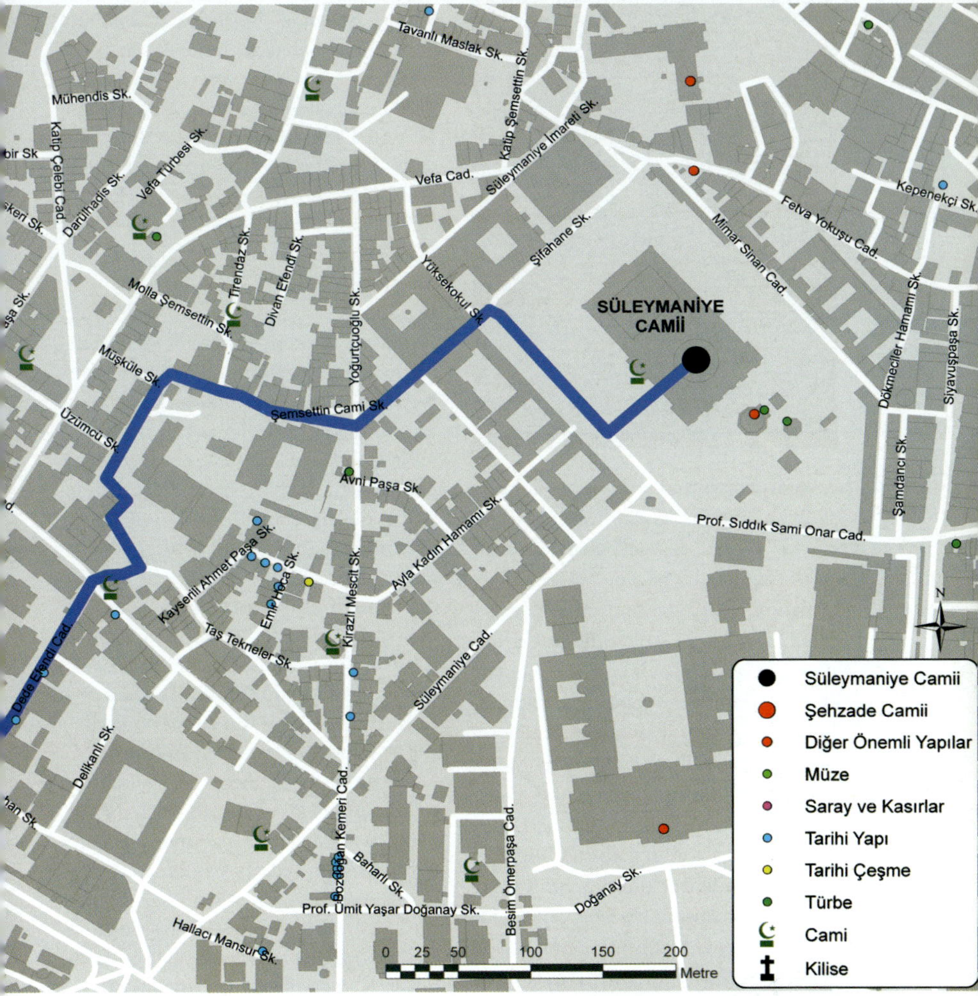

18,5 metre çapındadır. Yine dört köşede çeyrek kubbe ve yarım kubbelerin ikişer yanında sütun şeklinde dört küçük kubbe ile yapının kubbeleri deniz dalgası gibi boy gösterir. Kubbenin eteğinde yirmi dört pencere vardır. Bu kubbe denemesi alanında ilktir. Bu sistemle caminin iç hacmi alabildiğin-

ce geniş görünür. Caminin içi oldukça sadedir. Dışı ise alabildiğince süslenmiştir. Cami, dıştan kırmızı taşlarla gökkuşağını hatırlatan mermerlerle süslenmiştir. Kenarda duran ikişer şerefeli, 41,5 metre yüksekliğindeki minare gözyaşı şeklindeki süslemeleriyle camiye muhteşem bir hava katmaktadır. Minarelerdeki bu süslemelerin Kanuni'nin oğlu Şehzade Mehmed'e çok üzüldüğünün temsili olarak yapıldığı söylenir. Mihrabı ve minberi mermerdendir. Camide akustik oldukça iyi ayarlanmıştır. Caminin etrafı çevre duvarıyla korunmaktadır. Kıble tarafındaki hazire kısmında camiye ismi verilen Şehzade Mehmed'in türbesi, diğer şehzade ve sultanların türbeleri bulunmaktadır. Şehzade Mehmed'in türbesinin kubbesi dilimli, kapısı fildişi kakmalı, içi çini süslemedir. Ayrıca Şehzade Cihangir de burada yatar. Diğer türbelerde ise III. Mehmed'in oğlu Şehzade Mahmud ve Hatice Sultan türbeleri bulunmaktadır.

HEMEN YAKININDA

Sahabe-yi Güzin'den Hz. Ali Tablî (r.a)'nin Kabri: Şehzade Mehmed Camii'nin bahçesinde Şehzade restoran ile cami arasında bulunan ulu bir çınar ağacının dibinde sahabeden olduğu rivayet edilen Hz. Ali Tablî(r.a.)'nin kabri bulunmaktadır. Bu hâliyle çok mahzun ve yalnız gibidir. Askeri cesarete getirmek için "tabl" yani davul çalan Hz. Ali Tablî (r.a.) bu vazifesini ifa ederken şehit düşmüştür.

Bozdoğan (Valens) Su Kemeri: Geç Roma ve Erken Bizans Dönemi'ne ait su kemeri Hadrianus veya Valens Kemeri olarak da adlandırılmaktadır. Yapım tarihi tam olarak bilinmemektedir. Şehrin su sıkıntısını çözmek için inşa edilen kemer, zaman içerisinde tahrip olmuş, şehrin Osmanlılara geçmesinden sonra Fatih Sultan Mehmed, su şebekesini onartırken kemeri de yeniden kullanıma uygun hale getirmiştir. Kemerin "Bozdoğan" ismini nasıl aldığı bilinmemektedir. Fatih Sultan Mehmed, Sultan II. Bayezid ve Kanuni Sultan Süleyman dönemlerinde kemere eklemeler yapılmıştır.

Bozdoğan Kemeri bir kilometre uzunluğunda idi ve Bizans Dönemi'nde daha da uzun olduğu tahmin edilmektedir. Günümüzde büyük bir kısmı yıkılmış olan kemerin sağlam kalan bölümü Saraçhâne Atatürk Bulvarı'ndadır. 1988'de belediye tarafından onarılan Bozdoğan Kemeri'nde Roma, Bizans ve Osmanlı etkileri görülmektedir. İstanbul'un en eski su kemeri olan Bozdoğan Kemeri on beş asır boyunca şehrin en önemli su kaynaklarından biri olmuştur.

NEREDE YENİR NEREDE OTURULUR

Şehzade Mehmed Sofrası,
Şehzade Camii Külliyesi,
0 212 526 26 68.

FATİH CAMİİ

Gezmek için ne kadar zaman ayırmak gerekli: **En az 40 dk.**

İstanbul'un yedi tepesinden dördüncüsünde inşa edilmiştir. Cami Doğu Roma'nın patrikhâne kilisesi olan Kutsal Havariler (Havariyyun) Kilisesi'nin kalıntıları üzerine inşa edilmiştir. Fetihten sonra hızla İslami bir kimliğe büründürülen İstanbul'un ilk külliye örneklerindendir biridir. Fatih tarafından 1461–1470 yılları arasında yapılan ve 1766 depreminde neredeyse tamamen yıkılan ilk yapının mimarisi hakkında fazla bir bilgimiz maalesef yoktur. Mimarının Atik Sinan olduğunu biliyoruz. Azatlı bir Hristiyan köledir. Cami hakkında anlatılan güzel hikâyelerden birisi Mimar Atik Sinan ile Fatih arasında yaşanan olaydır.

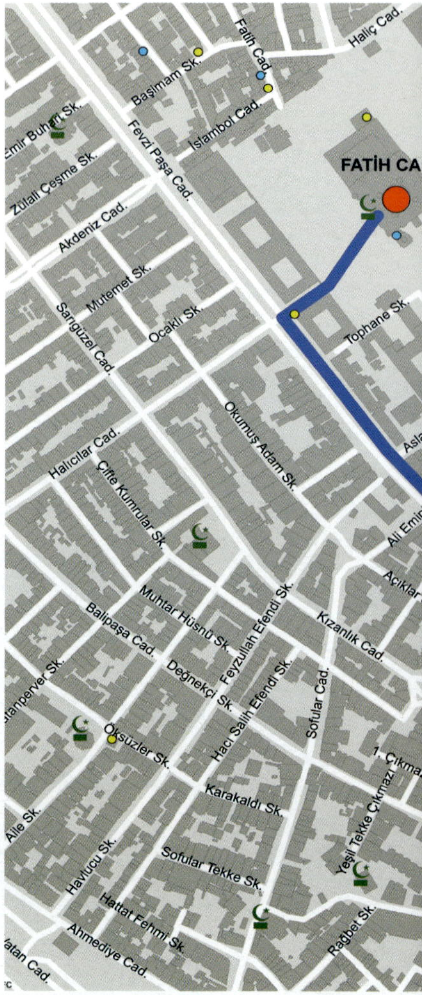

Evliya Çelebi'nin aktardığına göre, Fatih'in caminin yapımı sırasında mimarın yaptığı yolsuzluğa hiddetlenerek Atik Sinan'ın bir parmağını kestirdiği söylenir. İşin esas kısmı bundan sonra olanıdır. Parmağı kesilen mimar, Fatih'i İstanbul kadısına şikâyet eder ve kadı Fatih'i huzuruna çağırır Fatih'i haksız bulan kadı, Fatih Sultan Mehmed'in de

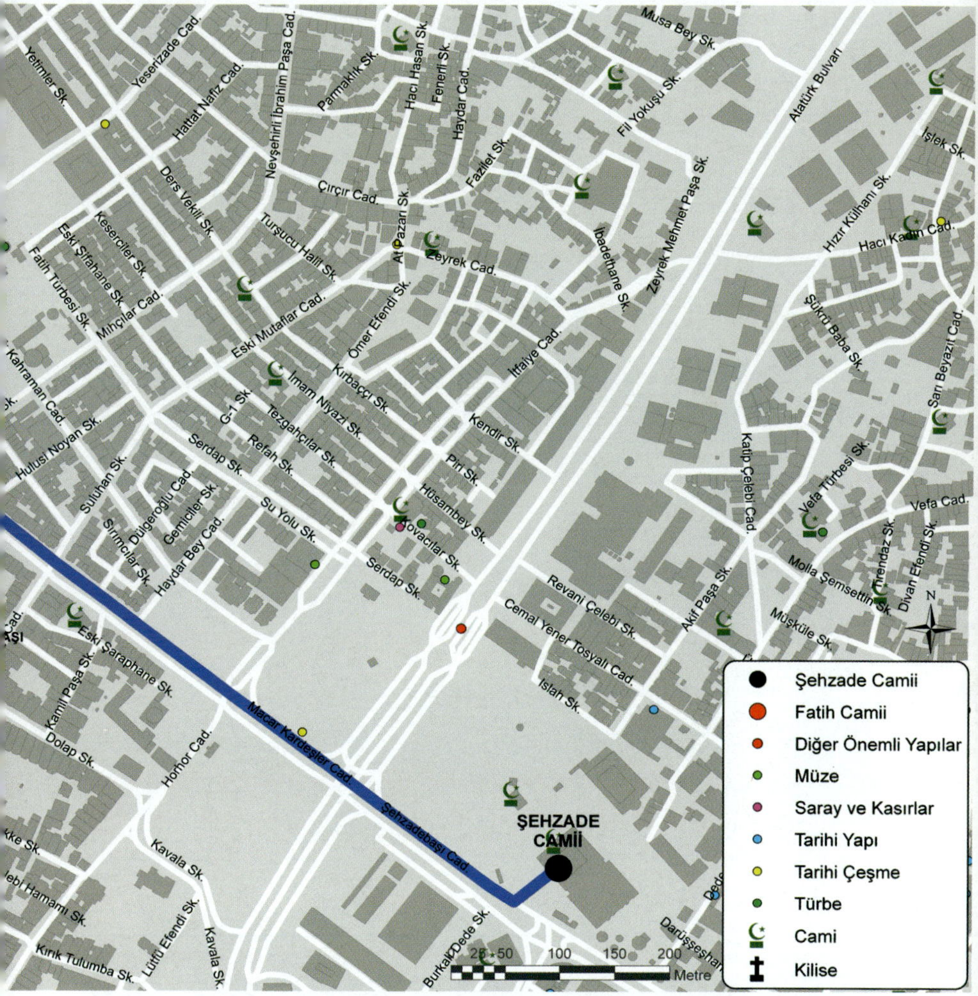
Musa Bey Sk.
Yetimler Sk.
Yeserizade Cad.
Hattat Nafiz Cad.
Nevşehirli İbrahim Paşa Cad.
Parmaklık Sk.
Hacı Hasan Sk.
Fenerli Sk.
Haydar Cad.
Fil Yokuşu Sk.
Atatürk Bulvarı
İşlek Sk.
Fazilet Sk.
Çırçır Cad.
Ders Vekili Sk.
Turşucu Halil Sk.
At Pazarı Sk.
Zeyrek Cad.
İbadethane Sk.
Zeyrek Mehmet Paşa Sk.
Hızır Külhanı Sk.
Hacı Kadın Cad.
Kesercıler Sk.
Eski Şifahane Sk.
Fatih Türbesi Sk.
Mıhçılar Cad.
Eski Mutafiar Cad.
Ömer Efendi Sk.
İtfaiye Cad.
Şükrü Baba Sk.
Sarı Beyazıt Cad.
Kahraman Cad.
İmam Niyazi Sk.
Kırbaççı Sk.
Kendir Sk.
G-1 Sk.
Tezgahçılar Sk.
Hulusi Noyan Sk.
Serdap Sk.
Refah Sk.
Pirı Sk.
Katip Çelebi Cad.
Vefa Türbesi Sk.
Sulıhan Sk.
Düğeroğlu Cad.
Gemiciler Sk.
Su Yolu Sk.
Hüsambey Sk.
Vefa Cad.
Sırrıncılar Sk.
Haydar Bey Cad.
Kovacılar Sk.
Divan Efendi Sk.
Serdap Sk.
Molla Şemsettin Sk.
Revani Çelebi Sk.
Akif Paşa Sk.
Müşküle Sk.
Cemal Yener Tosyalı Cad.
Eski Saraphane Sk.
Kamil Paşa Sk.
Islah Sk.
Dolap Sk.
Macar Kardeşler Cad.
Horhor Cad.
Şehzadebaşı Cad.
ŞEHZADE CAMİİ
Kavala Sk.
Lütfü Efendi Sk.
Kavala Sk.
Kırık Tulumba Sk.
Burkak Dede Sk.
Darüşşesha
N
25 50 100 150 200
Metre
Şehzade Camii
Fatih Camii
Diğer Önemli Yapılar
Müze
Saray ve Kasırlar
Tarihi Yapı
Tarihi Çeşme
Türbe
Cami
Kilise

ابو بكر

Fatih Camii son cemaat yeri, Besmele, Bakara 2/255-257

parmağının kesilmesine karar verir. Bunu gören mimar bu adalet karşısında âdeta dehşete düşer ve davasından vazgeçtiğini haykırır; ancak kadı kamu hukukunun ihlal edildiğini söyleyerek kararda ısrar edince davacı Atik Sinan ömür boyu maaş ödenmesine razı olduğunu söyleyince karar bozulur. Mimar mahkeme salonundan çıktıktan sonra Fatih kaftanının altından bir kılıç çıkararak, kadıya "Eğer benim padişah olduğuma bakıp bana iltimas gösterseydin senin kafanı bu kılıçla keserdim. "der ve Kadı da oturduğu minderin altından bir gürz çıkarıp Fatih'e "Eğer sen de padişahlığına güvenip hakkı hukuku çiğnemeye yeltenseydin ben de senin kafanı bu gürz ile dağıtırdım." şeklinde karşılık verir.

1766'daki büyük İstanbul depreminde neredeyse tamamen yıkılan cami günümüzdeki hâlini, Sultan III. Mustafa devrinde alır. Ünlü mimar Mehmed Tahir Ağa tarafından 1771 yılında yapılır. Dönemin Barok mimari özelliğini taşır.

Temel yapısını caminin oluşturduğu külliye çok geniş bir arazi üzerine kurulmuştur. Medrese, mektep, kütüphane, imaret, kervansaray, tabhâne, darüşşifa ve hamam olarak inşa edilmiştir. Günümüzde bir kısmı yok olmuştur. Cami avlusuna yüksekçe ve ihtişamlı iki kapıdan girilir. Ortasında sekiz mermer köşeli sütunlu külah şeklinde bir şadırvan vardır. Girişin olduğu duvarda Hattat Ali bin Safi'nin yazdığı o muhteşem görünümüyle Besmele ve Fatiha vardır. Dört büyük mermer sütun üzerine oturmuş yirmi altı metre çapındaki büyük kubbesini dört yarım kubbe destekler. İki şerefeli iki tane minaresi vardır.

Caminin külliye kısmında sekiz adet medrese vardır. Fatih'in medreseleri bu konuda oldukça ün yapmıştır. Buralarda öğrenci veya müderris olmak ayrıcalıktı. Medreselerin ismi Akdeniz ve Karadeniz medreseleridir. Akdeniz medreselerinin isimleri (güney kısmında kalan) Akdeniz, Başkurşunlu, Çiftekurşunlu, Ayakkurşunlu'dur. Ayrıca Tehime ve Semaniye medreseleri de vardır. Bunlar bugün yoktur. Ön cepheden

iki girişi olan büyük avluda medreseler blok şeklinde avluyu üç kısımdan kapatmıştır.

Caminin son cemaat kısmında bulunan çiniler çok değerlidir. Çünkü bu çini rengi daha sonra bir daha tutturulamamıştır. Ayrıca caminin içinde yine bu kısımda küçük bir çeşme vardır. Ne zaman ve ne amaçla yapıldığı bilinmemektedir. Kuzeybatı kısmında III. Mustafa zamanında yapılan hünkâr mahfili girişi de camiye ayrı bir hava katmaktadır.

Caminin hazire kısmında diğer selâtin camilerde olduğu gibi türbeler vardır. Fatih Sultan Mehmed türbesinde tek başına yatmaktadır. Ayrıca Fatih'in karısı Gülbahar Sultan, I. Abdülhamid'in karısı Nakşıdil Sultan'ın türbeleri de buradadır. Bu kısımda herkesin iyi bildiği bir kahramanın yani Plevne Kahramanı Gazi Osman Paşa'nın türbesi de bulunmaktadır. Ayrıca Osmanlı'nın son dönemlerinde görev almış bakan ve padişahların türbeleri de buradadır.

HEMEN YAKININDA

Gezmek için ne kadar zaman ayırmak gerekli: **10 dakika.**

Kız Taşı: Fevzi Paşa Caddesi'nin biraz altında bulunan Kız Taşı, 452 yılında İmparator Markianos için dikilmiştir. Ufak ölçüde, yalın görünümlü bir anıttır. Kaidesindeki bu figürler sebebiyle İstanbul'un fethinden sonra "Kız Taşı" olarak anılmıştır.

NEREDE YENİR NEREDE OTURULUR

Ziya Şark Sofrası,
0 212 531 30 03

Bizim Köfte,
0 212 531 68 50

YAVUZ SELİM CAMİİ

Gezmek için ne kadar zaman ayırmak gerekli: **En az 40 dk.**

İstanbul'un yedi tepesinin beşincisinde bulunan cami, manzarası itibarı ile mükemmel bir yere inşa edilmiştir. Caminin yanında Roma'dan kalma sarnıç (çukur bostan) vardır. Cami, Roma saraylarından birinin kalıntılarının üzerine inşa edilmiştir. Caminin bir tarafında bu tarihî alan varken diğer tarafında ise eşsiz manzarasıyla Haliç bulunmaktadır. Caminin avlusu Haliç ve çevresinin en güzel seyredildiği yerdir.

Caminin yerinin seçimi ve ilk temel atma işi Yavuz Sultan Selim tarafından yapılmıştır. Açılış ise 1519–1522 tarihleri arasında, oğlu Kanuni Sultan Süleyman tarafından yapılmıştır. Mimarının Acem Ali adında biri oluğu bilinmektedir.

Caminin on sekiz sütun üzerinde duran yirmi kubbeli, ortasında şadırvanı olan bir avlusu vardır. Üç adet avlu kapısı vardır. Kırk merdiven Kapısı Haliç'e bakan taraftadır. Buradan aşağı inildiği için böyle söylenmiştir.

Türbe tarafına açılan türbe kapısı ve çarşı kapısına sahiptir. Ayrıca güzel servi ağaçlarıyla hoş görünür. Yavuz'un sadeliğine paralel bir sadelikle inşa edilmiştir. Camide kullanılan çiniler erken dönem İznik çinisidir. Bu çiniler genelde pencere üstlerinde kullanılmıştır. Kubbesi 24.5 metrelik bir alanın üzerine 24.5 metre çapıyla yarım kubbeye ihtiyaç

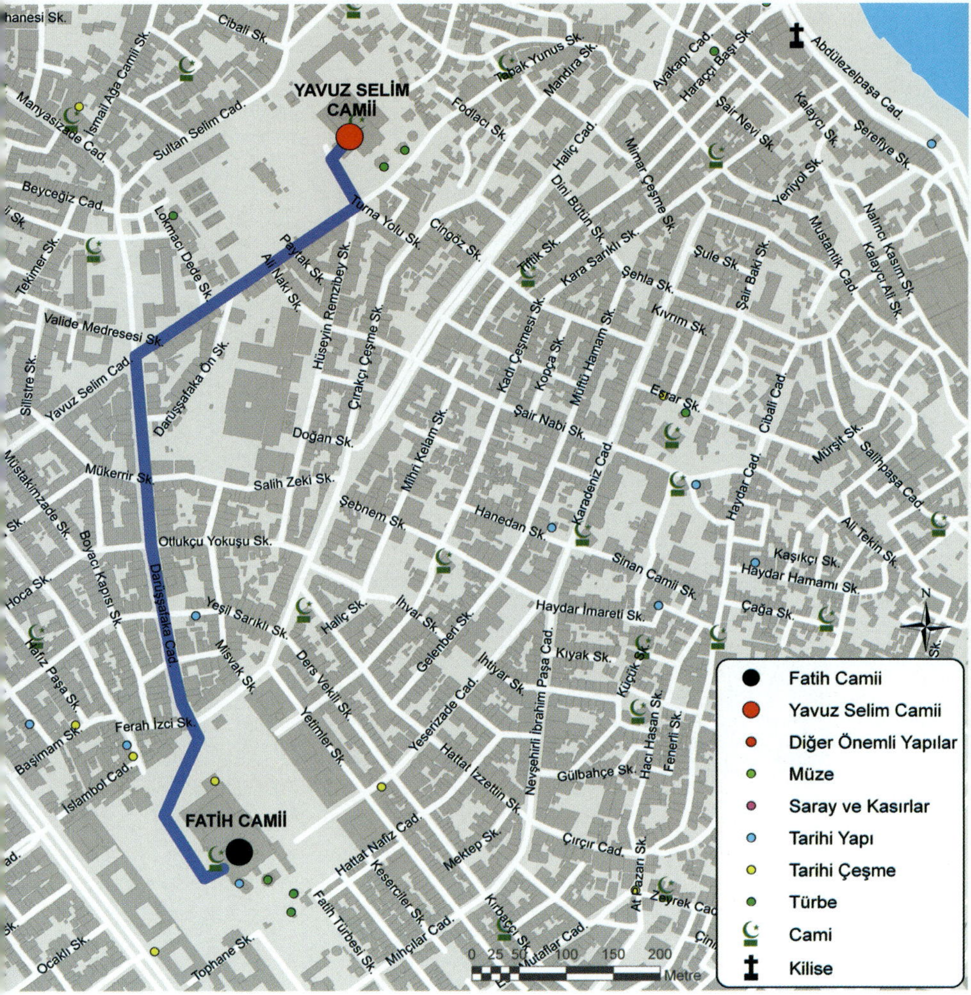

duyulmadan oturtulmuştur. Ahşap işlemeler dönemin mükemmel sedef oymacılığının örneklerindendir. Çok hoş mermerden yapılmış bir minberi vardır. Minberin olduğu duvarda yani kıble duvarında camekân içinde Kâbe'den getirilmiş örtü vardır.

Cami, külliye şeklindedir. Camiden başka türbe, sıbyan mektebi, tabhâne, imaret vardır. İmaret, günümüzde ayakta değildir. Caminin arkasında kalan bahçede türbeler vardır. Burada Yavuz'un türbesi sekizgen şeklinde inşa edilmiştir. Türbe, çinilerin güzel örnekleriyle süslüdür. Türbede Yavuz tek başına yatmaktadır. Ayrıca bahçede şehzadeler türbesi ile Sultan Abdülmecid'in türbesi bulunmaktadır.

KARİYE CAMİİ

Gezmek için ne kadar zaman ayırmak gerekli: **En az 30 dk.**

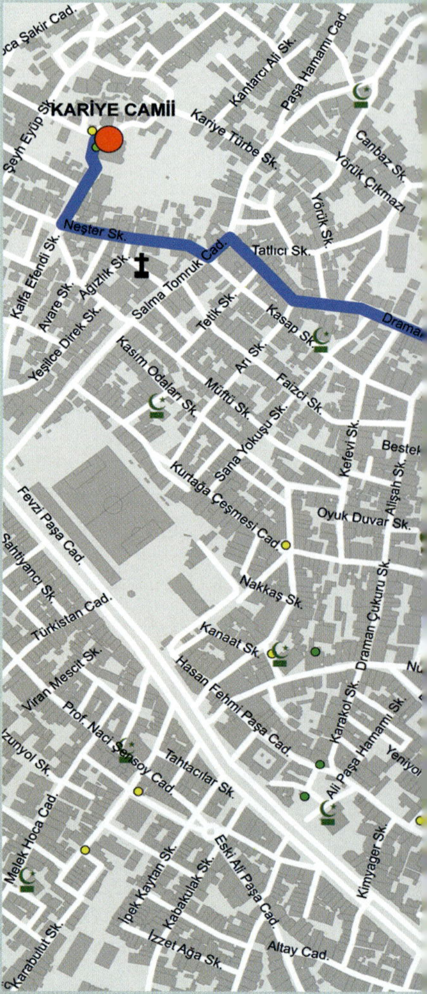

İstanbul'un altıncı tepesinde kuruludur. Cami, Fatih'te Edirnekapı civarında surların iç kısmındadır. Merkeze uzak bir yerde yapıldığı için "taşra" manasına gelen, "Chora" veya "Kariye" ismi verilmiştir. 5. yüzyılda yapılan Roma şehir surlarından evvele ait olan, belki küçük bir kiliseye verilen isim, aynı yerde yapılan sonraki kiliselerin de adı olmuştur. Günümüzdeki küçük yapı 11 ila 14. yüzyılla tarihlendirilir. Hareketli dış mimarisinin yanında iç mozaik ve fresko dekorasyonları Bizans sanatının Rönesans'ı sayılan şaheserlerdir.

Kiliseden camiye ise 1511'de Osmanlı Sadrazamı Atik Ali Paşa tarafından çevrilmiştir. Cami, üç küçük bir büyük kubbeye sahiptir. Kubbe çapı yedi metredir. Yapıyı bu kadar çekici kılan iç mekândaki yoğun süslemeler ve muhteşem fresko ve mozaik panolarıdır. Cami 1935 yılında müzeye çevrilmiştir. Yapının iç kısmı kapalı haç şeklinde yapılmıştır. Cami çarşamba günleri hariç her gün ziyarete açıktır.

YAVUZ SELİM CAMİİ
Yavuz Selim Camii
Kariye Camii
Diğer Önemli Yapılar
Müze
Saray ve Kasırlar
Tarihi Yapı
Tarihi Çeşme
Türbe
Cami
Kilise
0 25 50 100 150 200
Metre
N
Vodina Cad.
Rifat Efendi Sk.
Çilingir Sk.
Hacı Rıza Sk.
Toprancı Sk.
Tamburacı Sk.
Ayan Cad.
Burçak Sk.
Çorbacı Çeşmesi Sk.
Mürselpaşa Cad.
Ayvansaray Cad.
Akgül Sk.
Çimen Sk.
Alay Sk.
Miraç Sk.
Draman Çeşmesi Sk.
Draman Cad.
Köroğlu Meydanı Sk.
Çırakçı Sk.
Fener İskele Yolu
Yıldırım Cad.
Abdülezelpaşa Cad.
Baki Dede Sk.
Yaldızcı Sk.
Züllüflü Sk.
Fal Sk.
Hacı İbrahim Sk.
Şair Niyazi Sk.
Kiremit Cad.
Duhancı Sk.
At Geçmezi Sk.
Mesnevihane Sk.
Çamlı Çeşme Yokuşu Sk.
İnce Bel Sk.
Bakkaloğlu Sk.
Tabak Yunus Sk.
Mandıra Sk.
Fodlacı Sk.
Tercüman Yunus Sk.
Saray Ağası Cad.
Mehmet Dede Sk.
Koltukçu Sk.
Fethiye Cad.
Murat Molla Sk.
İsmail Ağa Camii Sk.
Mercimek Sk.
Cibali Sk.
Mismarcı Sk.
Draman Camii Sk.
Manyasizade Cad.
Sultan Selim Cad.
Mahmut Sk.
Çilekeş Sk.
Kovacı Camii Sk.
Beyceğiz Cad.
Turna Yolu Sk.
Cemali Sk.
Beyceğiz Fırını Sk.
Bilgiçler Sk.
Tekimer Sk.
Lokmacı Dede Sk.
Paytak Sk.
Ali Naki Sk.
Hüseyin Remzibey Sk.
Çırakçı Çeşme Sk.
Ispanakçı Sk.
Silistre Sk.
Darüşşafaka On Sk.
Darüşşafaka Cad.
Müezzin Bilal Sk.
Meymenet Sk.
Nişanca Cad.
Serin Sk.
Yavuz Selim Cad.

MİHRİMAH SULTAN CAMİİ

Gezmek için ne kadar zaman ayırmak gerekli: En az 30 dk.

İstanbul'un yedi tepesinin yedincisinde Mihrimah Sultan Camii bulunur. Fatih'te Edirnekapı'da sur kapısının iç yanında bulunmaktadır. Cami, Osmanlı Sultanı Kanuni Sultan Süleyman'ın çok sevdiği kızı Mihrimah Sultan (öl. 1566) için 1562–1565 yılları arasında Mimar Sinan'a yaptırılmıştır. Yapımı konusunda rivayetler vardır. Mihrimah Sultan'ın sağlığında kendi adına yaptırdığı da söylenir.

Cami, taban olarak çok yüksek bir yere kurulmuştur. On dokuz basamakla çıkılır. Heybetli bir görünüme sahip bu eser, bu hâliyle şehrin her yerinden görülür. Etrafında kendine denk bir yapı olmaması eseri bulunduğu yerde yalnız ve ihtişamlı gösterir. Cami kare bir plan üzerine kubbenin etrafı kaplayan görünümü ve gökkuşağını hatırlatan kemerleriyle, iç içe geçen yüz altmış penceresiyle muhteşem görünmektedir. Çağ olarak 16. yüzyılda inşa edilen caminin mimarisi 16. yüzyıl için çok özel bir konumdadır. Sağ kısmın ön köşesinde tek şerefeli bir minare vardır. Fakat bu yıkılmış, daha sonra yeniden inşa edilmiştir. Caminin ortasında şadırvan vardır. Cami küçük bir külliye gibidir. Avlusunun etrafında medrese için inşa edilmiş küçük odacıklar vardır. Caminin etrafını örter gibi görünen kubbesi on dokuz metre çapında, yirmi yedi metre yüksekliğindedir. Yan

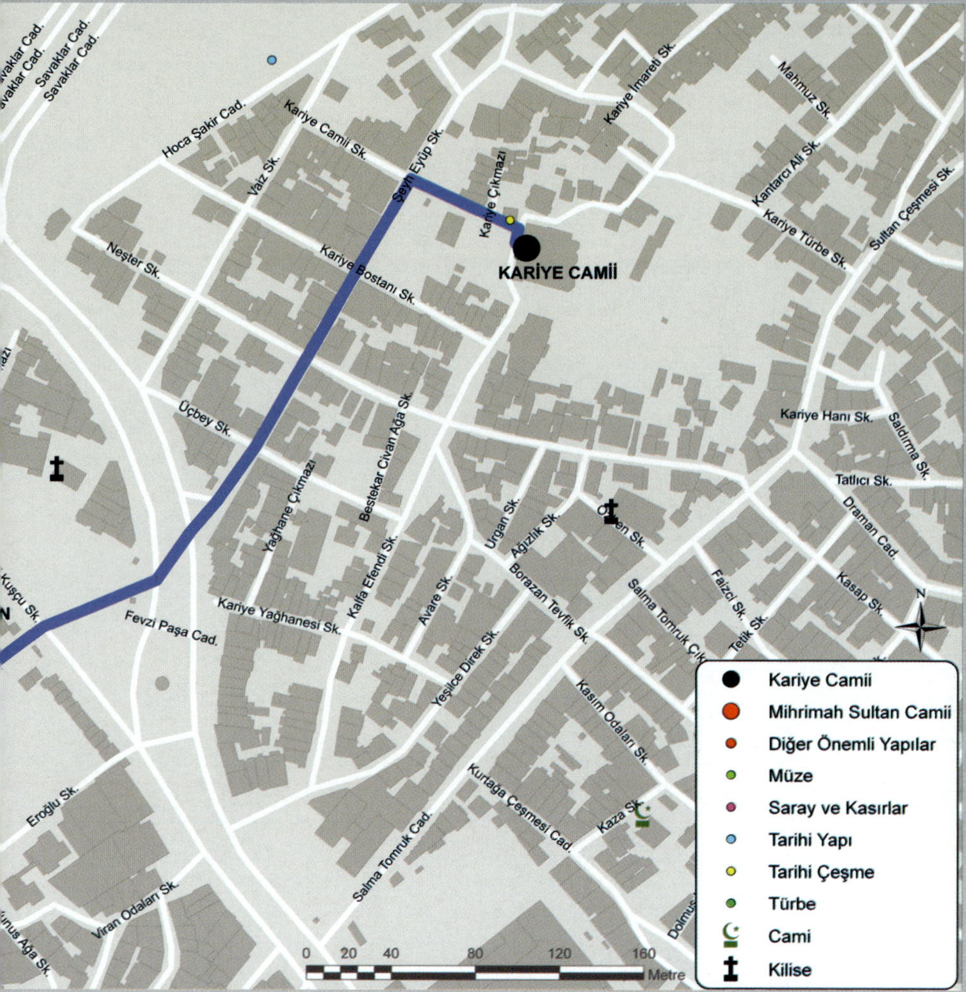

tarafındaki sahanların üzerinde de küçük üçer kubbe vardır. Yani bu şekliyle bakıldığında yedi kubbedir. Sanki İstanbul'un yedinci tepesini sembolize eder bir edadadır. Caminin muhteşem iç süslemeleri depremden zarar gördüğünden orijinalitesini kaybetmiştir.

Camideki pencerenin bolluğu camiyi oldukça aydınlık kılmaktadır. Külliyenin bir kısmı günümüzde imar çalışmalarından dolayı yıkılmıştır. Hamama bitişik olan çeşme başka bir dönemde inşa edilmiştir. Caminin hazire kısmında Mihrimah Sultan'ın kocası olan Güzel Ahmet Paşa'nın türbesi de bulunmaktadır. Camiye günümüzde "Edirnekapı Camii" de denilmektedir.

LALELİ CAMİİ

Gezmek için ne kadar zaman ayırmak gerekli: **En az 30 dk.**

III. Mustafa tarafından 1764 yılında Mimar Fahir Ağa'ya yaptırılmıştır. Osmanlı barok üslubunun örneklerindendir. Garip mimari özelliklere sahiptir. Cami, batı mimarisinden etkilenişin başlangıç simgesi gibidir.

Camide genişlikten çok yükseklik ön plandadır. Aynı şekilde minareleri de uzun ve incedir. Hünkâr mahfiline giden padişah girişi camiden bağımsız gibi görünmekle birlikte gösterişli bir şekilde yapılmıştır. İstanbul'da imar edilen son büyük külliyedir. Cami, çarşı, dükkân, han, sebil, imaret ve türbe gibi yapılardan oluşturulmuştur.

Kubbe, sekiz sütuna dayandırılmış kemerler üzerinde durur. Etrafındaki küçük altı kubbe ana kubbeyi destekler. Mihrabı dışarıya çıkıntılı yapılmıştır. Cami, ismini Sultan III. Mustafa'nın hastalığını iyileştiren ve buna karşılık da bu camiye isminin verilmesini isteyen Laleli Dede'den almıştır.

Sultan III. Mustafa'nın "İki hayrat yaptırdık birini suya, diğerini de veliye kaptırdık." dediği rivayet edilir.

Mihrimah Sultan Camii
Laleli Camii
Diğer Önemli Yapılar
Müze
Saray ve Kasırlar
Tarihi Yapı
Tarihi Çeşme
Türbe
Cami
Kilise
LALELİ CAMİİ
Atatürk Köprüsü
Şişhane Cad.
Ragıp Gümüşpala Cad.
Atatürk Bulvarı
Ordu Cad.
Feyzi Paşa Cad.
Macar Kardeşler Cad.
Büyük Kahraman Cad.
Yavuz Selim Cad.
Darüşşafaka Cad.
Hüseyin Remzibey Sk.
Kalaycı Ali Sk.
Hisarlı Sk.
Üsküplü Cad.
Kıyak Sk.
Zeyrek Cad.
İtfaiye Cad.
Vefa Cad.
Katip Çelebi Cad.
Fetva Yokuşu Cad.
Kutucular Cad.
Murat Efendi Sk.
İslek Sk.
Şifahane Sk.
Cemal Yener Tosyalı Cad.
Darüşşehan Sk.
Vezneciler Cad.
Gençtürk Cad.
Feyziye Cad.
Harikazedeler Sk.
Şair Haşmet Sk.
Mesihpaşa Cad.
İnkılap Cad.
Yeşil Tulumba Sk.
Horhor Cad.
Murat Paşa Sk.
Haseki Cad.
Cerrahpaşa Cad.
Münir Paşa Sk.
Tevfik Fikret Sk.
Kuka Cad.
Mucit Sk.
Kocasinan Cad.
Hüsrev Paşa Sk.
Balipaşa Cad.
Keçeciler Cad.
Yamak Sk.
Eski Ali Paşa Cad.
Fatih Türbesi Sk.
Kırbaççı Sk.
Refah Sk.
Islah Sk.
Kavala Sk.
Dolap Sk.
Açıklar Sk.
Yeşiltekke Sk.
Sofular Cad.
Öksüzler Sk.
Hissedar Sk.
Tomurcuk Sk.
Çağamak Sk.
Dede Paşa Sk.
Sarı Musa Sk.
Sefa Efendi Sk.
Yekta Efendi Sk.
Şekerci Sk.
Dağarcık Sk.
Halıcılar Cad.
Ocaklı Sk.
Yatandaş Sk.
Yaran Sk.
Zaviye Sk.
Lütfüpaşa Sk.
Ayakapı Cad.
İnce Bel Sk.
Mismarcı Sk.
Akçin Sk.
Kiremit Cad.
Zülüflü Sk.
Çilingir Sk.
Tatlıcı Sk.
Kasap Sk.
Draman Cad.
Faizci Sk.
Müftü Sk.
Alişah Sk.
Dimaç Sk.
Fethiye Cad.
Bayrağız Cad.
Saray Ağası Cad.
Karakol Sk.
Kabakulak Sk.
Meymenet Sk.
İspanakçı Sk.
Fatih Cad.
Hafız Paşa Sk.
Misrak Sk.
Tiftik Sk.
Cibali Cad.
Haydar Cad.
Şerefli Sk.
Fazilet Sk.
Kendir Sk.
Hattat İzzettin Sk.
Yetimler Sk.
Mihri Kelam Sk.
Kadı Çeşmesi Sk.
Karadeniz Cad.
Şair Baki Sk.
Çırakçı Çeşme Sk.
Semsettin Sami Sk.
Battal Gazi Sk.
Sarı Nasuh Sk.
Sangüzel Sk.
B. Nahibi Sk.
Metre
0 100 200 400 600 800

PERTEVNİYAL VALİDE SULTAN CAMİİ

Gezmek için ne kadar zaman ayırmak gerekli: **En az 30 dk.**

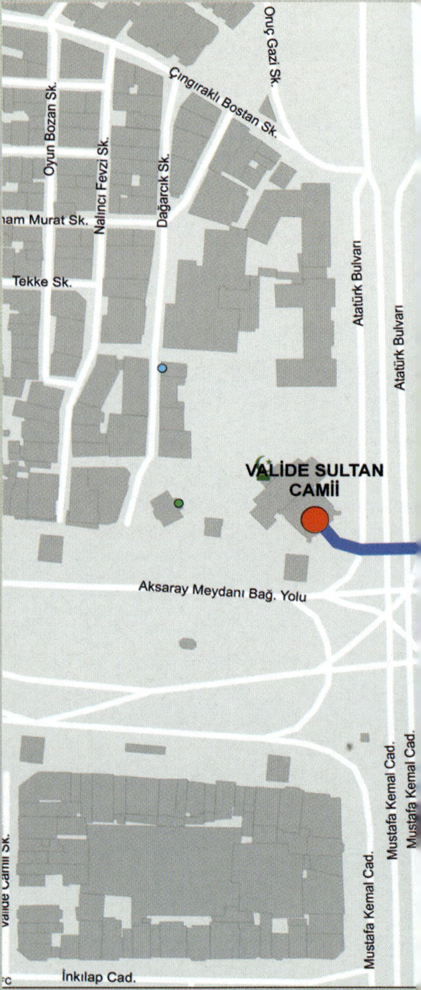

Sultan II. Mahmut, un eşi, Sultan Abdülaziz' in annesi olan Pertevniyal Valide Sultan tarafından 1871 yılında açılmıştır. Mimarı Ermeni Serkis Balyan ve ailesidir. Cami, Aksaray'ın kuzey kısmında kalır.

Caminin dışı klasik Türk mimarisine benzemez. Neo-gotik ve son derece zarif bir taş işlemeciliği vardır. Kare bir plan üzerine oturtulmuştur. Zarif tek şerefeli yivli iki minaresi vardır. Kubbesi Kilise kubbesine benzer. Yüksek ve çapı küçüktür. Caminin iç kısmında Hattat Mehmed Efendi tarafından Kur'an ayetleri yazılmıştır. Cami pencerelerinin dış parmaklıkları oldukça güzeldir. Ayrıca caminin meydana bakan tarafındaki giriş kapısı muazzamdır. Türk taş işlemeciliğinin nadide eserlerindendir. Kapıdaki taştan yapılma parmaklıklar kapıyla bir bütünlük sağlar. Camide mimari yönden bir üslûpsuzluk vardır. Çünkü mimari sentezleme yapılmaya çalışılmıştır. Cami içi süsleri göz kamaştırıcıdır. Mihrap ve minber mermerdendir.

Caminin açılışı çok görkemli olmuştur. Cami; çeşme, kütüphane ve Pertevniyal Valide Sultan'ın türbesi ile küçük bir külliye gibidir.

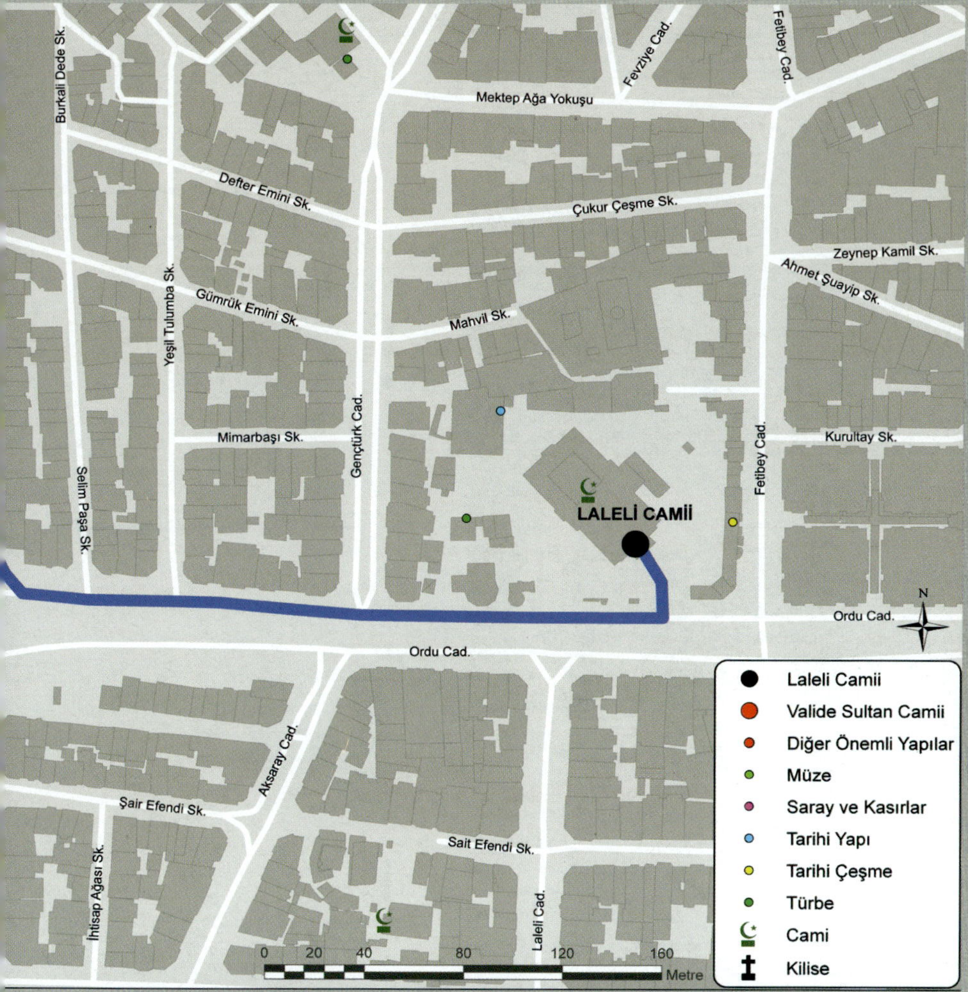

Burkali Dede Sk.
Mektep Ağa Yokuşu
Fevziye Cad.
Fetibey Cad.
Defter Emini Sk.
Çukur Çeşme Sk.
Zeynep Kamil Sk.
Ahmet Şuayip Sk.
Yeşil Tulumba Sk.
Gümrük Emini Sk.
Mahvil Sk.
Gençtürk Cad.
Mimarbaşı Sk.
Kurultay Sk.
Selim Paşa Sk.
LALELİ CAMİİ
Ordu Cad.
N
Aksaray Cad.
Şair Efendi Sk.
Sait Efendi Sk.
İntisap Ağası Sk.
Laleli Cad.
0 20 40 80 120 160
Metre
Laleli Camii
Valide Sultan Camii
Diğer Önemli Yapılar
Müze
Saray ve Kasırlar
Tarihi Yapı
Tarihi Çeşme
Türbe
Cami
Kilise

MURAT PAŞA CAMİİ

Gezmek için ne kadar zaman ayırmak gerekli: **En az 15 dk.**

Fatih'in Rumeli Beylerbeyi olan Has Murad Paşa tarafından 1465-1471 yılları arasında yaptırılmıştır. Caminin iki kubbesi vardır. Bunların çapı 10,5 metre, yüksekliği yirmi bir metredir. Erken Osmanlı mimarisinin izleri vardır. Duvarlar kesme taş ve tuğladır.

Caminin dış avlusu oldukça geniştir. Ortasında şadırvanı vardır. Caminin içi oldukça sadedir. Caminin tek minaresi vardır. Medrese ve hamamı yıkılmıştır. Son cemaat yeri altı sütunludur.

Cami, Vatan ve Millet Caddelerinin kesişme noktasında Aksaray Meydanı'ndadır.

NEREDE YENİR NEREDE OTURULUR

Ziya Şark Sofrası, Aksaray Şubesi, 0212.529 88 36

Horhor civarında, Hatay Has Kral Sofrası, 0212 534 97 07-08

Halil İbrahim Şark Sofrası 0212 621 77 32

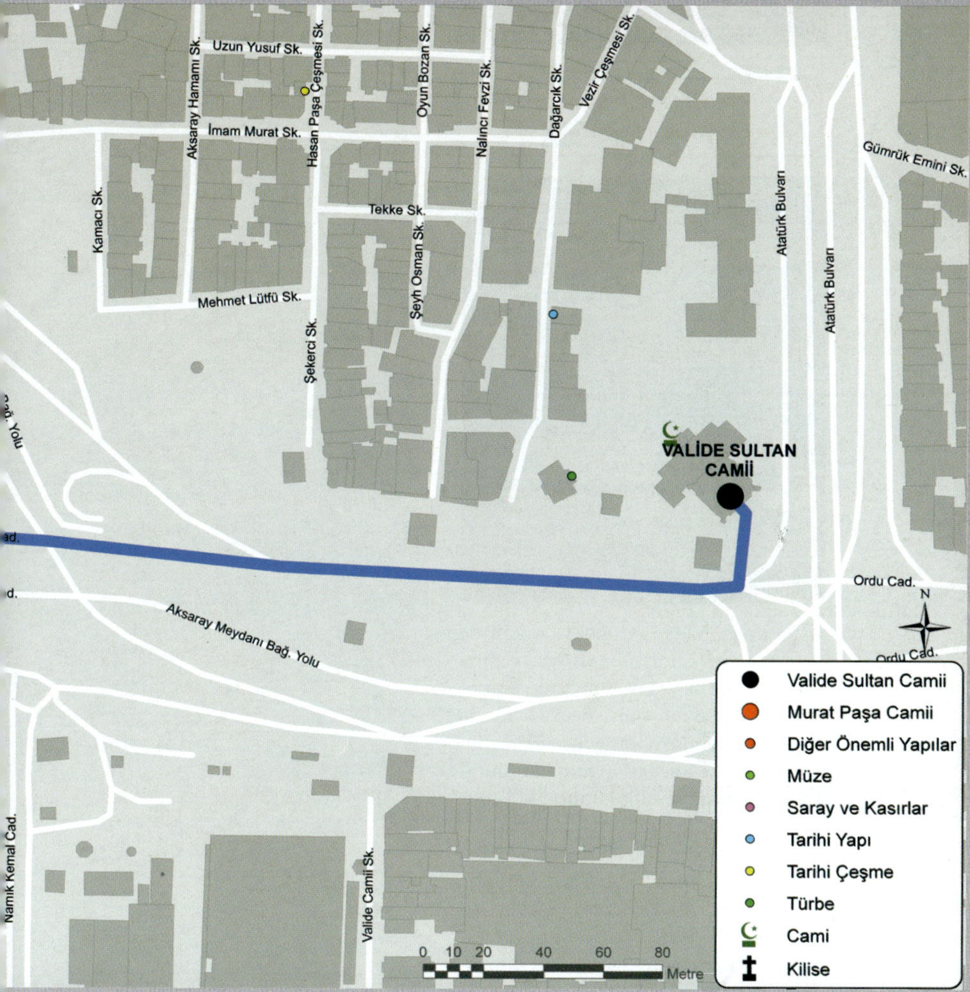
Uzun Yusuf Sk.
Aksaray Hamamı Sk.
Hasan Paşa Çeşmesi Sk.
Oyun Bozan Sk.
Nalıncı Fevzi Sk.
Dağarcık Sk.
Vezir Çeşmesi Sk.
İmam Murat Sk.
Gümrük Emini Sk.
Kamacı Sk.
Tekke Sk.
Şeyh Osman Sk.
Atatürk Bulvarı
Atatürk Bulvarı
Mehmet Lütfü Sk.
Şekerci Sk.
VALİDE SULTAN CAMİİ
Ordu Cad.
Aksaray Meydanı Bağ. Yolu
Ordu Cad.
N
Namık Kemal Cad.
Valide Camii Sk.
0 10 20 40 60 80
Metre
Valide Sultan Camii
Murat Paşa Camii
Diğer Önemli Yapılar
Müze
Saray ve Kasırlar
Tarihi Yapı
Tarihi Çeşme
Türbe
Cami
Kilise

MOLLA FENARİ İSA CAMİİ

Gezmek için ne kadar zaman ayırmak gerekli: **En az 30 dk.**

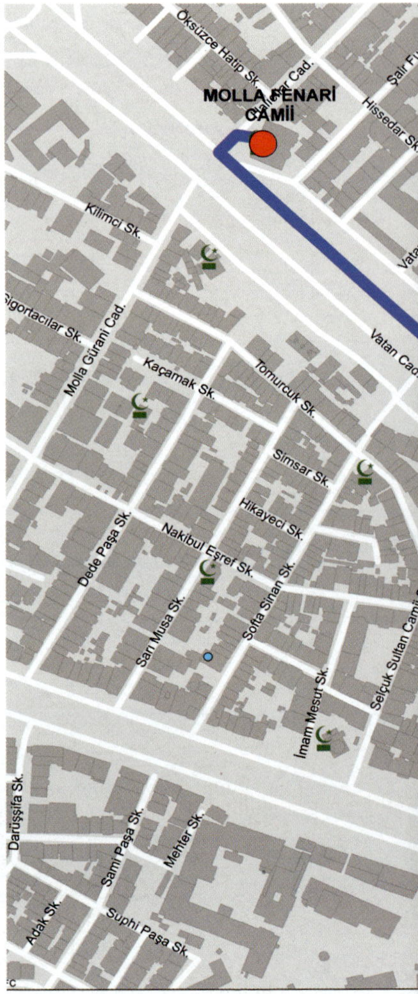

Fatih'te, Vatan Caddesi üzerinde bulunan cami, Geç Roma çağına ait bir mezarlık arazisi üzerinde, İmparator VI. Leon Dönemi'nde, 907 yılında Doğu Roma'nın önde gelen idarecilerinden Drungarios (donanma komutanı) Konstantinos Lips tarafından yaptırılmıştır. Bunun için Lips Manastırı olarak da anılmıştır. Burayı mimari açıdan önemli kılan husus, kubbenin etrafında dört şapel (küçük kilisenin) bulunmasıdır. Başka hiçbir yerde görülmeyen bir mimari üslûp olması açısından dünyadaki önde gelen mimarlık okullarında bu caminin planı ve yapı karakteristiği ders olarak okutulmaktadır.

Lips Manastırı, diğer birçok Bizans kilisesi gibi fetihten hemen sonra camiye çevrilen mekânlardan biri değildir. Hristiyanlar'ın bu dinî tesisi ne zaman boşalttıkları kesin olarak bilinmemekte; ancak II. Beyazıd zamanında (1481–1512), terk edilmiş olduğu bilinmektedir. Bizans kiliselerinin "şenlendirilmesi" akımı sırasında camiye dönüştürüldüğü düşünülmektedir. Erken Osmanlı çağının ünlü ulema ailesinden Fenari Ali Efendi tarafından zaviyeye çevrildiği bilinmektedir. IV. Murad zamanında Şeyh İsa el Mahvi, manastır hücrelerini Halveti zaviyesi yapmıştır. Caminin bugünkü ismi bu iki değişimi yapan kişilerin "Fenari" ve 'İsa' isimlerinin birleşmesiyle oluşmuştur. O tarihten sonra caminin adı "Fenari İsa Camii" olarak anılmaya başlanmıştır.

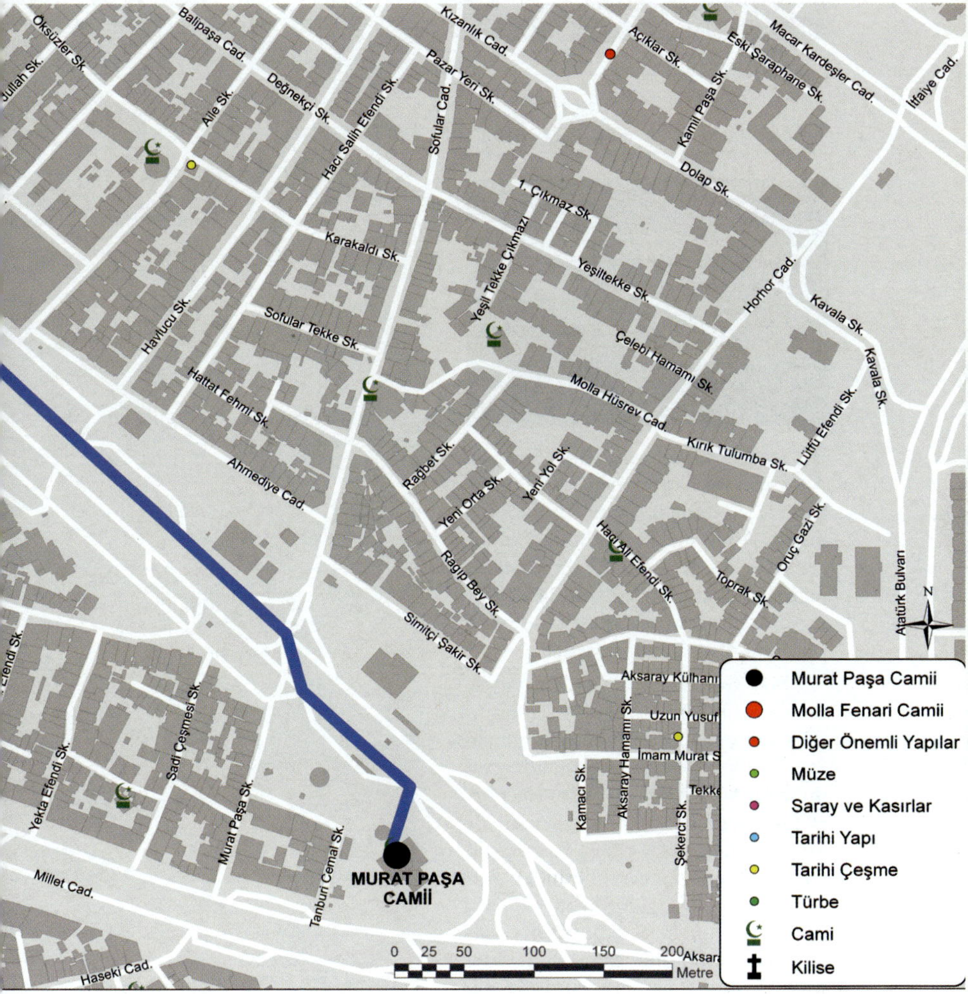

Yapıda toplam beş apsis (oyuk) vardır. Buranın o devirde birbirine yakın bitişik inşa edilmesi, burayı hanedanın mezarlığı hâline getirmek içindi. Çünkü buradaki imar çalışmalarındaki arkeolojik buluntular bunu göstermektedir. Osmanlı Dönemi'nde de önemli kimseler buraya defnedilmiştir. III. Murad'ın eşi Şah-ı Hatun'un türbesi de buradadır.

Caminin içinde pencere kenarlarında, apsis içlerinde mermer işçilikleri görülmektedir. Tavus kuşu şekilleri ve geometrik desenler vardır. Bina, zamanında külliye olarak inşa edilmiştir. Bugün bir kısmı yıkılmış bir kısmı ise hâlâ hizmet vermektedir. Caminin doğu kısmında yer alan Yavuz devrinde medrese olarak kullanılmaya başlanmıştır. Bugün Şadiye Hatun Tıp Kliniği olarak kullanılan kısım da bu binanın ekidir. Fenari İsa Camii ibadete açık hâldedir.

HIRKA-İ ŞERİF CAMİİ

Gezmek için ne kadar zaman ayırmak gerekli: **En az 20 dk.**

Fatih'in Karagümrük mevkiinin en güzel yapılarından biridir. Yüksek bir yere yapılmıştır. Cami 1851 yılında Sultan Abdülmecid tarafından yaptırılmıştır. Yakın bir tarihte yapılmasına rağmen mimarının kim olduğu bilinmemektedir. Balyan ailesi tarafından yapıldığı rivayet edilmektedir.

Hz. Muhammed (s.a.s.)'in Veysel Karani'ye hediye ettiği hırka burada saklanmaktadır. Hırka, ramazan ayında ziyarete açılır. Cami, adını bu mukaddes eşyadan almıştır. 17. yüzyılda Sultan I. Ahmet'in fermanı ile hırka, onu muhafaza eden Karani'nin torunları olan Üveys ailesinden alınarak İstanbul'a getirilmiştir. Çeşitli yerlerde muhafaza edildikten sonra Sultan Abdülmecid'in mukaddes emaneti muhafaza için yaptırdığı bu camiye konulmuştur. Caminin üst katında hünkâr dairesi vardır. Bunun yanında hırkanın hediye edildiği Üveys ailesine saygı için de bir bölüm yapılmıştır.

Sevecen bir yapısı, ön cephesinin farklı bir havası vardır. Tek şerefeli iki minaresi bulunmaktadır. Bunların tepeleri sütun başlığının tepesine benzer. Avlunun üç girişi vardır. Ahşap kapılar dikkat çekicidir. Mihrap, minber ve kürsü dönemin mimarisini yansıtır. Bunlarda rokoko tarzı bir mimari vardır. İşlemeler ve süslemelerde dönemin ünlü Hattatı Mustafa İzzet'in damgası vardır. Ayrıca caminin banisi Sultan Abdülmecid'in kendi el yazısı ile yazdığı levhalar minberin üstünde yer alır. Günümüzde ziyaretçi akınına uğrayan camiler arasında yer alır.

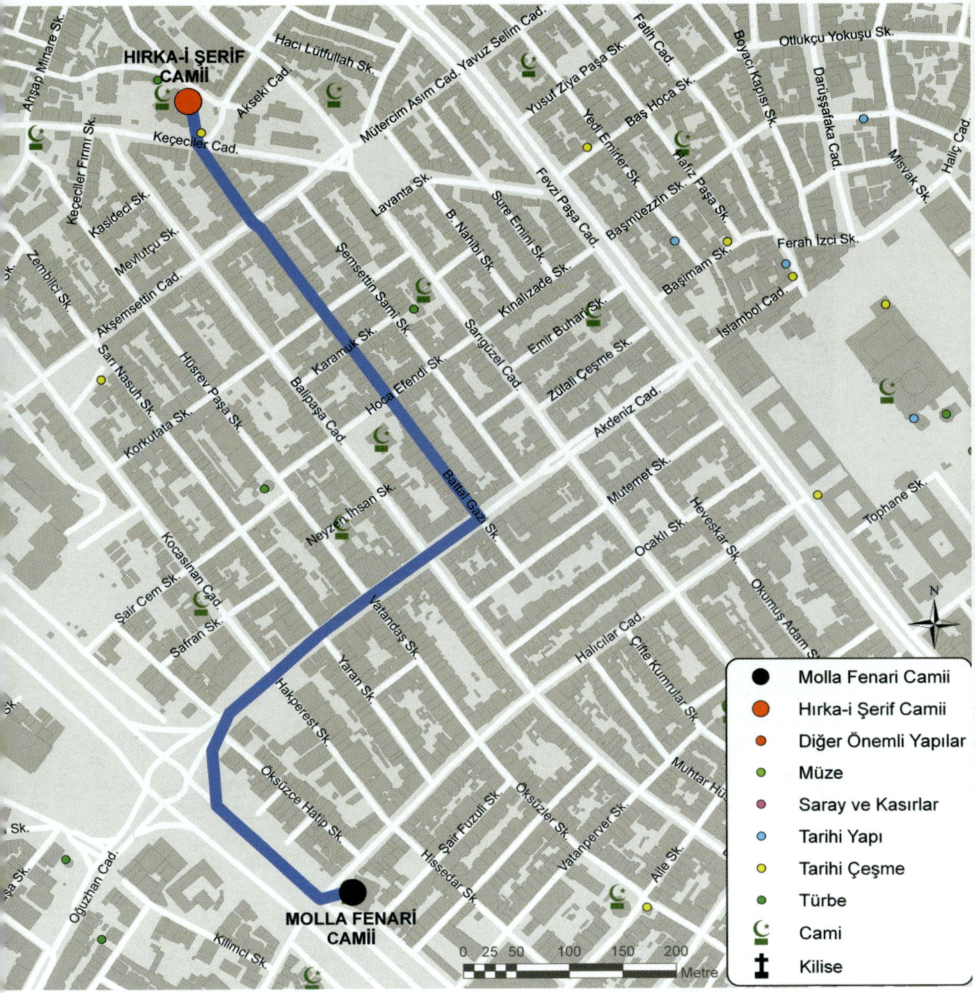
HIRKA-İ ŞERİF CAMİİ
MOLLA FENARİ CAMİİ
Hacı Lütfullah Sk.
Akseki Cad.
Keçeciler Cad.
Mütercim Asım Cad.
Yavuz Selim Cad.
Yusuf Ziya Paşa Sk.
Fatih Cad.
Boyacı Kapısı Sk.
Otlukçu Yokuşu Sk.
Darüşşafaka Cad.
Haliç Cad.
Misvak Sk.
Baş Hoca Sk.
Yedi Emirler Sk.
Hafız Paşa Sk.
Başmüezzin Sk.
Ferah İzci Sk.
Başimam Sk.
İslambol Cad.
Fevzi Paşa Cad.
Sure Emini Sk.
B. Nahibi Sk.
Lavanta Sk.
Şemsettin Sami Sk.
Kınalızade Sk.
Emir Buhari Sk.
Sarıgüzel Cad.
Zülali Çeşme Sk.
Akdeniz Cad.
Hoca Efendi Sk.
Karamuk Sk.
Balipaşa Cad.
Battal Gazi Sk.
Ahşap Minare Sk.
Keçeciler Fırını Sk.
Kasideci Sk.
Mevlutçu Sk.
Akşemsettin Cad.
Zembilci Sk.
Sarı Nasuh Sk.
Hüsrev Paşa Sk.
Korkutata Sk.
Neyzen İhsan Sk.
Mutemet Sk.
Ocaklı Sk.
Heveskar Sk.
Tophane Sk.
Okumuş Adam Sk.
Kocasinan Cad.
Şair Cem Sk.
Safran Sk.
Vatandaş Sk.
Yaran Sk.
Halıcılar Cad.
Çifte Kumrular Sk.
Hakperest Sk.
Öksüzce Hatip Sk.
Şair Fuzuli Sk.
Öksüzler Sk.
Vatanperver Sk.
Muhtar Hü
Hissedar Sk.
Aile Sk.
Oğuzhan Cad.
Kilimci Sk.
0 25 50 100 150 200 Metre
N
Molla Fenari Camii
Hırka-i Şerif Camii
Diğer Önemli Yapılar
Müze
Saray ve Kasırlar
Tarihi Yapı
Tarihi Çeşme
Türbe
Cami
Kilise

YEDİKULE

Gezmek için ne kadar zaman ayırmak gerekli: **En az 20 dk.**

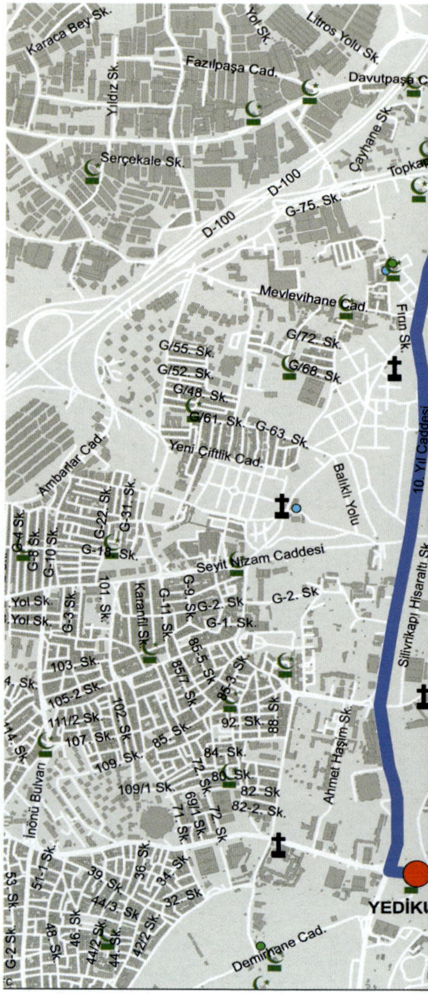

Yedikule, bulunduğu yer ve etrafında gerçekleşen hadiseler sebebiyle tarihte çok önemli bir yere sahiptir. Bizans'ın vazgeçilmezleri arasında bulunan Yedikule, Osmanlı Dönemi'nde de konumunu aynen korumuştur. Doğu Roma'nın zaferden dönen imparatorlarının giriş yaptığı Altın Kapı denilen kapı buradadır. Kapı, çok yüksek ve ihtişamlıdır. İç tarafında çift başlı Bizans kartalı kabartması vardır. Kapı, kaynaklara göre I. Theodosius tarafından yaptırılmıştır.

Osmanlı Dönemi'nde hazine bir süre burada saklanmış fakat güvenlik sebebiyle saraya alınmıştır. Bizans zamanında bir kulesi varken, Osmanlı Dönemi'nde bu sayı yediye çıkarılmıştır. Daha sonra burası zindan olarak kullanılmıştır. Daha çok siyasi amaçlı suçlular burada idam edilmiştir. Bugün hâlâ bu hücreleri görmek mümkündür. Birçok ünlü devlet adamının idamı veya cezası burada görülmüştür. Yeniçeri isyancıları tarafından burada idam edilen en ünlü kişi Genç Osman'dır. Ayrıca burada kuraldışı davranan, casusluk yapan yabancı elçiler de misafir edilmiştir. Duvarlarda o dönemlerden kalma ilginç yazılar silik de olsa okunabilmektedir. Bugün kule, yerleşim yerleriyle iç içe olup buraya adını vermiştir. Hâlen müze olarak kullanılmaktadır.

HIRKA-İ ŞERİF CAMİİ
Hırka-i Şerif Camii
Yedikule
Diğer Önemli Yapılar
Müze
Saray ve Kasırlar
Tarihi Yapı
Tarihi Çeşme
Türbe
Cami
Kilise
0 150 300 600 900 1.200
Metre
Atatürk Köprüsü
Atatürk Bulvarı
Vatan Cad.
Millet Cad.
Ordu Cad.
Kennedy Cad.
Keçeciler Cad.
Fevzi Paşa Cad.
Cerrahpaşa Cad.
Silivrikapı Cad.
Haseki Cad.
Samatya Cad.
Kocasinan Cad.
Gureba Hastanesi Cad.
Ahmet Vefik Paşa Cad.
Velet Çelebi Sk.
Ziya Gökalp Sk.
Türkçü Sk.
Cevdet Paşa Cad.
Tevfik Fikret Sk.
Yoğurtçu Sk.
İnkılap Cad.
Mesihpaşa Cad.
Namık Kemal Cad.
Langa Hisarı Sk.
Fabrika Sk.
Tabur Sk.
Kurultay Sk.
Üniversite Cad.
Vefa Cad.
Şifahane Sk.
Cemal Yener Tosyalı Cad.
Kıztaşı Cad.
Kahraman Cad.
Çırçır Cad.
Halıcılar Cad.
Kızanlık Cad.
Kavala Sk.
Horhor Cad.
Haydar Cad.
Yavuz Selim Cad.
Cemali Sk.
Topkapı Cad.
Kaleboyu Cad.
Kumkapı

BÖLÜM 2

HALİÇ

Hangi mevsimde gezilir: Dört Mevsim

Gezmek için ne kadar zaman ayırmak gerekli: Unkapanı, Fener ve Balat çevresini gezmek için en az 2 saat zaman ayırmak gerekli.

Güvenlik Notu: Unkapanı, Fener ve Balat civarında geceleri dikkatli olmakta yarar vardır.

UNKAPANI

Eskiden İstanbul'da; "un, yağ, bal ve ipek" gibi temel gıda ve ihtiyaç maddelerinin kontrol ve dağıtımının yapıldığı dört adet han bulunmakta idi. Bu hanlar, bir nevi kontrol istasyonu olup "Kapan" adıyla anılırlardı. Adı geçen semtin bulunduğu yerde, "un kapanı (dakik kapanı)" hanı ve değirmenler vardı. Unkapanı Hanı, bulunduğu semte adını vermiştir (Kapan: Arapça Kabban kelimesinden gelmekte olup "büyük kantar" anlamına gelmektedir.) Şehir dışından gemilerle gelen un çuvalları, burada Unkapanı Hanı 'ndaki kapanda kontrol edilerek ölçülür ve onay verildikten sonra İstanbul'un muhtelif yerlerine dağıtımları yapılırdı.

Unkapanı'nın girişinde Bozdoğan (Valens) Su Kemeri yer alır.

VALENS SU KEMERİ

Gezmek için ne kadar zaman ayırmak gerekli: **2 dakika**

Kemer, İstanbul Saraçhane'dedir. Yapımına I. Constantinus Dönemi'nde (306–337) başlanmış, 378'de İmparator Valens tarafından tamamlanmıştır. Alibeyköy'den gelen içmesuyunu şehire taşıyordu. İki sıra kemerden oluşmaktadır. Bir kilometre uzunluğunda iken bugün sekiz yüz metrelik bir bölümü ayakta kalmıştır.

Geç Roma ve Erken Bizans Dönemi'ne ait su kemeri Hadrianus veya Valens Kemeri olarak da adlandırılmaktadır. Şehrin su sıkıntısını çözmek için inşa edilen kemer zaman içerisinde tahrip olmuş, şehrin Osmanlılara geçmesinden sonra Fatih Sultan Mehmed, su şebekesini onartırken kemeri de yeniden kullanıma uygun hâle getirtmiştir. Kemerin "Bozdoğan" ismini nasıl aldığı bilinmemektedir. Fatih Sultan Mehmed, Sultan II. Bayezid ve Kanuni Sultan Süleyman dönemlerinde kemere eklemeler yapılmıştır.

Bozdoğan Kemeri, 15 asır boyunca şehrin en önemli su kaynaklarından biri olmuştur.

Bozdoğan Su Kemeri ile bitişik olarak Gazanfer Ağa Külliyesi yer alır.

GAZANFER AĞA KÜLLİYESİ (Karikatür ve Mizah Müzesi)

Gezmek için ne kadar zaman ayırmak gerekli: **45 dakika**

Saraçhanebaşı'nda, Kırkçeşme Mahallesi'nde Atatürk Bulvarı üzerinde Bozdoğan Kemeri'ne bitişik olarak yer alan külliye; medrese, türbe ve sebilden oluşmaktadır.

Darüssaade ağalarından Gazanfer Ağa tarafından 16. yüzyıl sonlarında inşa ettirilmiştir. Mimarı muhtemelen Davud Ağa'dır. 1950'lerde onarılan külliye 1945'ten 1989'a kadar İstanbul Belediye Müzesi olarak hizmet görmüş, 1989'dan sonra ise Karikatür ve Mizah Müzesi olarak kullanılmaya başlanmıştır.

Arsanın Bozdoğan Kemeri yönündeki kesimi medreseye

tahsis edilmiş, kuzeydoğu köşesine sebil, kuzeybatı köşesine de baninin türbesi kondurulmuştur. Gazanfer Ağa Külliyesi Osmanlı Devleti'nin duraklama ve gerilemesine paralel olarak mimari programları küçülmüş olan 17. ve 18. yüzyıl külliyelerinin öncülerindendir.

Unkapan'ından Haliç'e doğru inerken sol tarafta Molla Zeyrek Camii yer alır.

MOLLA ZEYREK CAMİİ

Gezmek için ne kadar zaman ayırmak gerekli: **30 dakika**

Molla Zeyrek Camii olarak bilinen Pantokrator bugüne kalabilmiş önemli Bizans kiliselerinden biridir. Fatih Sultan Mehmed zamanında camiye dönüştürülen bu yapının tarihi 12. yüzyılın ilk çeyreğine dek uzanıyor. Günümüzde oldukça perişan hâldeki cami, aslında üç kilisenin bir araya gelmesinden oluşuyor.

İki kubbesi vardır. Fatih Sultan Mehmed İstanbul'un fethinden sonra, kendi camiini ve külliyesini yaptırıncaya kadar, Pantokrator'un ayakta kalmış binalarını medreseye çevirdi; başına da 1453 yılında, o dönemin önemli bilginlerinden Zeyrek Mehmed Efendi'yi getirdi. Bu sebeple bu yapı ve içinde yer aldığı semt 'Zeyrek' olarak adlandırılır. İstanbul Üniversitesi'nin kuruluş tarihinin 1453 olması da bu medresenin açılış tarihinin İstanbul Üniversitesi'nin kuruluş tarihi kabul edilmesindendir. Şu an sadece bir kısmı cami olarak ibadete açıktır. Bir zamanlar Osmanlı Devleti'ne ilk üniversitelik yapmış olan cami ve kompleksinin bugünkü hâli içler acısıdır.

ZEYREKHÂNE

Gezmek için ne kadar zaman ayırmak gerekli: **30 dakika**

Unkapanı'ndan Aksaray'a doğru, Haliç'i ve Marmara'yı kucaklayan panaromasıyla Zeyrekhâne, Molla Zeyrek Cami'nin hemen yanında yer alır. Fatih Belediyesi ile Rahmi M. Koç Müzecilik ve Kültür Vakfı'nın işbirliği ile gerçekleştirilen bir tesistir. Muhtelif yangın ve depremler sonucu birkaç tonozu ayakta kalabilen bir harabe halindeki Pantokrator Manastır Camii ve Medresesi'nin bir bölümünün restorasyonu sonucu, Zeyrekhâne adıyla hizmete açıldımıştır.

Zeyrekhâne'de tam sırtınızda Zeyrek Camii, önünüzde Süleymaniye, bakış açınıza göre Haliç, Karaköy Limanı, Üsküdar, Kız Kulesi ve Kadıköy'e kadar uzanan muhteşem bir manzara var.

Tarihî dokuya sadık kalınarak restore edilen mekânın iç dekorasyonunda geleneksel Türk motifleri hâkimdir. Menüye gelince klasik Türk mutfağından seçkin lezzetlere ayrılmış. Camiinin tam karşısında olduğu için menüsünde içkiye yer verilmeyen bu yerde fiyatlar biraz pahalı olmakla birlikte mekân ve manzara için değer.

Unkapanı yokuşundan aşağı doğru inmeye devam edip Unkapanı (Atatürk) köprüsüne gelmeden Eyüp istikametine dönerek gezimize devam ediyoruz. Cibali'yi geçtikten sonra biraz ileride Fener semti karşımıza çıkıyor.

NEREDE YENİR NEREDE OTURULUR

Unkapanı- Zeyrekhâne (0212 532 27 78), Zeyrek Cafe

FENER

Gezmek için ne kadar zaman ayırmak gerekli: **20 dakika**

Fener semti; tarihî yarımada, "İlk İstanbul", "Suriçi İstanbul" diye bilinen bölgede, Fatih İlçesinin kuzeydoğusunda kalan ve Haliç'e bakan kadim bir semttir.

Doğusunda Cibali semti, Kuzeybatısında Balat vardır. Bu semtler İstanbul'un ilk kuruluşundan beri ayakta kalmayı başarmışlardır. Burada zaman sanki durmuş gibidir. Bir an karşınıza bir Ermeni kilisesi çıkar az sonra bir cami, sonra bir Yahudi havrası, Rum kilisesi... Burada yaşayan gayrimüslim vatandaşlarımız, İstanbul'un fethinden sonra Osmanlı hoşgörü ve vefasının birer nişanesi olarak günümüze kadar huzur ve barış içinde Müslüman komşuları ile yan yana yaşamışlardır.

Roma Dönemi'nde bir Rum semti olan Fener, fetihten sonra da ekseriyetle Rum semti olma vasfını devam ettirmiştir.

Fener ismi

Fener semtinin ilk adına yabancı tarihçilerinin eserlerinde "Porta Phari" ve "Porta del Pharo" şekillerinde rastlanır. Bu adlar Bizanslıların verdikleri ad ile (Petri kapısı, Petro kapısı) bugünkü Fener isminin hemen hemen aynı olduğunu göstermektedir. Kapının yanında bulunan mahallenin, Bizans devrinde "Fanari" adını taşıdığı, 1351 tarihli bir vesikada görülmüştür. Limanın bu kısmında, (Şu an Fener iskelesinin olduğu yer) o zamanlar bir fener olduğu işaret edilir. Bu fenerin İstanbul'un uğradığı büyük depremler sonucunda veya kuşatmalar ve saldırılar sırasında yok olduğu tahmin edilir. Anlaşıldığı üzere Fener ismi İstanbul'dan daha da eski bir maziye sahiptir.

Fener semtinin tarihi

Fener semtinin tarihi İstanbul'un ilk kuruluşuyla başlar. Ermeni yazarı Farblı Lazar'ın (5. yüzyıl) dediğine göre; İmparator Konstantinus, Bizantion adını taşıyan küçük şehre gelerek, mevkiin güzelliğini ve yerleşmeye çok elverişli olduğunu gördü. Yapılması lazım gelen işlerin ağırlığını anladı ise de, yarımada için hiçbir şey esirgemedi; çünkü şehrin yalnız batı tarafındaki ufak bir kara kısmından başka, diğer üç yanı denizle çevrili idi. İmparator derhal işe başlayarak yarımadanın iç kısmında bulunan tepeleri düzelttirdi ve surların inşa planını çıkardı.

Sarraf-Hovannesyan eserinde Ayakapı'dan Fener'e kadar uzanan yerde, Rum zenginlerinin ve Eflak Boğdan beylerinin sıra sıra evleri olduğundan bahseder. Yolun üzerinde, denize nazır olarak Yeniçeri Kolluğu vardır.

Daha ileride Yahudi evleriyle onlara ait çarşı vardır. Burada Rumlar, sahilde Yahudilerle karışık otururlar.

Evliya Çelebi de Seyahatname'de Fener'den bahsederken, Sultan Mehmed'in fetihten sonra Mora Rumlarını Fenerkapısı'na yerleştirdiğini söyler. O dönemde Fener semtinin meyhaneleri ve balıkçılarıyla ünlü olduğunu aktarır.

Fener Rum Patrikhânesi

Gezmek için ne kadar zaman ayırmak gerekli: **15 dakika**

Sadrazam Ali Paşa Caddesi'ndeki Patrikhâne, Ortodoks Rumlarının en kutsal mekânıdır. 1602 yılında bugünkü binasına taşınan Patrikhâne, şimdiki görüntüsüne 1800'lü yıllarda yapılan esaslı restorasyonla kavuştu.

Patrikhâneye üçlü bir kapıdan girilir. Basamaklardan yukarı doğru çıkıldığında ana kapı karşımıza gelir. Ana kapı 1821 yılındaki Mora İsyanı'nı desteklediği gerekçesiyle idam edilen Patrik V. Grigorios ve üç metropolitin burada idam edilmesi anısına kapalı tutuluyor. Giriş sol kapıdan yapılmaktadır. Soldaki kapıdan patrikhâne kilisesi Aya Yorgi'ye geçilir.

Mevcut binanın ilk yapısı "Burç Kilisesi" diye anılan "Kadınlar Manastırı"dır. Patrik II. Timoteos zamanında yeniden inşa edilerek 1614 yılından sonra "Ortodoks Rum Patrikhâne Kilisesi" olarak kullanılmaya başlanmıştır. Bir rivayete göre 1701'de Sultan Mustafa'nın, bir rivayete göre III. Ahmed zamanında başvezirin emriyle 1704'te yıkıldığı öne sürülür. 1720 tarihinde yeniden yapılır. 1798'de bir tamir daha geçirmiştir.

Bina bazilika tipinde inşa edilmiştir.

Çeşitli kiliselerde bulunan üç taşınabilir mozaik ikon da burada toplanmıştır. Bu gibi ikonlardan bütün dünyada sadece on, on beş tane bulunmaktadır. Söylentiye göre iki usta bunun üzerinde kırk yıl çalışmıştır. Sağ köşede, demir kaplamasındaki açıklıktan görülen sütun parçasında bir delik vardır ki, bunun içinde İsa'nın gerildiği çarmıh olduğu inanılır.

Yine sağ tarafta, biri gümüş olmak üzere üç azizenin tabutu vardır. Gümüş tabutun Rusya'dan armağan olduğu söylenir. Bu tabutlar Evfemia, Tofano ve Omonia'nındır. Patrikhâne'de ayrıca Rus Ortodoks cemaatinin elinde kalmış değerli dinî eşyalar mevcuttur. 450 milyonluk Ortodoks dünyasının merkezi olan bu Patrikhâne Ortodokslar için çok önemlidir. Yunanistan Kralı Konstantin'in torunu Prenses Maria Olimpia'nın vaftiz töreni dahi bu patrikhânede yapılmıştır.

Fener Rum Patrikhânesi'nin tarihi 12. yüzyıla kadar uzanmaktadır. Patrikhâne'nin tarihî ibadet yeri olan Aya Yorgi Kilisesi 1601'e kadar "Kadınlar Manastırı" olarak kullanılmıştır. Kilisenin ana ibadet mekânı 12 sütun üzerine inşa edilmiş. 12 havariyi ifade eden bu 12 sütun üzerinde havarilerin tasvirleri yapılmıştır.

Patrikhâne Kütüphanesi dünyanın en önemli arşivlerinden biridir. El yazması eserler, padişah fermanları, minyatür, resim, gravür, fotoğraf gibi dokümanlar kütüphanede özenle korunmaktadır.

Fener Civarındaki Eski Kapılar

Fener Kapısı: Haliç'te Balat'la Petrikapı arasında bir sur kapısıdır. Burada vaktiyle bulunan fener dolayısıyla Farikapı da denilmiştir.

Petrikapı (Petro / Demir): Haliç'te Fener ve Ayakapı arasında bir sur kapısıdır. Kapı, günümüzde mevcut değildir. Abdülezzel Paşa ve Mürsel Paşa Caddeleri'nin kavuştukları noktaya rastlar, Latin işgalinde ve Fetih'te bazı askerler bu kapıdan Bizans'a girmişlerdir.

Theodosia (Eski Aya) Kapısı: Haliç'te Petri ile Ayakapı arasında bir sur kapısıdır. Gül Camii'nin (Aya Thedosia Kilisesi) giriş kapısıdır. Fetih'te Aya Dede burada şehit düştüğü için bu isimle anıldığı rivayet edilir.

ABDİ SUBAŞI (Mahmut Ağa Kubur Beli) CAMİİ

Gezmek için ne kadar zaman ayırmak gerekli: **15 dakika**

Fener Patrikhânesi'nin arkasında Abdi Subaşı Sokak'tadır. Fatih Sultan Mehmed zamanında Abdi Subaşı tarafından yaptırılmıştır. Zamanla harap olduğu ve vakfı tükendiğinden Kanuni devrinde Mahmut Ağa tarafından Mimar Sinan'a yeniden yaptırılmıştır. 1941'de yanan cami, 1989'da hayırseverler tarafından yaptırılmaya başlanmış, 1996 Ramazan'ında ibadete açılmıştır. Minare camiden ayrı olup caminin solundadır. Buradan Haliç, "ayaklar altında"dır. Eskiden müezzinlerin seslerini Haliç'in karşı kıyısına ulaştırmaları gelenekti.

Abdi Çelebi'nin, Mevlâna soyundan olduğu, Emir Buhari ile "pirdaş" olduğu ve mescit civarında gömülü olduğu belirtilir.

SÜZGEÇÇİ YUSUF CAMİİ

Gezmek için ne kadar zaman ayırmak gerekli: **15 dakika**

Fener'de kıyı yolu üzerindedir. Fatih Sultan Mehmed zamanında yapılmıştır. Bir yangınla harap olduktan sonra süzgeççi Yusuf tarafından ve 1890–1891 tarihlerinde Hacı Reşit tarafından inşa ve ihya edilmiştir. Cami fevkâni, kâgir ve çatılıdır. Altında dükkânlar vardır. Kadınlar mahfili, iç tavan ve minber ahşaptır.

Tuğla ve kurşun külahlı minarenin girişi içerdendir. Bu camiyi Fatih Sultan Mehmed surlarda görevli askerler namaz kılsın diye yaptırdığı gibi, kendisi dahi burada namaz kılmıştır.

DARÜL MESNEVİ (Mesnevihâne Şeyh Murad) CAMİİ

Gezmek için ne kadar zaman ayırmak gerekli: **15 dakika**

Fener, Mesnevihâne Sokak'ta ve Rum Lisesi'nin (Kırmızı mektep) arkasındadır. Banisi Şeyh Murad Nakşibendî'dir. M. 1844 tarihinde yapılmıştır. Avludaki büyük sarnıç M. 1852 tarihinde Nevfidan Hatun tarafından yaptırılmıştır.

Cami dikdörtgen planlı, çatılı olup moloz, taş ve tuğladan inşa edilmiştir. Mihrabı sade olup boyalıdır. Minberi ahşaptır. Öndeki avluda beton kubbeli, gülçeli ve süslü, altı köşe mermer hazneli şadırvan bulunmaktadır.

Bu camiye Darülmesnevi, Mesnevihâne denmesi; Mesnevi okutmak, bu meşhur eser ile tasavvuf ilmini öğretmek ve Mesnevi'yi okuyup anlayabilmek, Farsça öğretmek gayesiyle açılan bir tesis olmasındandır. İlk talebelerin icazetleri verilirken devrin padişahı Abdülmecid de bu törene iştirak etmiş ve icazet alanlara hediyeler vermiştir. Bu yenilikçi padişah Mesnevi okumayı teşvik etmekle; softalar arasındaki "Kim ki okur farisi, gider dinin yarısı" beytinin, ilim öğrenmekle ilgisi olmadığını ispat etmek istemiştir.

MESNEVİHÂNE TEKKESİ

Gezmek için ne kadar zaman ayırmak gerekli: **15 dakika**

Tevkii Cafer Mahallesi'nde, batıda Tevkii Cafer Mektebi Sokağı, güneyde Mesnevihâne Caddesi, doğuda Sancaktar Yokuşu, kuzeyde Fener Rum Erkek Lisesi'nin arsası tarafından kuşatılan arsada yer almaktadır.

Kaynaklarda "Darülmesnevi Tekkesi" olarak da anılan bu tesis, yakınında yer alan, Nakşibendiliğe bağlı Mu-

rad Molla Tekkesi'nin üçüncü Postnişini, Şeyh el-Hac tarafından 1844'te inşa ettirilmiştir.

Mehmed Murad Efendi, döneminde İstanbul'un önde gelen Mesnevi şarihlerinden ve Mesnevihanlarından biri olarak tanınmış, bu tekkeyi de özellikle Mesnevi eğitimi vermesi amacıyla tesis etmiştir. **Tekke kuruluşunda şu bölümleri barındırmaktaydı:** Aynı zamanda dershane olarak da kullanıldığı anlaşılan mescit, ayrıca bağımsız bir tevhidhâne, derviş hücreleri, kütüphane, şadırvan, cümle kapısı, su haznesi, çeşme, muhtemelen bir mutfak ve küçük bir mescit. Dershâneye bir minare eklenmiş, Mehmed Murad Efendi'nin 1848'de vefatından sonra türbesi inşa edilmiş, 1851–52 yılında II. Mahmud'un başkadını Nevfidan Kadın Efendi avluya bir kuyu bileziği vakfetmiştir.

Tekkelerin kapatılmasına kadar (1925) ayakta kalan yapılar bu tarihten sonra özgün kullanımlarını yitirerek harap olmaya başlamış, bu dönemde tevhidhâne, selamlık, derviş hücreleri, kütüphane ve mutfak yıkılarak bunlardan boşalan alanın bir kısmına kâgir bir imam meşrutesi inşa edilmiştir.

1968'de onarım gören mescit-dershane, günümüzde cami olarak kullanılmaktadır. Mescit'ten geriye kalan orijinal kısımlar ile kuyu bileziği, 2000 yılında yapılan yeni inşa-yıkımda ortadan kaldırılmıştır.

Ayin günü cuma olan Mesnevihâne Tekkesi 1925'e kadar Nakşibendi tarikatının denetiminde kalmış ve kuruluş amacına uygun olarak, bir mesnevi okulu gibi faaliyet göstermiştir.

DİMİTRİ KANTEMİR'İN EVİ

Gezmek için ne kadar zaman ayırmak gerekli: **15 dakika**

Dimitri Kantemir, Osmanlı Devleti'nin Boğdan eyaletinin önde gelenlerindendir. Osmanlı Tarihi ve Klasik Türk müziği ile ilgili sistematik ve bilimsel kitaplar yazmıştır. (1673–1723) Kantemir'in evinin bulunduğu bahçe Fener'in en büyük ailelerinden eski Doğu Roma imparator sülalelerinden "Kantakuzens" ailesine aitti.

AYİS YEORYİOS (Aya Yorgi Kudüs Metakhion) KİLİSESİ

Gezmek için ne kadar zaman ayırmak gerekli: **10 dakika**

Vodina Caddesi üzerinde bulunmaktadır. Kilise, Bizans Dönemi'nde 1132 yılında yapılmıştır. 1640 yılında yanmış ve Kürkçüler Loncası tarafından onarılmıştır. Kilise 17. yüzyılın ortalarından beri Kudüs Patrikhânesi'nin Metakhion'u yani şubesidir. Kudüs Patriği Khrisanthos Dönemi'nde ve 1708 yılında yeniden yapılmıştır. Kalfası Pavlos'tur. 1728 yılında yeniden yanmış, 1730'larda yeniden inşa edilmiştir. 1913 yılında bir tamir daha görmüştür. 18. yüzyılın sonunda Kudüs Patriği'nin burada oturduğu belirtilir ve Kudüs'ten gelen kilise mensuplarının burada misafir edildiği bazı kaynaklarca yazılır. Kilise hâlen Kudüs Patrikliği'ne bağlıdır. Kilise kaba yontu taştan yapılmış olup çatılıdır. Bazilika planlıdır. Gümüşlü ikonalar ve yağlı boya tasvirlerle tezyin edilmiştir.

KADIN ESERLERİ KÜTÜPHANESİ

Gezmek için ne kadar zaman ayırmak gerekli: **30 dakika**

Fener Meydanı sayılan yerde, Fener Vapur İskelesi karşısında bulunmaktadır. Binanın tarihi hakkında yeterli bilgi bulunmamaktadır. Bizans Dönemi eseri olduğu sanılmaktadır.

Kütüphane binası harabe bir hâlde iken İstanbul Büyükşehir Belediyesi tarafından 1989 yılında restore edilmeye başlanmış ve restorasyon bitiminde yani 14 Nisan 1990 tarihinde kütüphane olarak hizmete açılmıştır.

Kütüphanenin en önemli özelliği yalnızca kadınlara ait eserlerin bulunmasıdır. Osmanlı Dönemi'nden günümüze kadınlar hakkında yayınlanmış her türlü kaynağa buradan ulaşmak mümkündür.

Kütüphane hafta içi her gün 10.00 – 17.30 arası ziyaretçilerine hizmet vermektedir.

FENER VAPUR İSKELESİ

Gezmek için ne kadar zaman ayırmak gerekli: **30 dakika**

Fener semti gibi Fener Vapur İskelesi de tarihe karşı meydan okur. Fener'in o güzel sahilinde balık tutan insanların içinde ağırbaşlılığıyla dikkat çeken küçük bir iskeledir. Komşusu iki katlı tarihî, ahşap bir bina olan "Fener Polis Karakolu"dur. Sadece iki vapura sahip bu iskeleden Üsküdar, Eyüp, Kasımpaşa, Balat, Sütlüce ve Ayvansaray'a gitmek mümkündür.

NEREDE YENİR NEREDE OTURULUR

Fener- Tarihi Haliç İşkembecisi (0212 534 94 14),
Nev-i Cafe (Közde Çay ve Kahve Keyfi- 0212 531 86 02)

BALAT

Semt, adını Rumca "saray" anlamına gelen "palatiyon"dan almıştır. Fetihten hemen sonra burası için Türkler tarafından söylenen "Balat Kapusu"nun da, bu sözden geldiği düşünülmektedir.

Balat Tarihi:

Balat'ın tarihi, özellikle Musevi mahallesi olarak Bizanslılara kadar dayanmaktadır. Osmanlılar Dönemi'nde de Yahudi yerleşmesi olan Balat; mimari yapısı, içinde bulunan kilise ve sinagogları, esnafı, hamamı ve çarşısıyla sosyo-ekonomik ve kültürel açıdan İstanbul'un yaşayan semtlerinin başında gelmiştir.

Museviler için Balat bölgesinin her zaman tarihî bir önemi olmuştur. Bunun sebebi, yüzyıllardan beri İstanbul'a göç eden veya sürgün olan bütün Musevilerin buraya yerleşerek kendi aralarında kaynaşmalarıdır. Böylece her yüzyılda olduğu gibi fetihten sonra da Makedonya'dan ve İspanya'dan göç eden Museviler bu semte yerleşmişlerdir.

Fatih vakfiyesine göre Balat'a ilk yerleştirilenler, Makedonya-Kastorio'dan getirilen 100 kadar fakir Musevi ailesidir. Aileler geldikleri semtin adını taşıyan Kastorya Sinagogu'nu inşa edip çevresine yerleşmişlerdir. İstanbul bundan sonra Museviler için bir yerleşme yeri olmaya devam etmiştir. 1492'de İspanya'dan, 1497'de Portekiz'den ve İtalya'dan Balat semtine gelen Museviler; Geruş, Neve Şalom, Messina ve Montias Sinagogları'nı kurmuşlardır. 1599'da Rodos'tan gelenlerin bir kısmının yine Balat'a yerleştikleri görülmüştür. 1660'taki büyük yangına kadar Eminönü bölgesinde Bahçekapı, Tahtakale ve Yemiş İskelesi'nde oturdukları bilinen Museviler de bu yangından sonra Balat'a yerleştirilmişlerdir.

Balat semti, hemen her zaman karanlık görünümlü, dar, bakımsız bir çevre olarak tanıtılmıştır. Balat, tarihi boyunca sağlık yönünden tehlikeli bir semt olarak bilinmekteydi.

19. yüzyılın ikinci yarısından itibaren Balat, genellikle Galata bölgesine göç vermiştir. Özellikle 1942'de yürürlüğe giren "Varlık Vergisi", 1948'de İsrail Devleti'nin kurulması, semtin Museviler tarafından terk edilmesinde önemli etkenler olmuştur.

SVETİ STEFAN KİLİSESİ (Demir Kilise)

Gezmek için ne kadar zaman ayırmak gerekli: **15 dakika**

Haliç boyunca Fener'den Balat'a doğru giderken sağ kolda, Mürsel Paşa Caddesi ile Balat Vapur İskelesi Caddesi arasında, cephesi bezemelerle dolu bir kilise görülür. Bulgarca "sveti" sözcüğü, Türkçe'de "aziz" anlamına gelmektedir.

Sveti Stefan Kilisesi ilginç bir yapıdır, çünkü malzeme olarak baştan aşağı demirle inşa edilmiştir. Bu sebeple eskiden beri "Demir Kilise" olarak da anılmaktadır. En başta, taşıyıcı iskeleti çeşitli biçim ve boyutlarda çelik profillerden oluşturulmuştur; ama iş bununla kalmamıştır, yapının dış cephelerinde yer alan elemanlar da demirdendir. Bütün dış duvar kaplamaları, pencere doğramaları, kapı kanatları, her yanı sadece demirden yapılmıştır. İç mekâna gelince, duvarlar, merdivenler, bütün kolonlar ve kolon başlıkları yine demirdendir. Yalnız daha görkemli bir görünüm sağlamak amacıyla, girişte ve ana mekânda duvarların ve kolonların üstleri renkli mermer levhalarla kaplanmıştır.

Kilise 1896 yılında yaklaşık sekiz ayda inşa edilmiş, 1898'de ibadete açılmıştır. Bütünüyle prefabrik olarak Viyana'da üretilmiş ve demiryolu ile İstanbul'a getirilmiştir. Arsada önceden hazırlanmış olan temelin üzerine monte edilmiştir. Dünyanın ilk demir döküm kilisesidir. Mimarı Hoşvep Aznavur'dur.

Bu kilisenin en önemli özelliği Rum Ortdoks Patrikliği'nden ayrılarak 1870'de bağımsız Bulgar Kilise'ni (Ekzarklığı) kurmuş olan Bulgarların bağımsız Ortodoks kilisesi olmasıdır. Bu açıdan Bulgaristan'ın Osmanlı Devleti'nden ayrılışına kadar Bulgar Ortodokslarının Fener Patrikhânesi karşında en önemli dinî direniş ve mücadele mekânı olmuştur.

TAHTAMİNARE CAMİİ

Gezmek için ne kadar zaman ayırmak gerekli: **15 dakika**

Bu cami Vodina Caddesi üzerinde bulunmaktadır. Banisi Fatih Sultan Mehmed'dir. M. 1458 yılında yapılmıştır. Cami zamanla harap olunca M. 1865 tarihinde; Tahtaminare hamamcısı Sivaslı Halil Ağa tarafından tecdit ve tamir edilmiştir. 1957 yılında da cemaat tarafından tamir edilmiştir.

Cami, kare planlı, çatılı ve kâgirdir. Son cemaatin üstü kadınlar mahfilidir. İç tavanı ahşaptır. Mihrabı ayetli Kütahya işi çinidendir. Evvelce ahşap olan ve camiye ismini veren minare yeniden betondan yapılmış olup külâhı ve alemi madendendir, tek şerefelidir. Cami yanındaki çeşme Kanuni tarafından yaptırılmıştır. Mihrab duvarı önünde Ni'mel Çeyş'ten Hüseyin Efendi'nin kabri bulunmaktadır.

AHİRDA SİNAGOGU

Gezmek için ne kadar zaman ayırmak gerekli: **15 dakika**

Kürkçü Çeşme Sokak'tadır. 15. yüzyılda kurulmuştur. Adını, cemaatin göç ettiği Ohri şehrinden alır. 1693 yangınında harap olan sinagog, 1694 tarihli fermanla yeniden yaptırılmıştır. 1709–1823 ve 1881 tarihlerinde tamir görmüştür. Havranın dua kürsüsü (teva) gemi pruvasına benzer; bir riva-

yete göre İspanyol Yahudilerini Osmanlı'ya getiren kadırgalara, bir başka rivayete göre Nuh'un gemisine benzetilir. 17. yüzyılda kendini mesih ilan eden "Sabetay Sevi" burada vaaz vermiştir.

1877–1878 Osmanlı-Rus Savaşı sırasında; Osmanlı'nın muzafferiyeti için Sadrazam İbrahim Paşa ve ricalin katıldığı bir dua töreni bu havrada yapılmıştır.

SURP HREŞDOGABED KİLİSESİ

Gezmek için ne kadar zaman ayırmak gerekli: **15 dakika**

Balatkapı'dan 500 metre uzaklıktaki mahallenin iç tarafındadır. İstanbul'un bilinen kiliselerinden olan ve eskiden Bulgar Mahallesi'nde bulunan kilise, 16. yüzyılda Ayios Eustratios adlı bir Rum Ortodoks Kilisesi iken 1627 yılında Ermenilere geçmiş, aynı yıl Bursalı Isdeponos tarafından takdis edilmiştir. Kilise, ana mihrabın arkasındaki duvar kitabesine göre 1628'de onarılmıştır.

BALAT (Ferruh Kethüda) CAMİİ

Gezmek için ne kadar zaman ayırmak gerekli: **15 dakika**

Balat semtinin Molla Aşki Mahallesi'nde, Mahkemealtı Caddesi'nde kurulmuştur. Caminin tasarımının Koca Sinan'a ait olduğu bilinmektedir. Günümüze dek ulaşan, tevhidhâne olarak kullanılan cami; tekke bölümü, mahkeme binası ve çeşmesiyle birlikte küçük bir külliyenin çekirdeğini teşkil eder.

BALAT İSKELE (Yusuf Şücaaddin) CAMİİ

Gezmek için ne kadar zaman ayırmak gerekli: **15 dakika**

Balatkapısı'nın dışında, Karabaş Mahallesi'nde, Vapur İskele Sokağı'nda bulunan kaâir bir mabettir. Fatih Sultan Mehmed zamanında inşa edilmiş, 1892 yılında Karabaş Mahallesi'nde çıkan bir yangında zarar görmüş ve yenilenip bugünkü hâlini almıştır. Yapının duvarları kâgir olup yapı fevkanidir. Camiye güney cephesinden girilmekte, sol tarafında çeşme, sağ tarafında cami deposu bulunmaktadır.

BALAT İSKELESİ

Gezmek için ne kadar zaman ayırmak gerekli: **10 dakika**

Dış Balat'ta, Haliç yoluyla İstanbul'un diğer bölgeleri ile iletişimi sağlayan iskeleler bulunmaktaydı. Bunlar, Eminönü'ndeki kapanlarla bağlantılı olan, meyve ve sebze gelişi için kullanılan Yemiş İskelesi, Odun İskelesi, Eyüp ve Galata arasındaki ulaşımı sağlayan vapur iskelesi, Hasköy-Balat arasındaki sürekli ve yoğun trafiği karşılayan kayık iskelesi, mavnaların yanaştığı iskele olarak sıralanmaktaydı.

Tarih boyunca 1838'lere kadar Haliç kıyıları, yaşayanlar için korunaklı ve güvenli bir liman niteliği taşımış, gerek balıkçılık gerekse deniz ticaretinde etkin olmuştur. Ancak 1840'lardan sonra, deniz ticaretinde önemli değişiklikler görülmüş, Haliç sahil'in de Sirkeci'den Balat'a kadar uzanan eski ahşap ticaret iskeleleri ve etrafındaki depolar, dükkânlar ve hanlar, önemlerini yitirmeye başlamıştır.

BALAT HASTANESİ

Gezmek için ne kadar zaman ayırmak gerekli: **5 dakika**

Or-Ahayim Hastanesi 1858 yılında yapılmıştır. Hastanenin ilk binası küçük bir evken 1883 yılında kapatılıp sağlık hizmeti veren "Or-Ahayim Derneği" kuruldu. Bugünkü Or-Ahayim Hastanesi'nin temeli 1886 yılında atılmış, 1898 yılında hizmet vermeye başlamıştır. Daha sonra, hastane içine bir sinagog inşa edilmiştir.

NEREDE YENİR NEREDE OTURULUR

Meşhur Balat İşkembe Salonu-
Kebap, Izgara, Dürüm
(0212 631 76 83)

BÖLÜM 3

EYÜP

PİYER LOTİ
EYÜP SULTAN CAMİİ
EYÜP
EBU'D DERDA HAZRETLERİ
Cami Sk.
Şirin Sk.
Dar Sk.
Ara Sk.
Kuyu Sk.
Tarla Sk.
Doğan Sk.
PTT Arkası Sk.
Gazi Muhtar Paşa Cad.
Göçmenler Sk.
Çınarcık Sk.
25. Sk.
12. Sk.
Çukur Tarla Sk.
Toprak Sk.
13. Sk.
Gülbahar Sk.
1. Mine Sk.
Kumru Sk.
Serince Sk.
Çalışkan Sk.
Bahar Sk.
Açık Sk.
Gül Sk.
Pınar Cad.
Eldat Sk.
Tahirağa Sk.
Yurt Sk.
Ordu Cad.
Ecdat Sk.
Sayfiye Sk.
Silahtarağa Cad.
Aktar Sk.
Karabayır Sk.
Çelebiler Sk.
Öğrenciler Sk.
Kari Sk.
Teke Çıkmazı
Güzelyol Sk.
Örnek Sk.
Tuncer Sk.
Kuşbaş Sk.
Karlık Dere Sk.
Fındıklı Sk.
Göztepe Sk.
Tokol Sk.
Yeni Yol Sk.
Ardaç Sk.
Hüsam Efendi Sk.
Piyer Loti Cad.
Dikilağaç Sk.
Oruç Sk.
Bağlar Cad.
Bosna Cad.
Rami Eyüp Yolu
Atayolu Sk.
Arif Paşa Cad.
Karlı Sk.
Cahit Korutürk Cad.
Ayten Sk.
Akasya Sk.
Çelepoğlu Sk.
Bıçakçı Eyüp Sk.
Eyüp Bulvarı
Balcı Yokuşu
Sofular Yokuşu
Vezir Tekke Cad.
Okur Sk.
İnanan Sk.
Galip Özger Cad.
Sıra Yokuşu Sk.
Çiftçi Ali Sk.
İncirlik Sk.
Şeyh Raşit Sk.
Nimet Sk.
Alp Sk.
Eyüp Sultan Bulvarı
Güvercinli Sk.
Karay Sk.
Zahireci Sk.
Gürbüzler Sk.
Karanfil Sk.
Barika Sk.
Topçular Cad.
Alınteri Sk.
İşgören Sk.
Kumru Sk.
Atmaca Sk.
Nazperver Sk.
Alaca Tekke Sk.
Demirkapı Cad.
Çaycılar Sk.
Rıza Uzun Sk.
Münzevi Kışla Cad.
Mobilyacılar Sk.
Gürdinç Sk.
Çelebi Cad.
D-100
Bostan Sk.
Yavedut Cad.
Tandır Sk.
Ebe Sk.
Yalağan Hamam Sk.
Haliç Köprüsü
Karaağaç Cad.
1. Hamam Sk.
Şekerkuyu Sk.
Bayır Sk.
Talip Paşa Arkası Sk.
Kavcı Sk.
Bade Sk.
Karlı Sk.
Halıcıoğlu Kavşağı
İmraho
KOÇ

Hangi mevsimde gezilir: Dört Mevsim

Gezmek için ne kadar zaman ayırmak gerekli:
En az yarım gün ayırmak gerekli.

Lütfen Unkapanı, Fener ve Balat civarında geceleri ve yalnız başınıza dolaşmayınız. Gündüzleri güvenli olan bu semtlerde geceleri güvenlik yeterince sağlanamamaktadır.

FESHANE

Feshane, 1839 yılında Padişah Abdülmecid'in fermanıyla Osmanlı ordusunun fes ve aba ihtiyacını karşılamak amacıyla kuruldu. Ülkemizin gerçek anlamda ilk tekstil sanayi kuruluşu olan Feshane, 1851 yılında Belçika'dan getirilerek monte edilen kolonlarla, çelik konstrüksiyon yapının dünyadaki ilk örneklerinden biri oldu. Buharlı dokuma tezgâhları da yurtdışından getirilen Feshane, 1866 yılında döneminin en gelişmiş dokuma fabrikası olarak yenilendi. Feshane'de dokunan kumaşlar, 1855 Paris 3. Uluslararası Sergisi'nde, 1863

İstanbul Sergisi “Sergi-i Umum-i Osmanî” ve 1893 Chicago Uluslararası Sergisi’nde sayısız altın madalya ile ödüllendirildi. 1939 yılında o zamanki adıyla “Feshane Mensucat A.Ş” kapatılarak, Sümerbank Defterdar Fabrikası’na dönüştürüldü. 1986 yılında ise Haliç çevre düzenleme çalışmaları sebebiyle tahliye edilen fabrikanın sekiz bin metrekarelik büyük dokuma salonu aslına sadık kalınarak restore edildi.

EYÜP CAMİİ ve EBU EYYUB EL-ENSARİ (r.a)

Gezmek için ne kadar zaman ayırmak gerekli: 1 saat

Bugün halkımız arasında Eyüp Sultan olarak şöhret bulan bu sahabenin asıl adı Hâlid b. Zeyd Ebû Eyyûb

el-Ensârî'dir. Hicretten iki sene önce, 621'de hanımıyla birlikte Müslüman oldu. 622'de gerçekleşen ikinci Akabe Biati'nde bulundu. Medine'nin yerlileri arasında ilk Müslüman olanlardandır. Annesi Peygamber Efendimiz'in dedesi Abdülmuttalip ile yakınlığı olan Ebû Eyyûb, Medine'nin ileri gelen iki kabilesinden biri olan Hazrec'in Neccaroğulları kolunun reisi idi.

Peygamber Efendimiz (s.a.s.) Medine'ye hicret ettiğinde herkes onu evinde ağırlamayı arzu ediyordu. Resûlullah, kimsenin kalbinin kırılmasını istemiyordu. Kimde kalmayı tercih etse diğeri çok üzülecekti. Devesini işaret ederek şöyle buyurdu: "Şu hayvanı kendi hâline bırakınız. Kimin kapısında çökerse oraya misafir olacağız." Ağır adımlarla yol alan Resûlullah'ın devesi, Hâlid b. Zeyd Ebû Eyyûb el-Ensârî Hazretlerinin evinin önünde durdu. Artık bu şeref ona aitti. Sevgili Peygamberimiz için evin ikinci katı ayrıldı. Allah Resulü, bu evde yedi ay misafir kaldı. Bundan dolayı, Eyüp Sultan, "Mihmandar-ı Nebi" unvanıyla anılır. Bu ev İslam'ın öğretildiği bir mektep görevi gördü. Peygamber Efendimiz kendi evine taşındıktan sonra da zaman zaman bu evi ziyaret etmeyi ve ev sahiplerinin gönüllerini almayı ihmal etmezdi. Eyüp Sultan Hazretleri, Peygamber Efendimiz ile birlikte İslâm tarihinde çok özel yeri olan Bedir, Uhud, Hendek, Hayber gazveleri, Mekke'nin fethi ve Huneyn Savaşı başta olmak üzere bütün harplere katıldı. Savaşlarda, zarar gelmemesi için Hz. Peygamber'in yanından hiç ayrılmazdı. Bazen çadırının etrafında bütün geceyi nöbet tutarak geçirirdi. Hayber'in fethi sırasında, muhtemel herhangi bir suikastı önlemek için geceleri sabahlara kadar çadırının etrafında nöbet tutmuştu. Hatta Hz. Peygamberimiz, Hz. Ebû Eyyûb'u nöbette görünce memnun olmuş ve şöyle dua etmişti: "Allah'ım, beni korumak için sabaha kadar uykusuz kalan Ebû Eyyûb'u sen de dünya ve âhirette muhafaza buyur." O, vahiy kâtiplerindendi. Bu sebeple Peygamberimiz zamanında Kur'ân-ı Kerim ayetlerinin bir araya getirilmesi hususunda hizmet etmişti.

Allah Resulü'nün vefatından sonra Hz. Ebubekir devrindeki savaşlarla, Hz. Ömer devrindeki Suriye, Filistin, Mısır ve Kıbrıs seferlerine katılmıştı. Hz. Osman'ın şehid edilmesinden sonraki karışıklıklarda, iç savaşlarda Hz. Ali'nin yanında yer almıştı. Hz. Ali, Irak'a gittiğinde, devletin başşehri Medine'de, yerine vekil olarak Hz. Eyyûb'u bırakmıştı.

Hz. Hâlid b. Zeyd Ebû Eyyûb el-Ensârî cesur bir askerdi. Katıldığı son sefer, Müslümanların ilk İstanbul kuşatmasıydı. O, ilerlemiş yaşına rağmen fetih hadisindeki müjdeye nail olma heyecanıyla doluydu. Kendi arzusuyla, seksen yaşlarında iken, 669 yılında orduyla birlikte İstanbul önlerine geldi, cihada katıldı. Kuşatmada ve surlara düzenlenen saldırılarda ordunun en ön safında yer aldı. Eyüp Sultan Hazretleri kuşatma devam ederken hastalandı. Ordunun komutanı olan Halife Yezid ziyaretine gelerek bir arzusu olup olmadığını sordu. O, şöyle cevap verdi: "Dünyanızdan hiçbir şey istemiyorum. Fakat beni düşman diyarı içinde elinizden geldiği kadar ileriye doğru götürüp surların en yakın yerine defnedin. Çünkü Resûlullah'tan, Kostantîniyye (İstanbul) Suru'nun dibine salih bir kimsenin defnolunacağını işittim. Umarım o kişi ben olurum."

Ebû Eyyûb el-Ensârî Hazretleri kuşatma devam ederken 669 yılında vefat etti. Cenaze namazı kılındıktan sonra, vasiyeti üzerine bir askerî birlik tarafından bugünkü yerine defnedildi. Bizanslılar surların gerisinden bu manzarayı şaşkınlıkla seyretmişlerdi. Buraya Hz. Peygamber'in ve Müslümanların çok sevdiği bir kimsenin defnedildiğini öğrenen Bizans İmparatoru kuşatma sona erdikten sonra Ebû Eyyûb'u kabrinden çıkarıp vahşi hayvanlara yem yapacağını söyledi. İslâm ordusunun bu habere tepkisi çok sert oldu. Bizans imparatoruna gönderilen cevapta, kilise ve Hristiyanların büyük zarar göreceği söylendi. Bunun üzerine Bizans İmparatoru mezarı koruyacaklarına dair teminat verdi. Bazı seyyahların verdiği bilgilere göre, Ebû Eyyûb'un kabri üzerine daha sonra bir bina yapılmış ve Hristiyanlar burayı sıkça ziyaret etmiş, hürmet göstermişler, orayı bir hacet kapısı gibi görmüşlerdir.

Fatih Sultan Mehmed İstanbul'u fethettikten sonra ilk iş olarak Hz. Eyyûp el-Ensârî'nin kabrinin yerinin bulunmasını arzu etmişti. Yardım istediği Akşemseddin Hazretleri de, keşf yoluyla Ebû Eyyûb'un kabrinin yerini tespit etti. İşaret edilen yerde yapılan kazılarda ortaya çıkan yazılı mezar taşı ve diğer kalıntılar Akşemseddin'in keşfini doğrular mahiyette idi.

Hz. Eyyûb'un mezarının belirlenmesi üzerine, Fatih Sultan Mehmed kabrin üzerine türbe, etrafına da cami ve medrese yaptırmış ve bir vakıf kurmuştu.

Cami ve caminin etrafında şekillenen külliyenin diğer yapıları 1459 yılında tamamlanmıştır. Cami, İstanbul'un ilk selâtin (Osmanlı padişahlarının yaptırdığı) camisidir.

Eyüp Sultan Hazretlerine verilen önemin resmî boyutunu en üst seviyede gösteren olay ise kılıç kuşanma merasimidir. Osmanlı padişahları tahta çıktıkları zaman kılıç kuşanırlardı. Kılıç kuşanmak, iktidar değişikliğinin ve hükümdarlığın en önemli sembollerindendi. İstanbul'un fethinden itibaren kılıç kuşanma törenleri, Mihmandâr-ı Resul Ebû Eyyûb el-Ensârî'nin türbesinde yapılmaya başlanmıştır. Eyüp Sultan'da kılıç kuşanma geleneğini başlatan, Fatih Sultan Mehmed'dir. Akşemseddin, burada talebesi Fatih'in beline kılıcı bağlayıp; yeni fetihler için dua etmiştir. Bu gelenek son Osmanlı hükümdarına kadar devam etmiştir. Bazı ecnebi ve Ermeni milletine mensup kimselerin bile işlerine giderken Eyüp Sultanı ziyaret etmeden geçmedikleri rivayet edilmektedir. Binaenaleyh, gerek Eyüp gerekse İstanbul halkının ve bahusus ticaret, seyahat veya ziyaret için İstanbul'a gelenlerin ilk önce Eyüp Sultan'ı mutlaka ziyaret edip, sonra işlerine bakmaları ve hatta ayrılırken de tekrar gidip veda ederek, 'Allah'a ısmarladık' demeleri, başta Peygamberimiz ve bütün peygamberler olmak üzere, onun, bütün ashabın, mü'min ve mü'minelerin ruhlarına hediye göndermeleri, iş sahiplerinin hayrına ve işlerinin rast gitmesine vesile olur.

EBU'D-DERDA HAZRETLERİ

Gezmek için ne kadar zaman ayırmak gerekli: **15 dakika**

Eyüp Camiin'den güneye doğru sahile paralel inilerek Kızılmescit Camii yanından Zalpaşa Caddesi'ne girilir. Zal Mahmut Paşa Camii yanındadır.

Eyüp Sultan Hazretlerinin türbesinden 15 dakika yürüme mesafesindedir.

Uhud Harbi'nde Peygamber Efendimiz ona "Uveymir ne hoş binici." diyerek iltifat etmişti. Peygamber Efendimiz bir defasında da: "Ebü'd-Derdâ ümmetimin hakîmidir" diyerek onu taltif etmiştir.

Hz. Peygamber'in huzurunda oturup Kur'ân tilavet etmiştir. Allah Resulü vefat ettiğinde Kur'ân-ı Kerim'in tamamını ezberleyen dört kişiden birisi idi.

Hz. Ebubekir'in hilafetinin son yıllarında ordu kadılığı (kâdi'l-cünd) görevine getirilir. Hz. Ömer'in hilafeti döneminde de, Kur'ân-ı Kerim'i ve İslâm'ın esaslarını öğretmek üzere Şam'a gönderilir ve Şam kadılığını üstlenir. Bu görevi Hz. Osman'ın hilafeti döneminde de devam eder.

Onun adına İstanbul'da iki makam bulunmaktadır. Birisi Eyüp, diğeri Üsküdar Karacaahmet Mezarlığı'ndadır. Eyüp'teki makamı Nişanca Mahallesi'nde, Zalmahmud Paşa Caddesi üzerinde, Zalmahmud Paşa Camii ile Cezerî Kasım Paşa Camii arasındadır.

Burasının ne zaman ve niçin yapıldığı konusunda bilgi sahibi değiliz. Mevcut bilgiler ışığında türbeyi, bu büyük sahabi adına yapılan bir makam kabul ediyor ve onun hatırasına duyduğumuz saygıdan dolayı ziyaret ediyoruz.

Türbenin kapısı üzerindeki kitabesinden 1835'te II. Mahmud tarafından tamir edildiği anlaşılmaktadır. Sahaflar Şeyhizâde Es'ad Efendi'ye ait 1251/1835–36 tarihli manzum kitabe metni, ünlü Osmanlı hattatlarından Yesârîzâde Mustafa İzzet Efendi tarafından ta'lik hatla yazılmıştır.

PİYER LOTİ

Gezmek için ne kadar zaman ayırmak gerekli: **45 dakika**

Eyüp Sultan Türbesi'ni ziyaret ettikten sonra çıkış kapısının sağından gidin. Duvar bitiminden yine sağa dönüp mezarlığa giden yola girin. 7–8 dakika yürüdükten sonra ikinci sapağının köşesine raptedilen levhanın gösterdiği istikameti takip ederek Eyüp Sultan Tepesi'nin dereye bakan yamacında Zübeyir Gündüzalp, Mustafa Nezihi Polat, Tahirî Mutlu, Sadullah Nutku, Bekir Berk ağabeylerin mezarlarını ziyaret ettikten sonra tekrar yola dönün. Yukarı doğru yine 3–4 dakika çıktığınızda üçüncü sapakta merdivenlerle çıkılan yol Necip Fazıl Kısakürek'in kabrine gider. Yokuşu bitirirken manzarayı temaşa ederek ilerleyin. Piyer Loti'ye ulaştığınızda Eyüp'ten aldığınız sıcak simidin yanında bir bardak çay artık sizin hakkınız. Tabi, muhteşem İstanbul manzarasıyla birlikte.

Ünlü Fransız romancı Pierre Loti, 1850–1923 yılları arasında yaşadı. Gerçek adı Louis Marie Julien Viaud olan yazar aynı zamanda bir deniz subayıydı. 1867 yılındaki Okyanusya seferi sırasında, Büyük Okyanus'ta yetişen bir çiçeğin adı olan Loti takma adını aldı. Mesleği sayesinde Ortadoğu ve Uzakdoğu ülkelerini, kültürlerini görme fırsatı buldu ve yazdığı anı ve romanlarda bu seyahatlerinde edindiği bilgilerden çok faydalandı. Denizcilik öğreniminin ardından 1881'de yüzbaşı, 1906 yılında da albay rütbesini aldı. İstanbul'u da ziyaret eden Loti, bu şehirden ve Osmanlı kültüründen çok etkilendi ve daha sonra defalarca buraya gelerek uzun süre burada yaşadı. İstanbul'a ikinci gelişinde (1879) o zamanın Osmanlı Dönemi Türkiyesi'ni anlattığı ve müsteşrik bakış açısıyla kaleme aldığı "Aziyadé" adlı romanına adını veren kadınla tanıştı.

Eyüp sırtındaki Pierre Loti Kahvesi, bütün Haliç'in tepeden görülebildiği, doğal ve sakin bir mekân. Osmanlı kültürüne ve yaşayış biçimine hayranlık duyan yazar Pierre Loti, İstanbul'da bulunduğu dönemlerde bu kahveye sürekli gelirdi.

MİNİATÜRK

Gezmek için ne kadar zaman ayırmak gerekli: **2 saat**

İstanbul Büyükşehir Belediyesi tarafından 2003 yılında açılan Miniatürk'te Türkiye'nin çeşitli yer-

lerinden en meşhur 105 eserin minyatürü bulunmaktadır. Eser sayısını arttırma çalışmaları hâlen devam etmektedir.Burası gezildiğinde kendinizi küçük bir Türkiye gezisi yapmış gibi hissedebilirsiniz. Gezi için minimum 2 saat ayrılmalı, tam anlamıyla gezilmek isteniyorsa da 5 saat gözden çıkarılmalıdır.

KOÇ MÜZESİ

Gezmek için ne kadar zaman ayırmak gerekli: **1 saat**

Haliç'in karşı yakasında kıyı bandı yeniden kazanılarak parklar, bahçelerle donatılmıştır. Burada en fazla rağbet gören yerlerden biri de iş adamı Rahmi Koç'un adını taşıyan Sanayi Müzesidir. Haliç turu içinde görülmesi gereken bu müzede sanayinin gelişimi gözler önüne serilirken, âşina olduğumuz bir çok eski markayı tekrar görme imkânı buluyoruz.

Özel araçla gidenler Kasımpaşa Deniz Hastanesi yanındaki sahil yolunu kullanarak Hasköy'e ulaşabilirler.

0 (212) 297 66 39 – 40

AYNALIKAVAK KASRI

Gezmek için ne kadar zaman ayırmak gerekli: **1 saat**

Üç yüzyıl boyunca Haliç kıyılarını süsleyen ve günümüzde Aynalıkavak Kasrı adıyla tanınan yapı, Osmanlı İmparatorluğu döneminde "Aynalıkavak Sarayı" ya da "Tersane Sarayı" olarak bilinen yapılar grubundan günümüze ulaşabilen tek örnektir.

İstanbul'u tanıtan tarihî kaynaklardan ve ünlü gezgin Evliya Çelebi'den, Kasr'ın bulunduğu yörenin Bizans Dönemi'nde de imparatorlara ait bir dinlenme yeri olduğu anlaşılmaktadır. Haliç kıyılarından Okmeydanı ve Kasımpaşa sırtlarına doğru gelişen bu büyük bağ ve koruya; İstanbul'un fethinden sonra, Fatih Sultan Mehmed'den başlayarak padişahlar da ilgi göstermiş ve Osmanlı Devlet Tersanesi'nin Kasımpaşa'da kurulup gelişmeye başlamasıyla birlikte yöreye "Tersane Has Bahçesi" adı verilmiştir.

Buradaki yapılaşmaların tarihi, Sultan I. Ahmed Dönemi'ne (1603–1617) dek inmektedir.

Sultan III. Ahmed Dönemi'nde (1703–1730) yaptırıldığı sanılan Aynalıkavak Kasrı, Sultan III. Selim Dönemi'nde (1789–1807) yeniden düzenlenmiş ve bugünkü görünümünü kazanmıştır. Yapı; divanhânesi,

beste odası ve bu mekânların pencerelerini dolanan Yesarî'nin talik hattı ile yazılmış kasrı ve III. Selim'i öven, dönemin tanınmış şairleri Şeyh Galib ve Enderunî Fazıl'a ait şiirleriyle 18. yüzyıl mimarlık örnekleri arasında özel bir yer almaktadır.

Deniz cephesinde iki, kara cephesinde tek katlı kütlesiyle Osmanlı klasik mimarlığının son ve ilginç yapılarından biri olan kasır; süsleme açısından da çağının beğenisini yansıtmakta, özellikle besteci Sultan III. Selim Dönemi kültürünün pek çok ögesini bünyesinde barındırmaktadır. Öyle ki, bu kültürün başlıca simgeleri olan sedir ve sedirimsi kanepe, mangal, kandil gibi mobilyalarla döşeli olan odalar, bugün yok olmuş bir hayat tarzının görünümlerini sergilemektedir. Günümüzde bir müze-saray olarak ziyarete açık tutulan Aynalıkavak Kasrı'nın zemin katı, Sultan III. Selim'in besteci özelliği de göz önünde tutularak, Topkapı Sarayı Müzesi'nde bulunan görsel kaynaklar ve kimi kurum ve kişilerin armağan ettiği çalgıların bir araya getirilmesiyle "Türk Çalgıları Sergisi" mekânına dönüştürülmüştür. Kasrın bahçesindeyse, özellikle yaz aylarında konuklara yönelik kafeterya hizmetleri, Klasik Türk Sanat Müziği örneklerinin seslendirildiği Aynalıkavak Konserleri ile ulusal ve uluslararası nitelikte resepsiyonlar verilmektedir

Aynalı Kavak Kasrı, Haliç saraylarının günümüze gelmiş tek örneğidir.

T.B.M.M. Millî Saraylar Dairesi Başkanlığı Aynalı Kavak Kasrı Aynalı Kavak Caddesi, Hasköy

Tel : 0 (212) 227 34 41

Faks : 0 (212) 250 40 94

Saray, pazartesi ve perşembe günleri dışında her gün ziyarete açıktır.

BÖLÜM 4

GALATA-BEYOGLU TAKSİM-TOPHANE

Hangi mevsimde gezilir: Dört Mevsim
Gezmek için ne kadar zaman ayırmak gerekli: Galata ve civarını dolaşmak için üç-dört saat ayrılmalıdır.

GALATA

Galata adının, ilk yerleşme dönemlerinde burada var olduğu bilinen süthâneler sebebiyle Grekçe'de "süt" anlamındaki "Gala", "Galaktos" kelimesinden geldiği söylenir. Evliya Çelebi'nin semt hakkında şu satırları kaleme alması bu

düşünceyi doğrular niteliktedir: "Galata, zemini bir yeşillik, hoş, havalı ve verimli bir yer olduğundan, bütün sağmal koyunlarını ve sığırlarını bu Galata'da otlatıp sütlerini sağıp krala getirirler idi. Bu verimli yerde lezzetli süt elde edildiğinden Galata dediler. Çünkü Yunan dilinde süte 'Galata' derler."

Galata Tarihi:

I. Constantinus zamanında (324–337) bir sur duvarı ile kuşatılmış olan Galata'nın içinde kilise, forum, hamamlar, tiyatro ve bir de liman ile dört yüz otuz bir büyük ev mevcuttu. Ancak bu ilk kasabanın sınırları bilinmemektedir. I. İustinianos da 528'de Galata'da önemli yapılar inşa ettirmiştir. Constantinus'un yaptırdığı Galata surları Haliç ve Boğaz ağzı kıyılarında şehri çeviriyor ve karadan gelecek tehlikeye karşı Azapkapı, Şişhane ve Tophane 'yi kuşatan bir kara tarafı suru, kıyıdaki duvarlar ile birleşiyordu. Kara tarafı surları önünde on beş metre derinliğinde bir hendek kazılmış, bu taraftaki kapılar arkadaki araziye hendekleri aşan ağaç köprüler ile bağlanmıştı. Galata suru yaklaşık iki metre kalınlığındaydı. Çevresi iki bin sekiz yüz metreyi buluyor ve otuz yedi hektarlık bir alanı sınırlıyordu.

İslam ordusu ve donanması 717 yılında İstanbul önlerine geldiğinde Galata Hisarı mevcuttu. IV. Haçlı Seferi kuvvetleri Bizans önüne geldiğinde, 6–7 Temmuz 1203'te Latinler bu hisarı ele geçirerek Haliç'e geçmeyi sağlayan zinciri parçalamışlar ve bu sayede şehri ele geçirmişlerdir. Fakat Bizans 1261'den itibaren şehre yeniden sahip olduğunda, Haliç'in girişini kontrol eden bu hisarı elden kaçırmamaya ve bölgedeki Latin kolonilerin egemenliği altına girmemesine özen göstermiştir.

Cenevizliler zamanla mahalle sınırlarını genişlettiler, surlarının dışına taştılar, Venediklilere ve sonra da Osmanlılara karşı güvenliklerini sağlamlaştırdılar. "İsa Kulesi" anlamına gelen "Christea Turris"i yani günümüzdeki "Galata Kulesi"ni inşa ettiler.

Ceneviz kolonisinin sınırları bugünkü Tophane'den başlayıp, surlar, su hendekleri ve çeşitli istihkâmlarla sahil boyunca Azapkapı'ya dek ulaşıyor, oradan ŞişhaneYokuşu boyunca yukarı çıkıp Galata Kulesi'nin doğusundan bir kavis çizerek Yüksekkaldırım'ın güneyinde tekrar kıyıya iniyor ve bir sahil şeridi bırakacak şekilde Tophane mevkiinde denizle birleşiyordu.

Bölgedeki surların üzerinde önceleri Galata'nın resmî sahibi olan Bizans imparatorlarının bölgeye hâkimiyetini temsil etmek için, bir haçın dört kolu arasına yerleştirilmiş dört "B" harfinden oluşan armalar konuldu. Basileus Basileon Basileuon Basileousi (Hükümdarlara Hükmeden Hükümdarların Hükümdarı) demek olan bu armanın bir örneği 20. yüzyıla kadar kalmıştır. 1335 tarihini taşıyan bu levhayı yan yana üç haç süslemektedir. Bunlardan ortadaki Bizans'ı, yandakiler ise Cenova'yı temsil ediyordu.

Cenevizlilerin inşa ettiği yapıların başında 1349'da yapıldığı sanılan Galata Kulesi gelmekteydi. 1316'dan sonra yapılan Ceneviz Sarayı ise buradaki koloni halkına hizmet veriyordu. Bunun yanında inşa ettikleri San Paola, San Francisco, San Domenico, San Giorgio, San Benedetto (St. Benoit), San Sebastian, San Nikola ve Santa Maria kilise ve manastırları dinî hayatlarının bir yansıması idi.

Osmanlıların güçlenmesi üzerine Cenevizliler bu yeni gelişen devletle iyi ilişkilere girdiler, 1387'de ticaret antlaşması imzaladılar. 1394 ve 1396 kuşatmalarında tarafsız kaldılar. 1399'da Türkleri durdurmak için gönderilen Fransız-Cenova birliğine rağmen, Galata Cenevizlileri, Osmanlı'ya yaklaşmayı tercih ettiler. 1403'te, I. Bayezid'in büyük oğlu Süleyman ile Cenova, Venedik, Rodos ve Bizans İmparatorluğu arasında bir antlaşma yapıldı.

1453'te şehrin Osmanlılarca kuşatılması sırasında, 5 gemilerini Bizans donanmasına vermelerine rağmen, Galata Cenevizlileri tarafsız kaldı.

Fatih Sultan Mehmed, Galata'nın tesliminden hemen sonra Galata'ya bir subaşı (öteki adı ile voyvoda) ve bir kadı atayarak şehri doğrudan doğruya Osmanlı idaresi altına almıştır. O zaman nüfusun çoğunluğu Hristiyan olduğundan burada yaşayan halkın kaleyi denizden gelecek bir Haçlı kuvvetine teslim etmelerini önlemek düşüncesiyle, kara tarafındaki sur yer yer yıktırılmıştır.

Galata'nın kozmopolit nüfus yapısına zamanla iki yeni eleman, Floransalılar ve Endülüslü Araplar eklendi. Floransalılar 1463–1520 arasında Galata'da yoğun bir şekilde ticaretle uğraştılar; fakat burada uzun süre barınamadılar ve 16. yüzyıldan sonra yerlerini Venediklilere bıraktılar.

Endülüslü Arapların yerleşmesi ise sürekli oldu. Osmanlı idaresi, güvenlik düşüncesiyle Galata'da Müslüman nüfusu artırmayı düşünüyordu. 1533'ten sonra Barbaros Hayreddin Paşa, Magripli denizcileri ve Endülüs'ten gelen sığınmacı Arapları Galata'da yerleştirmekte idi. Emeviler Dönemi'nde İstanbul kuşatmasında, Arapların Galata'da ordugâh kurduğu ve Arap Camii'ni yaptığı hakkındaki rivayet, Endülüslü sığınmacıların bu bölgede yerleşmesi için bir bahane oldu. Endülüs Araplarının kitle hâlinde gelip yerleşmesi 1610'dadır.

Galata Bankerleri

Özellikle Kırım Savaşı'ndan sonra Osmanlı Devleti'nin hızlı bir şekilde Avrupa kapitalizminin çarkları arasına girmesi ve buna paralel olarak yabancıların ve gayri Müslim Osmanlı vatandaşlarının daha rahat bir şekilde ticaret hayatına girmeleri ile 1860'larda Galata'da, Avrupa'nın borsalarından farklı, kendine has büyük bir para pazarı oluşmuştur. 1866'da Prusya-Avusturya, 1870'de ise Prusya-Fransa Savaşları sebebi ile Avrupa'dan borç alamayan Osmanlı Hükümeti, kısa vadeli borçlar için Galata'ya yönelmiş ve bu tutum, gün geçtikçe sık kullanılan bir çözüm yolu olmuştur.

1870'lerde Galata bankerleri Osmanlı maliyesini ve bütçesini tamamen kontrolleri altına almışlardı. 1874–1875 bütçesini hazırlayan ve kontrol eden heyetin içinde iki ünlü Rum banker Yorgo Zarifi ve Hristaki Zografos'un bulunması bu durumu daha da netleştirmektedir.

Galata Köprüleri

Gezmek için ne kadar zaman ayırmak gerekli: **45 dakika**

19. yüzyılın ortalarında ticari ilişkilerin artması ve sarayın tarihî yarımadadan Beşiktaş'a taşınması şehir içi ulaşımının Eminönü-Karaköy tarafında yoğunlaşmasına sebep olmuş-

tur. Yine bu dönemde Avrupa'dan ithal edilen atlı binek arabaları yaygınlaşmış ve böylece Haliç'in iki yakası arasında yeni ulaştırma araçlarına da hizmet verebilecek ikinci bir köprü yapma ihtiyacı ortaya çıkmıştır. Unkapanı-Azapkapı arasında 1836'da açılan Hayratiye Köprüsü'nün alternatifi olarak 1845'te Karaköy ile Eminönü arasında yine ahşap malzemeyle tersanede yapılan bu köprünün modeli, bundan sonra Haliç üzerinde kurulacak üç köprüye daha örnek olmuştur. Galata ile İstanbul arasına yapılan bu ilk köprü, sallar üzerine inşa edilen Hayratiye Köprüsü'ne ana özellikleriyle benzemekle birlikte, dubalı olarak yapılmıştır. Konumuna göre boyunun yaklaşık 500 metre olduğu tahmin edilen ve "Cisr-i Cedid" olarak da adlandırılan köprüden geçiş ücreti alınmaya başlanmıştır.

1853 yılında onarılan bu ilk köprünün yerine 1863 yılında Kaptan-ı Derya Ateş Mehmed Paşa tarafından ahşap malzemeden olmak üzere, tersanede ikinci köprü inşa edilmiştir. Bu köprü yaklaşık beş yüz dört metre boyunda ve on dört metre genişliğindeydi. Küçük gemilerin köprünün altından geçebilmesi için beş metre yüksekliğinde geçiş gözleri bulunmaktaydı.

Bu köprünün ömrü fazla uzun olmamıştır. 1860'lı yılların sonlarına doğru Ahşap malzemenin dayanıksız olmasından olsa gerek daha sağlam demir bir köprünün yapımı için 24 Eylül 1869'da "Forges et Chantiers de la Mediteranée" isimli Fransız şirketiyle anlaşma imzalanmıştır.

Köprü 1872 yılı Eylül'ünde resmî bir törenle açıldı.

19. yüzyılın sonlarında tramvayların şehir içi ulaşımında hız kazanmaları ve köprünün yıpranmış oldu-

NEREDE YENiR NEREDE OTURULUR

Sucuk Evi
Rıhtım Cad. No 41.
(İskele Karşısı) Karaköy
Tel: 0212 245 40 76
0212 244 95 15

ğu gerekçesiyle yeni bir köprü yapımı için Alman MAN şirketiyle 18 Şubat 1907'de mukavele imzalandı. Çelik yapı malzemesinin niteliklerine uygun olarak ileri bir teknoloji ile tramvay hattını taşıyacak şekilde yapılan bu köprünün açılışı 27 Nisan 1912 yılında gerçekleşti.

Günümüze dek Haliç'te kurulan köprülerin en uzun ömürlüsü olan bu köprü, duba araları çok dar olması sebebiyle su akışını engelleyerek Haliç'in kirlenmesine sebep olmuştur. Yeni Köprü 12 Haziran 1992'de açılmıştır. Günümüzde ulaşım amaçlı kullanımın dışında köprünün alt kısmı barındırdığı lokantalarla, farklı bir İstanbul manzarasına karşı bir şeyler yemek isteyenlerin, üst kısmı ise balık tutmayı sevenlerin uğrak mekânıdır.

ARAP CAMİİ

Gezmek için ne kadar zaman ayırmak gerekli: **15 dakika**

Galata'da, Tersane Caddesi, Galata Mahkemesi Sokağı'ndadır.

Haliç'in Galata yakasındaki en büyük camidir. Bu caminin İstanbul'u kuşatan Araplar tarafından yaptırıldığına dair bir efsane vardır. Ancak bu, tarihî verilerle çatışmaktadır.

Aslında İstanbul fethedildiğinde burada bir kilise vardır. Bu kilise Fatih Sultan Mehmed tarafından Galata Camii adıyla 1475 yılında camiye dönüştürülmüştür. 1492'de Endülüs'ten göç eden Araplar bu cami etrafına yerleştirildikten sonra Arap Camii ismini almıştır. Dönem dönem tamirat görmüş ve bazı değişikliklere uğramıştır. 1913 yılında yapılan tamirat sırasında zeminden çıkan Cenevizliler'e ait kitabeli ve armalı mezar taşları Arkeoloji Müzesi'ne taşınmıştır.

Cami, dikdörtgen planlı ve gotik tarzda bir yapıdır. Kiliseye ait çan kulesi de minareye dönüştürülmüştür. Bu minare Endülüs'teki minarelere çok benzemektedir.

GALATA KULESİ

Gezmek için ne kadar zaman ayırmak gerekli: **45 dakika**

Kademeli olarak Galata bölgesinin sınırlarını genişleten Cenevizliler, Galata Kulesi'nin bulunduğu yere ancak 1349'da sahip olmuşlar ve kuleyi de bu sırada inşa etmişlerdir.

Bizans kaynaklarında "Büyük Burç" (Megolas Purgos), Ceneviz kaynaklarında ise "İsa Kulesi" (Christea Turris) olarak adlandırılan kule, Bizans'ın çok buhranlı bir anında, her yaşta Cenevizlinin geceli gündüzlü ve kadınlı erkekli çalışmaları ile inşa edilmiştir. Bizans bu oldu bittiyi kabul etmek istememesine rağmen hiçbir şey yapamamıştır.

1445 veya 1446'da kule yükseltilmek istenmiştir. Yakındoğu ticaretinde rakip-

KAİM
MERT
ELEKTRİK

lerine karşı Türklerle dost geçinmek isteyen Cenevizliler, "Galata tahkimatında yapacakları yüksek bir kule için", Osmanlı Beyi II. Murad'dan (1421- 1443 ve 1444–1451) bazı malzemeler ile borç para istemişlerdir. Bu yardıma karşılık, Cenevizliler yükseltecekleri kulenin uygun bir yerine Murad Bey'in adı yazılmış bir kitabe koymayı teklif etmişlerdir. İtalya'da Cenova'daki merkez idaresi bu girişimi öğrendiğinde, Galata podestasına çok sert bir yazı göndererek, tahkimatı güçlendirmeye yetecek zenginlikte olduğunu bildirmiştir.

İstanbul'un fethinden sonra 1509 yılında şehri yerle bir eden depremde kule hasar görmüş ve Mimar Murad bin Hayrettin tarafından onarılmıştır. Galata kulesi 16. yüzyılda tersanede çalıştırılan savaş esiri Hristiyanların barınağı olarak kullanılıyordu. 17. yüzyılda Hezarfen Ahmet Çelebi'nin yapma kanatlar ile Galata Kulesi'nden Üsküdar'a uçtuğu söylenir.

1717 yılında ise gece yarısını haber vermek üzere bir mehterhâne ocağı kuleye yerleştirilmişti. Burada ayrıca yangınları gözleyen bir gözcü teşkilatı da bulunuyordu. Bunlar kös vurarak yangınları halka duyuruyorlardı.

Günümüzde Ortaçağ'ın bu mistik kulesi, İstanbul'un doyumsuz manzarasını seyretmek isteyenlere hizmet vermektedir.

NEREDE YENİR NEREDE OTURULUR

Yunus Balık (Galata Köprüsü altında, Taksim'e doğru sol yanda içkisiz tek mekân), Yeni Galata Köprüsü E-H No:16 Eminönü-İstanbul.
Tel: 0212 519 85 91

GALATA MEVLEVİHÂNESİ

Gezmek için ne kadar zaman ayırmak gerekli: **25 dakika**

Mevlevihâne, Şahkulu Mahallesin'de Galip Dede Caddesi'nde dir. "Kulekapı Mevlevihânesi" veya halk arasında "Galib Dede Dergâhı" olarak da bilinen Galata Mevlevihânesi, İstanbul'daki ilk büyük mevlevi kuruluşudur. II. Bayezid Dönemi (1481–1512) vezirlerinden İskender Paşa'nın Galata sırtlarındaki av çiftliğinde 1491'de inşa edilmiştir.

Mevlana'nın torunlarından Semai Mehmed Dede'nin isteğiyle kurulan mevlevihâne, bir süre sonra Halveti dergâhına dönüştürülmüş, ancak 18. yüzyıl başlarında Sırrı Abdi Dede'nin çabalarıyla yeniden mevlevihâne olmuştur. 1765 yangınından sonra yenilenmiş, III. Selim ve Abdülmecid zamanında onarılmıştır. Çeşitli işlevdeki yapılarıyla (Haletefendi kütüp-

hanesi, Haletefendi sebili, Haletefendi türbesi, Hadikat-ül-ervah (ruhların bahçesi, dervişlerin toplanıp coşkuya vardıkları yer), hamuşhâne (sessizler evi yani kabristan), mutfak, Hasan Ağa Çeşmesi, semahâne, Harem Dairesi ve çamaşırhane) bir külliye oluşturan Galata Mevlevihânesi dönemin önemli kuruluşlarındandı.

Osmanlı sultanlarının da katıldığı Türk sanat müziği âlemleri pek çok sanatçının yetişmesine katkıda bulunmuştur. Bunlardan bazıları şunlardır: Nayi Osman Dede, Sırrı Abdülbaki Dede, Şeyh Galip Dede, Ataullah Dede, Neyzen Şeyda Veli Dede, Leyla Hanım. İsmail Ankaravi, Şeyh Galip'in türbeleriyle, İbrahim Müteferrika'nın mezarları buradadır.

1925'te tekke ve zaviyelerin kapatılmasıyla yapılar bazı değişikliklere tâbi tutulmuş, hazirenin bir bölümüne Beyoğlu Evlendirme Dairesi yapılmıştır.

Müzik aletleri, Mevlevi kıyafetleri, tarikat taçları, 18–19. yüzyıllarda değişik tekniklerde işlenmiş Banaluka seccadeleri, gümüş şamdanlar, rahleler müzenin bellibaşlı eserleridir. Bunların yanı sıra müzenin yüzdoksandört adet zengin bir divan koleksiyonu vardır. Günümüzde müze

açık olup burada her ayın ilk ve son cumartesi günleri semâ gösterileri düzenlenmektedir.

NEVE ŞALOM SİNAGOGU

Gezmek için ne kadar zaman ayırmak gerekli: **15 dakika**

Sinagog, Kuledibi'nde Büyük Hendek Caddesi'nde bulunmaktadır. "Barış Vahası" anlamına gelen "Neve Şalom" Musevi ilkokulu jimnastik salonunun ibadethâne haline getirilmesi biçiminde inşa edilmiştir. 1930'lu yıllarda Keneset (Apollon) ve Zulfaris Sinagogları Galata ve Beyoğlu'nun hızla artan Musevi nüfusunun dini ihtiyaçlarına cevap veremez olunca, özellikle dini bayramlarda muhtelif salonlar kiralanıp ibadethâne olarak kullanılıyordu. Bunun üzerine Büyük Hendek Caddesi üzerindeki İlkokulun sinagog olarak tadili kararlaştırıldı ve gerekli değişiklikler tamamlanarak sinagog 26 Eylül 1938'de Roşaşana Bayramı'na (Musevi dini yılbaşısı) yetiştirildi.

Sinagog, Galata cemaatinin aldığı kararla Temmuz 1946 yılında Musevi Elio Ventura ve Bernard Motola tarafından restore edildi.

OSMANLI BANKASI BİNASI

Gezmek için ne kadar zaman ayırmak gerekli: **35 dakika**

Banka binası, Bankalar Caddesi'nde bulunmaktadır. Yakın zamana kadar Osmanlı Bankası Umum Müdürlüğü tarafından kullanılan binanın bu bölümü, Osmanlı ve Garanti bankalarının birleşmesiyle isim değişikliğine uğramıştır. Diğer bölüm ise Merkez Bankası tarafından kullanılmaktadır.

1890'da Osmanlı Bankası ve Tütün Reji İdareleri tarafından Fransız asıllı mimar, Alexandre Vallaury'ye yaptırılmıştır. Binanın Osmanlı Bankası'na ait olan bölümü 1892'de açılmıştır.

BEYOĞLU

Semt olarak Beyoğlu, Tünel-Taksim arasında uzanan İstiklal Caddesi'ni, caddeye açılan sokakları, Taksim'den Tünel'e kadar olan bölgeyi kapsar.

Eski adı ile "Pera" olan yerleşme sur dışında kurulmuştur. Burası 16. yüzyılda Osmanlı ile birlikte varolmaya başlayan yabancı elçilikler, misyonlar varoluncaya dek, kalabalık bir Latin yerleşmesi olan Galata'nın sayfiyesi olan, sıcak İstanbul yazlarında kaçılan köşklerin bulunduğu bir köy yerleşmesiydi.

Bu tarihlerde bölgede varolan tek tük yapılar içinde en önemlileri: Galatasarayı Ocağı ya da bir başka deyimle Acemi Oğlanlar Kışlası, Galata Mevlevihânesi, Şahkulu Mescidi, Asmalımescit Mahallesi ve Ağa Cami çevresinde öbeklenmiş tek tük Türk yerleşmeleri idi.

Bölgenin deyim yerinde ise talihini döndüren etken Kanuni'nin Fransa kralına olan desteği sonucu gelişen sıcak ilişkiler ve kapitülasyonlar ile avantaja dönüşen dostluk ilişkisinin bir sonucu olarak burada açılan Fransız Büyükelçiliği ile bölgenin bir elçilikler bölgesine dönüşmesi sürecidir.

Fransız Büyükelçiliği'ni (Fransız Sarayı), Venedik Elçiliği (Venedik Sarayı) izler, onların ardından ise İngiliz Elçiliği, Polonya Elçiliği ve Hollanda Elçiliği açılarak ilk elçilik yerleşmesi başlar. 17 ve 18. yüzyılda başka elçilikler, onlarla birlikte yabancı misyon görevlileri bölgeye yerleşir.

Ancak semtin asıl kimliği yani efsanevi Pera'nın oluşması 19. yüzyıldır. Çelik Gülersoy 19. yüzyıla kadar buradaki yabancıların bile Türkler gibi yaşadıklarını; evlerinde sedir, möble kullanmadıklarını, ihtişamlı porselenler bir yana sinide yemek yiyip tandır aracılığı ile ısındıklarını belirtiyor.

1831'deki yangınla birlikte köy şehre dönüşmeye başlar. Kapitülasyonlar ile başlayan imtiyazlar, Tanzimat'la birlikte Osmanlı'nın sağladığı, mülkiyet ve hukuki güvence, ticari bakımdan her türlü avantaja sa-

hip olan Avrupalı nüfusun burada 19. yüzyıl Avrupası'nın küçük bir kopyasını (özellikle de Paris ve Londra'nın) kurmasına imkân sağlayacak yasal çerçeveyi de sağlamış olur. Yeniden ve düzenli olarak yapılanmaya başlayan Pera, bir lüks tüketim ve eğlence merkezine dönüşmeye başlar.

İtalyan ve Fransız kumpanyaları (tiyatroları), lüks konutlar (ilk apartmanlar), oteller, elçilik saraylarının yanında ihtişamlı pasajlar, barlar, eğlence yerleri, lüks mağazalar, boylu boyunca İstiklal Caddesi'ni ve ona açılan sokakları kuşatırlar. Kısacası Pera'da Türk olan pek bir şey kalmaz. 1913'te elektrikli tramvayın Beyoğlu'nu Şişli'ye bağlaması ile semtin kozmopolit havasına Türkler de eklenmiş ve ünlü Beyoğlu âlemleri, Beyoğlu gezileri, piyasa yapma dönemi başlamıştır.

Bölgede Müslüman nüfusun varlık göstermesi ile birlikte denge değişmeye başlar, I. Dünya Savaşı'nın da etkisi ile sosyal hayat önce biraz durulur, sonra Cumhuriyet'le birlikte de tamamı ile değişecek bir dönüşüm sürecine girer. 1914'ten sonra gayri müslim azınlıkların çekilmesi ile bölgenin cazibesi biraz azalır. 1917 Rus devriminden kaçanlar ile bölgede bir dönem için yeniden farklı ama yine de renkli bir hava esmeye başlar ise de, elçiliklerin 1929 yılından itibaren Ankara'ya nakli, 1942'de yürürlüğe giren Varlık Vergisi, II. Dünya Savaşı, İsrail'in kurulması ile Musevilerin göçü, 6–7 Eylül olayları ile bölgeyi, hatta İstanbul'u önemli ölçüde boşaltan Rumların göçü, bütün bu olaylar Beyoğlu'nda bir değişime yol açmıştır.

Beyoğlu İsmi

Sarayburnu'nun karşısında gelişen Galata'nın bir uzantısı olan Beyoğlu, Osmanlı'dan önce "Pera" adı ile bilinirdi. Beyoğlu ismi Osmanlı'nın İstanbul'u almasından sonra kullanılmıştır. Bu ad, bir beyin oğlunun bölgede önemli bir yapısının olduğunu ve semtin bu yapıdan dolayı böyle anıldığını düşündürür. Bu bey oğlunun kim olduğu konusunda ise iki varsayım mevcuttur. Bunlardan birisine göre Fatih zamanında Pontus Prensi Aleksios Komnenos'un yahut yeğeninin İslamiyet'i kabullenmesi ve daha sonra da burada oturmasından ve onun konağının burada olmasından kaynaklandığı yönündedir. Diğer varsayım ise sözü edilen bey oğlunun Kanuni Sultan Süleyman zamanında Venedik elçisi olan A .Giritti'nin oğlu Luigi Giritti olduğu ve onun semtte yer alan konağından dolayı bölgenin bu adla anıldığıdır.

İSTİKLAL CADDESİ

Gezmek için ne kadar zaman ayırmak gerekli: **1 saat**

Beyoğlu'nun kalbi "İstiklal Caddesi" boyunca atar. Tarihi boyunca semte ruhunu veren gezinti mekânı "İstiklal Caddesi" olmuştur. Beyoğlu'nda Taksim ve Tünel arasında yer alan bu cadde geçmişinden beri (1960'lardan 80'lere dek süren bir arayı saymazsak) İstanbul'un en kozmopolit caddesidir. İstiklal Caddesi'nin gelişimi Beyoğlu'nun gelişimine paralel bir yol izlemiştir. Caddenin ilk nüvesi Galata Kulesi'nin hemen dibinden başlayan (bugünkü Kuledibi semti) ve "Galatasarayı" denilen acemi oğlanlar kışlasına kadar olan bölümü kapsıyordu ve bu 19. yüzyıla kadar da böyle sürecekti. 18. yüzyıla kadar toprak bir zemin olan caddenin gelişimi bölgeye yerleşen yabancı nüfusun artışı ile başladı. Yabancıların "Grande Rue", Osmanlılar'ın "Cadde-i Kebir" dedikleri caddenin adı her iki dilde de "Büyük Cadde" anlamına gelir.

19. yüzyılın ikinci yarısı ile birlikte Grande Rue bugünkü gelişim biçimine kavuştu. Komprador Burjuvazi'nin, levantenlerin, Avrupalı serüvencilerin, elçilik görevlilerinin, sonradan Müslüman olan yabancıların, Müslüman olmayan azınlıkların oluşturduğu bir "Batılı" getto olan Pera'nın kalbi burada atıyordu. Lüks ve ihtişamın yansıdığı vitrinlere ek olarak açılan oteller, sayıları giderek artan lokantalar, eğlence yerleri, sinema, tiyatro, opera ve balenin yanında sirk gösterileri ile de Batılı eğlence tarzının doruğa vardığı bir yerdi "Büyük Cadde."

FRANSIZ KÜLTÜR MERKEZİ

Gezmek için ne kadar zaman ayırmak gerekli: **5 dakika**

Taksim Meydanı cihetinden girildiğinde, İstiklal Caddesi'nin başında, Beyoğlu'nun başlangıç noktası kabul edebileceğimiz yerdedir. Hâlihazırda İstanbul'daki çeşitli Fransız-Türk ortaklığı kültürel etkinliklerin düzenlendiği bir merkez konumunda olan ve kültürel etkinliklerin yanı sıra dil kurslarının da verildiği bina, 17. yüzyılda Pera bölgesinin ilk yabancı misyon binası olan Fransız Büyükelçiliği ya da Fransız Sarayı ile eş zamanlı olarak yapılmıştır. Bina, ilk yapıldığında hastane olarak hizmet verecek biçimde inşa edilmişti. 17. yüzyılda ahşap olarak yapılan bina 19. yüzyıla dek birçok onarımdan geçti. 1898'de taş olarak yeniden yapılan bina 1920'den beri İstanbul Fransız Başkonsolosluğu binası olarak hizmet vermektedir.

AĞA CAMİİ

Gezmek için ne kadar zaman ayırmak gerekli: **15 dakika**

Beyoğlu'nda İstiklal Caddesi üzerindedir. Caminin bulunduğu yer itibari ile batısı Sakızağacı Caddesi'ne, kuzeyi ise Maliyeci Sokağı'na bakacak biçimdedir. 1594 yılında Galatasaray Ağası Şeyhülislam Hüseyin Ağa tarafından yaptırılan cami, daha sonra II. Mahmud zamanında 1894 yılında onarım görmüştür. Doğudan Rumeli Han'a bitişik olan caminin etrafını çepeçevre avlu duvarı kuşatmış bir hâldedir.

GALATASARAY HAMAMI

Gezmek için ne kadar zaman ayırmak gerekli: **15 dakika**

Hamam, Galatasaray Lisesi'nin sol tarafında ve Turnacıbaşı Sokağı ile Çapanoğlu Sokağı'nın kavşağında yer almaktadır. İlk olarak II. Bayezid zamanında, 1481 senesinde o dönem yapılan ve semte ismini veren Galatasaray Mektebi'nin içinde yapılan külliye ile birlikte inşa edilmiştir. Hamam, Cumhuriyet Dönemi'ne dek bu enderun mektebi ile ilişkiliydi, sonraki yıllarda Galatasaray Lisesi'nin arka bahçesine bakan bir kapısı vardıysa da daha sonraları bu kapı örülerek, tamamen bağımsız bir yapı özelliği kazanmış ve bu süreçten sonra bir çarşı hamamı niteliği kazanmıştır. Hamam, en son 1965'te bir onarım görmüştür.

GALATASARAY LİSESİ

Gezmek için ne kadar zaman ayırmak gerekli: **15 dakika**

Mekteb-i Sultani", "Galata Sarayı Mekteb-i Sultanisi", olarak adlandırılırken "Galatasaray Mektebi" de denmiştir. 1 Eylül 1868'de İstanbul'da öğretime açılan ve Tanzimat eğitiminin simgesi sayılan Türkçe ve Fransızca programlı okul, Osmanlı'nın yenileşme çerçevesinde oluşturulan eğitim politikasını yansıtır.

Temelinde padişahın, enderunluların eğitimi için burada yaptırttığı Galata Sarayı Ocağı'nın bulunduğu bu mektebin açılışında 1867'de Avrupa'ya geziye çıkan Sultan Abdülaziz ile dönemin sadrazamı Ali Paşa, Hariciye Nazırı Keçecizade Fuad Paşa ve Maarif Nazırı Saffet Paşa'nın, İstanbul'daki Fransa Büyükelçisi M. Bourée'nin çabaları hayli etkili olmuştur. 1 Eylül 1868 yılında Sultan Abdülaziz tarafından kurulan Mekteb-i Sultani, ilk kuruluş sebebine yakın bir sebeple, yine devletin önemli kademelerindeki eğitimli eleman açığını kapamak amacıyla hizmete başlar. Batılılaşma hareketinin esaslarını uygulayacak kadrolara ihtiyaç vardır. İşte bu kadroların kaynağı ise yeni düzenlemesiyle, Türkçe ve Fransızca eğitim veren Mekteb-i Sultani'dir.

1885'ten itibaren Fransa'dan atanan okul müdürünün tavsiyelerinin de etkisiyle, öğrencilere Fransız kültürünü sevdirmek amacıyla en erken dokuz, en geç on iki yaşındaki çocukların kabul edildiği okulda, dil durumlarına göre Türkçe ya da Fransızca hazırlık sınıfı açılır. Daha sonra bu doğrultuda Türkçe programdan mezun olanlara "ehliyetname", Türkçe-Fransızca programından mezun olanlara ise "şahadetname" verilmeye başlanır. 1924'te Galatasaray Lisesi adını alan lise o günden beri Türkçe-Fransızca eğitim veren özel programlı, özel statülü bir lise olarak eğitimini bu adla sürdürmektedir. Lise günümüzde Anadolu Lisesi statüsünde eğitim veren bir lise olarak kabul edilmektedir.

SAİNT ANTOİNE KİLİSESİ

Gezmek için ne kadar zaman ayırmak gerekli: **5 dakika**

Beyoğlu'nda, İstiklal Caddesi üzerinde Galatasaray'dan Tünel'e giderken sol kol üzerinde, çevresinde yer alan apartmanların arasındadır. Kilise ve apartmanlar İstanbul doğumlu Giulio Mongeri'nin eseridir. St. Antoine İtalyan rahiplerin yönetimindedir.

Kilisenin bulunduğu arazinin bulunduğu yerde daha önce "Concordia Tiyatrosu ve Bahçesi" yer alıyordu. Ancak bu binanın yıkılması ile yerine 1906'da temeli atılmak kaydıyla 1912'de hâlihazırdaki kilise yapılmıştır. Aslında kilisenin buradaki tarihi nispeten yeni olmakla birlikte İstanbul'daki geçmişi çok daha eskilere uzanır. Kilise daha önce Azapkapı'da (bugünkü Perşembe pazarı) bulunuyordu ve 1272'de Fransisken tarikatına bağlı keşişlerce yapılmıştı. O zaman ahşap olarak inşa edilen kilise 1699'da bir yangın sırasında küle dönünce, yeniden yapılmak istenmiş, ancak dönemin padişahı II. Mustafa siyasi sebeplerden dolayı yeniden inşaat izni vermemiştir. Yerine de ahşap olarak "Yeni Cami" adı ile bir cami yapılmıştır. Katolik Fransisken Kilisesi bunun üzerine 1762'de Fransız elçiliğinin bulunduğu arazi içinde yapılmış, ancak caddeye bakan kilise binası tramvay geçişine engel teşkil ettiği için yıktırılmış ve şimdiki kilisenin temelleri atılmıştır. Ancak kilise için Osmanlı yönetiminin ön şartı olan apartmanlara önceden başlanıldığından kilise temel atıldıktan altı yıl sonra tamamlanabilmiştir. Kilise, İstanbul'daki Katolik kiliseleri içinde en fazla cemaate sahip olandır.

ANADOLU PASAJI

Gezmek için ne kadar zaman ayırmak gerekli: **25 dakika**

İstiklal Caddesi üzerinde Atlas Sineması'nın yanında bulunan, eski ve ünlü Beyoğlu sokaklarından Alyon Sokağı'na açılan bir konumda bulunan Anadolu Pasajı 20. yüzyılın başlarında faaliyete geçmiştir. Pasajın sahibi bölgede bulunan diğer iki pasajın yani Afrika Pasajı ve Rumeli Pasajları'nın sahibi olan, II. Abdülhamid'in mabeyincilerinden, Eğribozlu unvanı ile tanınan Ragıp Paşa'ydı.

Pasajların sahibi olan Ragıp Paşa, görev yaptığı yüksek devlet memurluğu hizmeti esnasında, aynı zamanda ticaretle de uğraştığından, kazandığı paralar ile bölgenin ticari geleceğini göz önüne alarak söz konusu pasajları yaptırmıştı.

İstiklal Caddesi üzerinde yer alan ve âdeta genel bir Beyoğlu mimarisi denilecek tarzda, bu binada da yapı cephesine pencereler hâkimdir.

RUMELİ PASAJI

Gezmek için ne kadar zaman ayırmak gerekli: 25 dakika

Anadolu Pasajı'nı geçtikten sonra İstiklal Caddesi'nde Taksim'den Galatasaray'a doğru giderken sağ kol üzerinde Sakız Ağacı Sokağı ile İmam Adnan Sokağı arasında yer alır. Bu pasajın da müteaahhiti ve sahibi Mabeyinci Ragıp Paşa'ydı. Bir anlamda Latin Beyoğlu'na Osmanlıyı hatırlatmak amacıyla yaptırdığı üç pasaja Osmanlı hinterlandını çağrıştıracak biçimde üç kıtanın ismini veren Ragıp Paşa'nın yaptırdığı ikinci pasaj ve iş hanıydı. 19. yüzyılın ikinci yarısında yaptırılan bina giriş katı dışında beş katlı olarak inşa edilmiştir ve bu bina da diğerleri gibi taştandır.

AFRİKA PASAJI

Gezmek için ne kadar zaman ayırmak gerekli: 15 dakika

Beyoğlu Büyük ve Küçük Parmakkapı Sokakları'nın arasında bulunmaktadır. Beyoğlu'nda yer alan diğer pasajlardan Anadolu ve Rumeli Pasajları gibi bunun mülkiyeti de Ragıp Paşa'ya aitti. Bu pasaj diğer ikisinden sonra yapıldığı için yapım tarihi daha yenidir. Altı katlı bir yapının en altını oluşturan pasajın üstü ise ağırlıklı olarak Levantenlerin kaldığı bir apartmandı.

HACI ABDULLAH

Gezmek için ne kadar zaman ayırmak gerekli: 35 dakika

Osmanlı Devleti'nin son dönemlerinde "Karaköy Rıhtımı"nda "Abdullah Efendi" adıyla bir lokanta açılır. Lokantanın işletme ruhsatı bizzat Sultan II. Abdülhamid Han tarafından verilir. Ülkeleri adına İstanbul'u ziyaret eden resmi ve özel heyetler, "Abdullah Efendi"de ağırlanır.

1915 yılında ise Abdullah Efendi Lokantası, Karaköy Rıhtımı'ndan Beyoğlu'na taşınır. İstiklal Caddesi üzerinde bulunan Rumeli Han'ın zemin katında hizmetine devam eder. 1940 yılında ise Abdullah Efendi, Rumeli Han'da 25 yıl yerli yabancı çok sayıda ünlü misafirini ağırladıktan sonra "Usta Çırak" nöbet değişimiyle, eski adı "Bursa Sokak" ve "Ahududu Sokak", yeni adıyla "Sadri Alışık" olan, Türk Sineması'nın kalbinin attığı sokağa taşınır ve "Hacı Salih" ismini alır. "Abdullah Efendi" ve "Hacı Salih" adıyla kalitesinden hiç taviz vermeden Osmanlı-Türk Mutfağı'nın bütün özelliklerini taşıyan lokanta, 1958 yılında şimdiki bulunduğu yerine, Ağa Camii yanındaki "Sakızağacı Caddesi'ne" taşınır.

Lokantaya adını veren "Hacı Salih", ilerleyen yaşını göz önünde bulundurarak, 1888'den bu yana sürdürülen geleneğe uyar ve işi yetiştirdiği çıraklarına, yani hizmetin emekçilerine, ustalarına devreder.

Kalite ve hizmetin gurur veren onurunu, güzelliğini bugüne taşıyan "Hacı Salih" ismi, resmi prosedür gereği değişmek zorunda kalır. 1983 yılında bir tevafuk sonucu yine 1888'li yıllardaki ismine rücu eder ve "Hacı Abdullah" ismini alır.

İNCİ PASTANESİ

Gezmek için ne kadar zaman ayırmak gerekli: **25 dakika**

İstiklal Caddesi üzerinde Atlas Sineması civarında bulunan ve "profiterol"ü ile ünlü pastane. İlk temelleri 1910 yılında atılmışsa da pastanenin kuruluşu daha geç bir döneme, 1930'lu yıllara denk gelir. İlk önce Balkan Tereyağları adı ile Aleko Pilarinos'un yönetiminde bulunan büyük bir şarküteri mağazasının içinde hizmete başlamışsa da, ondan daha önce Rekor Pastanesi'nin yanında Luka Zigoris ile Lefter İlyadis'in ortaklığında açıldı. Pastane, ününü ilk açıldığı günden beri sunduğu hafif bir tatlı olan profiterole borçludur. "Uludağ" adı ile bilinen pasta ve daha birçok pasta çeşidi de üreten pastanenin bu mamulleri de beğeni toplamışsa da, pastanenin başlıca ürünü profiterol olmuştur. Günümüze kadar kalitesini bozmaksızın ulaşan ve İstanbul'un damak kültüründe ayrıcalıklı bir yer edinen İnci Pastanesi'nin bu ünlü ürününün çeşitli taklitleri çıkmışsa da orijinal tadı buradan başka hiçbir yerde bulmak mümkün değildir.

TAKSİM

Taksim semti, İstanbul'un nispeten yeni sayılabilecek semtlerinden biridir. Yüzyıllar evvel geniş bir çayırlık içinde Ermeni Mezarlığı ve devamında servi ağaçlarıyla birlikte Müslüman mezarlığının da bulunduğu bir yerdi. Taksim Meydanı ve çevresi, İstanbul'un en güzel Boğaz ve Haliç manzarasına sahip olup Osmanlılar zamanında padişahın bahçeleri olarak kullanılmıştır.

Taksim bir semt olarak, uzun yıllar Levanten, Rum, Ermeni ve Müslüman mezarlığı olarak kullanılmıştır. Ayazpaşa tarafı Müslüman, Harbiye tarafı yani Talimhâne bölgesi azınlık mezarlıkları idi. Daha sonraki yıllarda burada Osmanlı Devleti'nin Topçu Kışlası inşa edilmiştir. Kışlanın etrafında 1870'lerden sonra da İngiliz üslubunda bahçeler yapılmıştır. Zamanla kışlanın işlevini kaybetmeye

NEREDE YENİR NEREDE OTURULUR

Beyoğlu-Barcelona Cafe & Patisserie (0212 292 43 21)

Beyoğlu MADO (0212 244 17)

Bereket Döner

başlamasıyla buralar mesirelik halini almıştır. Taksim Topçu Kışlası'nın 1908 yılından itibaren önemini yetirmesiyle Cumhuriyet Dönemi'nde, yerine Taksim Gezi Alanı inşa edilmiştir. Kışla binası yıktırılmadan önce ise 1922 tarihlerinden itibaren futbol ve spor sahası olarak kullanılmıştır.

Semtin, Topçu Kışlası olarak inşa edilmiş yapısının yıktırılarak, yerinin bir park hâline dönüştürülmüş olması bir hizmetten çok bir tarih katliamı olmuştur. Modernleşme adına İstanbul'un mimari ve kültür mirasının yok edilişinin de en acı örneğidir.

Taksim ismi

Taksim, adını I. Mahmud zamanında yapılmış olan meydanın köşesindeki sivri kubbeli, klasik taş yapıdan almaktadır. Bu yapı şehrin uzun tarihinde ilk defa kuzey ormanlardan su getirilip suların taksim edildiği bir yer olarak bilinen"maksem"den gelmektedir.

TAKSİM MEYDANI

Gezmek için ne kadar zaman ayırmak gerekli: **30 dakika**

Taksim Meydanı'nı çevreleyen Beyoğlu İstiklal Caddesi, batı yönünde Sıraselviler, doğu yönünde Ayaspaşa Gümüşsuyu ve kuzey yönünde ise Mete Caddesi ve Elmadağ ile sınırlıdır. Yüzyıllarca Taksim Maksemi ile Topçu Kışlası arasındaki boş çayırlık bir alan iken Cumhuriyet'ten sonra buraya dikilen Cumhuriyet anıtı, ulaşımı ve insan hacmiyle meydan özelliğini kazanmıştır.

Taksim Meydanı, ilk yıllarında Cumhuriyet'in bir simgesi hâlini almıştır. Burası düzenlenen törenlerin ve kutlamaların merkezi konumundayken zamanla İstanbul tarihinde ilk defa olaylı mitinglere, protestolara, isyanlara sahne olan bir meydan hâlini almıştır. Son yıllarda meydan tramvayların, metronun, otobüslerin, arabaların bir arada bulunduğu bir mekân, bunun yanında çiçekçileri, sesleri, görüntüleri ile üzerinden milyonlarca insanın geçtiği bir uğrak yeri olmuştur.

CUMHURİYET ANITI

Gezmek için ne kadar zaman ayırmak gerekli: **5 dakika**

Taksim Meydanı'nın simgesi hâline gelen anıt İtalyan heykeltraş Pietro Canonica'ya yaptırılmış, 1928 yılında yerine yerleştirilmiştir. Anıtın yapımı 2,5 yıl sürmüş, anıt taş ve bronz kullanılarak yapılmıştır. Maliyeti için halktan para toplanmıştır.

ATATÜRK KÜLTÜR MERKEZİ

Gezmek için ne kadar zaman ayırmak gerekli: **25 dakika**

İstanbul'da Batı'ya özgün sanat faaliyeti için bir bina ihtiyacı ortaya çıktığında ilk akla gelen yer Taksim olmuştur.

1930'lardan sonra Büyük Opera Binası'nın yeri için fikirler alınırken, 1920'li yılların başında tarihî Ayazpaşa Mezarlığı'nın ortadan kaldırılarak yerlerine apartmanların yapıldığı bölge seçilmiştir. Büyük opera binası yapı projeleri alınırken, II. Dünya Savaşı çıkmış ve proje bir süre uygulanamamıştır.

1946 yılında Opera Binası'nın temeli atılmıştır. Binanın; giriş, fuaye, salon, tiyatro ve konser salonundan oluşan orta kısım, sahne ve müştemilat olmak üzere üç temel yapıdan oluşması düşünülürken projeler sürekli yarım kalmıştır. Yüksek Mühendis Hayati Tabanlıoğlu projenin başına en son şeklini vermesi ve projeyi tamamlaması için getirilir. Tabanlıoğlu, projeyi değiştirerek beş yüz dinleyici alabilen

bir konser salonu, iki yüz kişilik oda tiyatrosu, iki yüz elli kişilik sinema salonu ve sanat galerisi ekleyerek binayı çok yönlü bir kültür merkezine dönüştürmüştür.

Günümüzde hâlen İstanbul'un en gözde kültür ve sanat merkezi olarak varlığını sürdürmektedir.

KAZANCI CAMİİ

Gezmek için ne kadar zaman ayırmak gerekli: **15 dakika**

Taksim Kazancı yokuşunda 17. yüzyılda Osmanlı üslubuna göre yapılmış olan cami'nin tuğladan bir minaresi olup kare planlı, kârgir ve çatılıdır. Fevkani olan caminin bodrumu namaz sahnı olarak kullanılmaktadır.

SİRKECİBAŞI CAMİİ

Gezmek için ne kadar zaman ayırmak gerekli: **15 dakika**

Taksim, Sıraselviler İlkyardım Hastanesi karşısındadır. 18. yüzyılda yapılmış, kare planlı, kâgir ve çatılıdır. Minber ve kürsüsü ahşaptır.

RUM ORTODOKS KİLİSESİ AYA TRİADA

Gezmek için ne kadar zaman ayırmak gerekli: **15 dakika**

Taksim'de Meşelik Sokağı'nda İstiklal Caddesi ve Sıraselviler'in çevrelediği ada üzerine inşa edilmiştir. Tarihî kilisenin Sıraselviler Caddesi'ne bakan tarafında kilise vakfına ait dükkânlar, Taksim Meydan'ına bakan tarafında ise bir zamanlar Eptalyofos Kahvesi ve gazinosu bulunmaktaydı.

TEPEBAŞI VE TAKSİM HAMAMLARI

Gezmek için ne kadar zaman ayırmak gerekli: **15 dakika**

Temizlik, Türk kültürünün vazgeçilmez unsurlarından biridir. Türklerdeki temizlik anlayışı göçebe hayatı sürerken de görülmüştür. İslamiyet'le bu anlayış daha da gelişmiş ve Osmanlı sosyal hayatında farklı bir yere sahip olmuştur. Osmanlı Devleti'nde temizlik anlayışı hamam kültürüyle birleşerek devam etmiştir. Özellikle mahallelere, çarşılara, cami külliyelerine hamamlar yaptırılarak insanlara faydalı olunmaya çalışılmıştır.

1734 yılına ait hamamcılar defterinde "Tepebaşı Hamamı" ismiyle bir hamam kayıtlıdır. Fakat hamamın yeri bugün bilinmemektedir. Taksim Hamamı ise, bugün İstiklal Caddesi üzerinde, bir mağaza olarak kullanılmakta olup üst kısmına bir iş hanı inşa edilmiştir.

TAKSİM MAKSEMİ

İstiklal Caddesi ve Taksim Caddesi'nin birleştiği yerdedir. İnşasına III. Ahmed zamanında, Boğaziçi kıyı yerleşimlerinin su sorununu çözmek amacıyla başlanmış, inşaat I. Mahmud zamanında de devam etmiş ve 1731 yılında Taksim Suyu Tesisleri'yle birlikte tamamlanmıştır. Suyun şehre dağıtıldığı yer olan Taksim Maksemi, sekiz köşeli küfeki taşından bir gövdeye ve yine piramidal, sekiz köşeli bir çatıya sahiptir. Maksemin yuvarlak kemerli giriş kapısının üstünde de 1732 tarihli üç beyitlik kitabesi bulunmaktadır. Bu kapının üzerinde yay kemerli pencere ve iki yanında klasik Türk üslubunda kuş evleri yer almaktadır.

Maksemin, Harbiye yönünde yüründüğünde bir duvar görülür. Bu duvar "Taksim Haznesi"dir. Yani su deposudur. Herhangi bir sebeple makseme gelen suyun kesilmesi halinde depodan su sağlanmak amacıyla yapılmıştır.

TAKSİM SUYU TESİSİ

Şehre getirilen suların; depo ve şebeke sistemiyle ilk önce hamam, çeşme, sarnıç gibi yapılara, daha sonra önemli köşklere aktarılması sağlanmıştır.

18. yüzyıldan itibaren Haliç'in kuzeyi, gittikçe kalabalıklaşmış, Boğaz kıyılarında, zamanla inşa edilen köşklerle yeni yerleşim yerleri oluşmaya başlamıştır. Artan yerleşimler beraberinde su sıkıntısını ortaya çıkarmıştır.

Taksim Suyu Tesisi yirmibeş kilometre uzunluğundadır. Bu tesis sayesinde Maslak' tan Taksim'e kadar olan bölgelere su dağıtıldığı gibi, Taksim semti çevresinin de su ihtiyacı karşılanmıştır. Osmanlı Dönemi'nde yapılan en gelişmiş su tesisi olan bu su yolu hâlen çalışmaktadır.

MAKSEMİN ÇEŞMELERİ

Gezmek için ne kadar zaman ayırmak gerekli: **5 dakika**

Maksem kapısının sağında kalan cephede, I. Mahmud Çeşmesi bu dönemin çeşme stilidir. Çeşme, günümüzde kullanılmamakta olup tahrip edilmesine göz yumulmaktadır. Maksemin, Taksim Caddesi'ne bakan tarafında tek olarak mermer cepheli sivri alınlık içinde bulunan çeşme de bu tahribattan payını almıştır.

HAFIZ AHMED PAŞA ÇEŞMESİ

Gezmek için ne kadar zaman ayırmak gerekli: **5 dakika**

Taksim, Kazancıbaşı Camii Sokağı'nın Başkurt Sokağı ile kesiştiği yerde caminin karşı köşesindedir. Çeşmenin banisi Numan Paşa'nın oğlu Hafiz Ahmed Paşa'dır. Çeşmenin on üç beyitten oluşan kitabesi 1732 tarihlidir.

Çeşme kesme taştan yapılmış olup etrafı mermer kaplı klasik üslûptadır. Arkasında su haznesi bulunan ve İstanbul'da bulunan çeşmeler arasında en değerlisidir.

Taksim Suyu'nun, Kazancı Yokuşu'na inen suyuyla beslenen çeşmenin tekne kısmı bozulduktan sonra çimento ile kaba bir onarım yapılmış ve suyu da kesilmiştir.

TAKSİM TOPÇU KIŞLASI

Osmanlı Devleti'nde, savaşlarda alınan yenilgiler üzerine, 17. yüzyıldan itibaren Avrupa örnek alınarak askerî alanda ıslahat çalışmaları yapılmıştır. Islahatlar sonunda savaşlarda başarı da sağlanınca hızla eğitim veren yeni okullar açılmıştır. Taksim Topçu Kışlası da bunlardan biridir.

Kışla, Taksim Meydanı'ndan Harbiye yönüne giden cadde üzerinde yer almaktaydı. 19. yüzyılda Sultan Abdülmecid zamanında (1839–1861), Tophane Müşiri Halil Paşa yönetiminde yapılmıştır.

Taksim Topçu Kışlası, top silahını 15. yüzyıldan itibaren imal eden Tophane Kışlası'ndan daha gösterişli ve kapsamlı idi. Kışla 1860 ve 1870 yıllarında en şaşaalı dönemini yaşadıktan sonra yavaş yavaş önemini yitirmiş ve 31 Mart 1908'den sonra askerî amaçların dışında da kullanılmaya başlanmıştır.

İstanbul'un işgal yıllarında sömürge bölgelerinden getirilen ve aralarında Müslümanların da olduğu birliklerin barınağı olarak da kullanılan kışla binası, 1939 tarihinden itibaren bütünüyle yıkılarak yerine Taksim Gezi Alanı inşa edilmiştir.

HARBİYE ASKERÎ MÜZE

Gezmek için ne kadar zaman ayırmak gerekli: **1 saat**

Askerî Müze ve Kültür Sitesi Komutanlığı, İstanbul Harbiye semtinde bulunmaktadır. Askerî Tarih ve Stratejik Etüt Başkanlığı'na bağlıdır.

Askerî Müze'nin Tarihçesi:

Koleksiyonların zenginliği ve çeşidi açısından dünyanın en önde gelen müzelerinden birisi olan Askerî Müze'nin kuruluşu modern anlamda olmamakla beraber 15.nci yüzyıla kadar uzanmaktadır. 1453'te İstanbul'un Türkler tarafından fethinden sonra Aya İrini Kilisesi, değerli harp silah, araç ve gereçlerinin toplandığı "Cebehane" olarak düzenlenmiştir.

1726 tarihinde Cebehane'deki bütün malzemeler düzenlenerek "Dar-ül Esliha" adı ile yeni bir kuruluş gerçekleştirilmiştir. Modern anlamda müzeciliğin temeli Tophane Müşiri Damat Ahmet Fethi Paşa'nın gayretleri ile 1846 yılında atılmış ve bu tarih Türk müzeciliğinin ve Askerî Müze'nin gerçek anlamda ilk kuruluşu olmuştur. Aya İrini'deki revakların araları camekânlarla kapatılarak, sergileme mekânları hâline getirilmiştir. Bu mekânlardan bir bölümünde eski harp silah, araç ve gereçlerinden oluşan koleksiyonlar, diğer bölümlerde ise arkeolojik eser koleksiyonları sergilenmiştir. Ahmet Fethi Paşa'dan sonra Aya İrini'deki bu koleksiyonlar kısa bir süre sonra ilk defa müze adını alarak "Müze-i Hümayun" olarak isimlendirilmiştir. Bu binanın zamanla Askerî Müze koleksiyonları için yetersiz kalması ve çağdaş anlamda gelişime yönelik adımların atılmasına imkân vermemesi üzerine 1966 yılından itibaren restorasyon çalışmaları sürdürülen eski Harbiye binasının Askerî Müze olarak kullanılmasına karar verilmiş ve 10 Şubat 1993 günü yeni bir düzenleme ile ziyarete açılmıştır.

Askerî Müze Teşhir Salonları:

Askerî Müze koleksiyonlarında bulunan kırk beş bini aşkın eserden titizlikle seçilen yaklaşık beş bin eser sergilenmektedir. Dönem, konu gibi değişik açılardan ele alınarak gruplandırılan bu zengin koleksiyon içinde çeşitli silahlar, askerî kıyafetler, çadırlar, bayraklar ve sancaklar ile benzeri türde çok değişik askerî kültür varlıkları yer almaktadır. Bunlar arasında ahşap ve maden süsleme sanatının güzel örneklerini oluşturan tüfek, tabanca, top ve kılıçlar, zarif süslemeleri ve kitabeleriyle zırhlar, kalkanlar ve miğferler, Osmanlı ordusunun görkemini vurgulayacak nitelikteki altın görünümünde tombaklar ve Osmanlı saray çadırlarının en nadide örnekleri bulunmaktadır.

Halka Açık Mehter Konserleri:

Beş yüz kişilik modern Atatürk salonunda müzenin açık olduğu günlerde (Pazartesi-Salı dışında) her gün 15.00 ila 16.00 saatleri arasında Mehterin tarihçesini anlatan İngilizce ve Türkçe multivizyon ile 20'şer dakikalık iki seans hâlinde verilen konser ilgi görmektedir. Gerek anlam gerekse icra yönünden oldukça farklı bir müzik yapısına sahip olan mehterin repertuarındaki eserler; Osmanlı Dönemi'ni kapsadığı gibi, 1911–1935 ve 1953'ten günümüze kadar bestelenen eserleri de içermektedir.

NİŞANTAŞI

Gezmek için ne kadar zaman ayırmak gerekli: **1 saat**

Teşvikiye ile Osmanbey, Valikonağı ile Harbiye'nin kesişme noktasında bulunan Dikilitaş, Nişantaşı'nın simgesi olmuş ve Nişantaşı'na adını vermiştir. Üzerinde şu yazılıdır: "Sultan Mecid'in hiçbir karşılık beklemeden ortaya koyduğu eser."

Hemen hemen her tarihî eserde olduğu gibi dikilitaşlar hakkında da çeşitli rivayetler vardır: Osmanlılarda ünlü Yeniçeri okçularına Kemankeş denirdi. Ok atma yarışlarında, atılan okların düştüğü en uzak yere Menziltaşı adı verilen sütunlar dikilirdi. Nişantaşı adı buradan geliyor olabilir. Bir başka rivayete göre, padişahlar yaptıkları atışlar sonunda, iyi atış yaptıkları yeri işaretlemek için anıt taşlar diktirirlerdi. Bu da ikinci rivayettir.

Ancak bu tür dikilitaşlar Roma Dönemi'nden beri mesafeleri ve menzilleri tespit için de konulmuştur. Sultan III. Selim ve II. Mahmud'un diktirdiklerini bir yana bırakacak olursak, Sultan Abdülmecid'in diktirdiği taşlar Sultan'ın imara açtığı yeni Osmanlı mahallesi olan Teşvikiye'yi tespit için olmalıdır. Çünkü devletin bütün arazileri sultana aitti ve burada sultan kendi arazisinden bir kısmını halk yararına imara açmıştı. Bu sebeple hem bunu halka duyurmak hem de bu hayrı ölümsüzleştirmek amacıyla semte adını veren taş dikilmiş olmalıdır.

1780'lerde geniş bostanlar, çilek tarlaları ve kır kahvelerinin bulunduğu boş bir arazi görünümündeki semt, Dolmabahçe Sarayı'nın sırtlarından başlayarak Maçka'dan yukarı doğru Teşvikiye, Rumeli Caddesi, Vali Konağı ekseninde bulunmaktadır.

Osmanlı'da ilk Nizam-ı Cedit'in kurulduğu zamanlarda bu bölge, ordunun atış talimleri yaptığı alandı. Atış talimleri sırasında padişahın namaz kılıp dinlenebilmesi için yapılan ahşap mescit günümüzün Teşvikiye Camii'nin temeli olup Nişantaşı'nda yapılan ilk bina olma özelliğini taşır. Ayrıca padişah, bir de bugünkü Sait Çiftçi İlkokulu olan yere Sıbyan Okulu'nu (ilkokul) inşa ettirmiştir.

Sarayın Dolmabahçe'ye taşınmasından sonra hanedan üyeleri ve ileri gelen devlet görevlilerinin bölgeye yerleşmeye başlamasıyla bölge önem kazanmıştır. Abdülmecid bölgede bir yerleşim alanı kurulması isteğini belirtmek için bölgeye iki tane kitabe diktirmiştir. Bunlardan biri Valikonağı ile Teşvikiye Camileri'nin kesiştiği noktada, diğeri ise Teşvikiye Karakolu'nun bahçesinde bulunur. Pera'ya da yakın olan bu semt Pera'nın ticaret merkezi olmasından etkilenmiş ve büyük bir hızla gelişmiştir.

Saray Erkânı'nın Topkapı Sarayı'ndan Dolmabahçe Sarayı'na taşınmasıyla gelişimi hızlanan semt, Cum-

huriyet yıllarında da şehrin en seçkin semtleri arasında yer almıştır.

TEŞVİKİYE CAMİİ

Gezmek için ne kadar zaman ayırmak gerekli: **15 dakika**

Nişantaşı'nın o zamanlarda boş arazisinde yapılmış olan ilk binasıdır. Küçük ve bakımsız olduğundan zamanla ihtiyaca cevap veremez hâle gelen mescide yapılan eklemeler bu günkü Teşvikiye Camii'nin temellerini atar.

Teşvikiye Camii'nin Hünkâr Mahfili Kapısı'nın üzerindeki manzum kitabesinde, bu semti ihya edenin ve Teşvikiye Camii'ni yaptıranın Abdülmecid Han olduğu anlatılmaktadır.

Camii'nin avlusunda iki tane nişantaşı vardır. Üzerlerindeki kitabelerde III. Selim'in tüfekle 1260 gezden (bir gez bir ok boyudur) su testisi hedefini, diğerinde ise II. Mahmut'un testi hedefini vurduğu anlatılır.

Nişantaşı, zengin tarihi ve sosyokültürel mozaiği ile İstanbul'un en önemli semtlerinden biridir. Cafeler, restoranlar ve dünyanın birçok ünlü markalarının mağazaları Nişantaşı'nda bulunmaktadır. Batılı bir şehir görünümüne sahip olan Nişantaşı eski yapıtları zengin tarihini yansıtır.

NEREDE YENİR NEREDE OTURULUR

Saray Muhallebicisi
(0212 292 34 34)

ALİ SAMİ YEN STADI

Gezmek için ne kadar zaman ayırmak gerekli: **15 dakika**

Ali Sami Yen Stadı İstanbul'un Mecidiyeköy semtinde bulunmaktadır. 1964 yılında inşa edildi ve resmî açılışı 20 Aralık 1964'te Türkiye-Bulgaristan milli maçıyla yapıldı. Adını Galatasaray'ın kurucusu Ali Sami Yen'den alan stadyum, kırkdokuz yıllığına Galatasaray Futbol Takımına kiralanmıştır. Aydınlatılmaya 1965 yılında başlanmıştır. Stadın rekor katılımı 1987'de Galatasaray-Eskişehirspor arasında oynanan maçta gerçekleşmiştir, bu maçı otuz beş bin kişi izlemişti. Stadın şu anki kapasitesi 24.990 kişiliktir. Sahanın genişliği ise 105 x 65 metredir.

Galatasaray, Ali Sami Yen'de Avrupa'nın birçok devini yenme başarısını göstermiştir.

CİHANGİR-TOPHANE

Gezmek için ne kadar zaman ayırmak gerekli: **En az 1 saat**

CİHANGİR CAMİİ

Gezmek için ne kadar zaman ayırmak gerekli: **15 dakika**

Cihangir semtinin incisi Cihangir Camii eşsiz manzarasıyla herkesi büyüler; avludan seyrettiğimiz Boğaz'ın ve İstanbul'un güzellikleriyle dolu dört asırlık ihtişam, ibadete farklı tatlar katar. Cihangir, İstanbul'un alımlı çalımlı, biraz gururlu, yer yer "entelektüel" ve de güzelliğinin farkında olan bir semtidir. Bir rivayete göre de padişahın "cihanı gör" dediği mevki.

Cihangir'in camisi de işte semtin denizle buluştuğu bu en güzel yerinde konuşlandırılmış mahzun bir yapıdır. İstanbul"un orta yerinde olmasına rağmen kıyıda köşede kalmış, semt sakinleri haricinde pek de bilinmeyen nadide bir mücevher izlenimi bırakır. Ancak bir vesileyle manzarasına tanık olanlar sayesinde caminin ünü yayılmış. Tesadüf eseri, saray bahçesini andıran avluya gelenler, Boğaz'a yeterince doyamadan ayrılır ve semtin yokuşlu yollarından bir daha ziyaret etmek üzere geri dönerler.

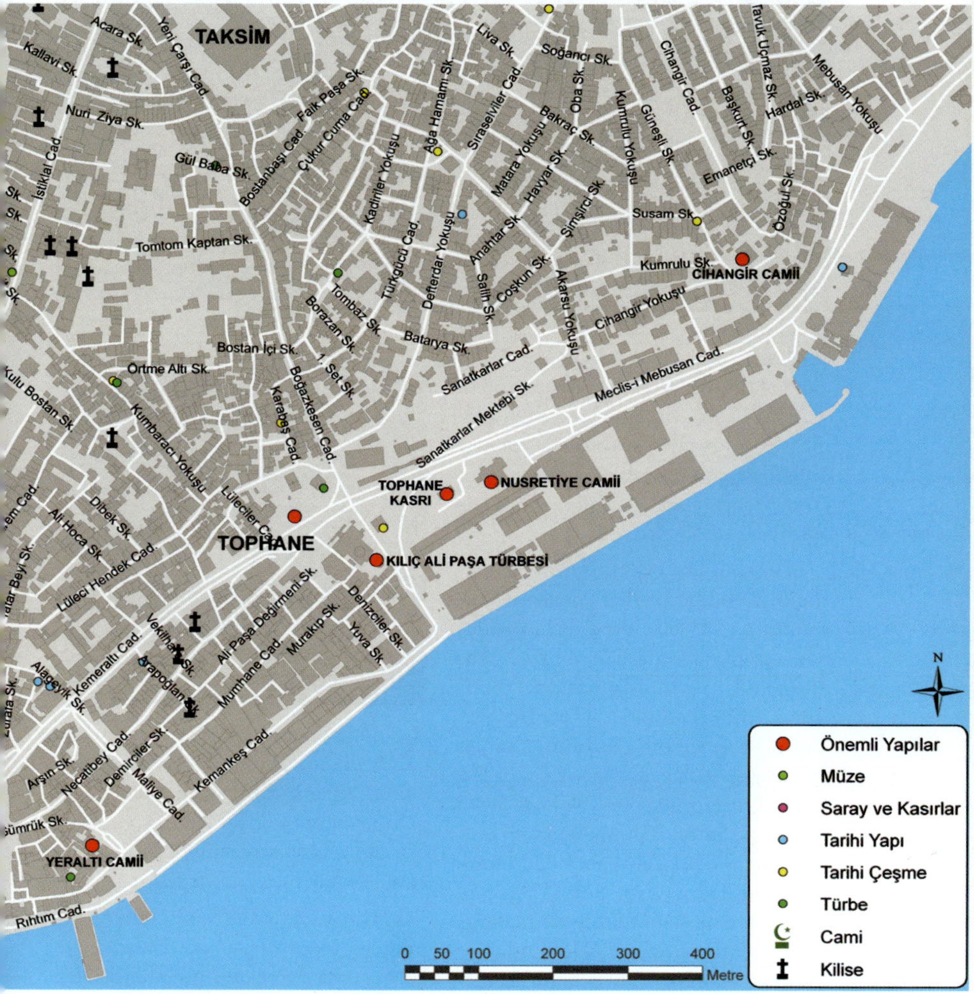
TAKSİM
TOPHANE
CİHANGİR CAMİİ
TOPHANE KASRI
NUSRETİYE CAMİİ
KILIÇ ALİ PAŞA TÜRBESİ
YERALTI CAMİİ
N
Önemli Yapılar
Müze
Saray ve Kasırlar
Tarihi Yapı
Tarihi Çeşme
Türbe
Cami
Kilise
0 50 100 200 300 400
Metre

Cami ve avlusu kamuya açık bir alan olduğu için sabah namazından yatsıya kadar herkesin hizmetindedir. Bu durumu suiistimal edenler de hâliyle çok oluyor. Avlu ise günün farklı saatlerinde değişik konukları ağırlıyor.

İstanbul'un bütün tarihî eserleri gibi, kendine has bir mazisi de var caminin. 1559–60 yıllarında tamamlanan cami, yangınlardan sonra 2. Abdülhamid zamanında yeniden yaptırılmış. Mihrap, minber ve cemaat yeri ahşap ve şirin bir görünüme sahip. İç mekânı süsleyen 1868–1890 yılları arası hazırlanmış otuz dokuz levha ise Hafız, Sami, Rakım, Şevki, Hasan Rıza, Sabri Şefik, Muhammed Fehmi, Mehmed Tahir, Arif, Seyyid Ali gibi değerli birçok hattatın elinden çıkmış tır. Caminin mimari üslubunda ise Mimar Sinan'ın Edirnekapı Mihrimah Sultan Camii'nde başlattığı çizgi takip edilmiştir. Müştemilatın içinde Halvetiye tarikatı şeyhlerinden Hasan Burhaneddin Cihangiri'nin türbesiyle yirmi sekiz mezar daha yer alır.

YERALTI CAMİİ

Gezmek için ne kadar zaman ayırmak gerekli: **30 dakika**

Yeraltı Camii'ne birkaç basamaklı bir merdivenle inilir. Camiye girilince diğer hiçbir camiye benzemeyen bir ortam görülür. Bunda şaşılacak bir yan yoktur, çünkü burası bir camii olarak inşa edilmemiştir.

"Kurşunlu Mahzen" adıyla da bilinen Yeraltı Camii, Bizanslılar zamanında gerçekten bir mahzendi. İstanbul'un fethi esnasında Haliç'in ağzına gerilen koca zincirin bir ucu da buraya bağlanmıştı. Bilindiği gibi, Emeviler, Bizans'ı defalarca kuşatmış, fakat hiçbirinden bir netice alamamışlardır. İşte tam yedi yıl süren bu muhasaralardan sonra Emevi orduları Şam'a döner. Başkomutan Mesleme, orduya ait bir takım levazımatı bu mahzene yerleştirir. Kapısının kapakları arasına kurşun akıttırarak tamamen kapattırır. Bundan sonra bu Bizans mahzeninin adı, "Kurşunlu Mahzen"e döner. İstanbul'un fethinden sonra ise, burası Galata Mahzeni Tersanesi'ne bağlanıyor ve "Mahzen-i Sürp" adıyla resmî kayıtlara geçiyor.

Bu mahzeni, Üçüncü Ahmet Devri'nin ileri gelen devlet adamlarından Çorlulu Mustafa Bahir Paşa, 1725 yılında camiye çeviriyor. Tabii ki içinde bulunan bazı sahabe kabirleri, camiye dönüştürme işinde büyük bir rol oynuyor. Mustafa Paşa, mabedin vakfiyesini de en kısa zamanda tanzim ediyor. Sayın Necdet İşli Bey'in, "İstanbul'da Sahabe Kabir ve Makamları" adındaki eserinden öğrendiğimize göre, Mustafa Paşa, Midilli'de boğduruluyor, kesik başı teşhis edildikten sonra, bizzat kendisinin yaptırdığı Otakçılar'daki Nakşibendî Tekkesi'ne defnediliyor. Paşa, adı geçen tarikate mensup olduğu için Yeraltı Camii'nde, her perşembe "Hatm-ı Hâcegân" tilâvet olunuyor, ruhu için dualar ediliyor. İşte o tarihten itibaren Ashâb-ı Kiram'dan olan ve bu camide bulunan Süfyan ibni Uycync'nin, Amr İbnü'l-As'ın, Vehb İbni Huşeyre (r.a.)'nin mübarek kabirleri ziyaretgâh hâline geliyor.

TOPHANE (Tophane-i Amire)

Gezmek için ne kadar zaman ayırmak gerekli: **15 dakika**

Tophane-i Amire yüzyıllar boyu üretime yönelik bir endüstri kuramayan Osmanlılar'da savaş endüstrisine yönelik yapıların ilklerindendir.

İstanbul'un fethinde topların oynadığı büyük rolü gören Fatih, Galata Surları'nın dışında, Boğaz girişinde Tophane'yi kurdurmuştur.

İlk kurgu, ayrıntılarıyla bilinmese de, Sultan Abdülaziz'e dek geçen süreçte, askerî düzen ve teknolojinin zorunlu kıldığı kapsamlı eklentilerin yaptırıldığını, yangınlar sonucunda sürekli onarım ve yenilemelere uğradığını, Osmanlı kaynakları ayrıntılarıyla belirtmektedir.

1958 yıkımlarından sonra ana bina restore edilmiş, cadde boyunca bir sıra dükkân yapılmıştır. Kullanım biçimine bir türlü karar verilemediğinden, kırk yıla yakın "yasak bölge" kapsamında boş tutulmuştur. 1998'de Mimar Sinan Üniversitesi Kültür ve Sanat Merkezi olarak yeniden işlevlendirilmiştir.

TOPHANE KASRI

Gezmek için ne kadar zaman ayırmak gerekli: **15 dakika**

Tophane'de, Necatibey Caddesi üzerinde ve Nusretiye Camii'nin yanındadır. Eski Tophane Meydanı'nın en önemli ögelerinden biridir.

Sultan Abdülmecid tarafından İngiliz mimar William James Smith'e inşa ettirilen binanın yapımı 1852 yılında tamamlanmıştır. Kasır, padişahların Tophane'deki askerî tesisleri ziyaretleri veya şehri deniz yoluyla ziyarete gelen yabancı devlet adamlarının karşılanması esnasında kullanılan bir mekân olarak işlev görmüştür. Bunların dışında bazı önemli tarihî olaylar da bu kasırda gerçekleşmiştir. Rus çarının kardeşi Grandük Konstantin, Sultan Abdülmecid tarafından burada kabul edilmiş, Osmanlı-Yunan Savaşı'na son veren 1897 uluslararası konferansı ve Lozan Antlaşması sonrası Uluslararası Boğazlar Komisyonu Tophane Kasrı'nda toplanmıştır.

Kasır denize paralel, dikdörtgen planlı ve iki katlı bir yapıdır. Dış yüzeyindeki süslemeler, ikinci katındaki konsollara oturtulan barok üslûptaki çıkma, kalem işi tavan süslemeleri ve mermer şömineleri kasrın en dikkat çekici özellikleri arasındadır.

NUSRETİYE CAMİİ

Gezmek için ne kadar zaman ayırmak gerekli: **15 dakika**

Nusretiye Camii Beyoğlu'na bağlı Tophane semtinde Meclis-i Mebusan Caddesi üzerindedir. Sultan II. Mahmut tarafından 1823–26 yılları arasında yaptırılmıştır. Barok üslubundaki cami kesme taş ve mermerlerden yapılmıştır. İki şerefeli, zariflikleri ve incelikleriyle dikkat çeken iki minaresi vardır. Sebil ve muvakkithânesi de olan caminin hünkâr mahfili ve paşa dairesi görülmeye değer mimari özelliklere sahiptir. İç mekân kalem işleriyle süslenmiş, kubbedeki altın varaklı ahşap kabartma ile oldukça gösterişli bir yapıya kavuşmuştur. Mermerden yapılmış mihrap ve minber bir dantel gibi işlenmiştir. Cami içerisindeki hatlar ise Osmanlı'nın en değerli hattatları tarafından yazılmıştır.

KILIÇ ALİ PAŞA KÜLLİYESİ

Gezmek için ne kadar zaman ayırmak gerekli: **25 dakika**

Tophane Meydanı'ndadır. Bir cami medrese, türbe, sebil ve hamamdan oluşan küçük bir külliyedir. Uluç Ali Reis olarak da bilinen Kaptan-ı Derya Kılıç Ali Paşa tarafından 1581 yılında Mimar Sinan'a yaptırılmıştır. Mimar Sinan'ın yaşlılık dönemindeki son eserlerindendir. Halk arasında anlatılan hikâyeye göre, cami yaptırmak için Sultan III. Murad'dan yer isteyen Kılıç Ali Paşa'ya Kaptan-ı Derya olması yüzünden camiyi denize yaptırması söylenmiştir. Bu yüzden denizi

toprakla doldurtarak kıyısına camiyi yaptırmıştır.

Bahçesinde sekiz mermer sütunlu ve kubbeli bir şadırvanı vardır. Ayasofya'nın planının geliştirilmiş bir örneği olan cami tam bir diktörtgen biçimindedir. Kubbesinden sarkan XVI. yüzyıla ait bir gemici feneri 1948 yılında Deniz Müzesi'ne kaldırılmıştır.

Sağda tek şerefeli bir minare yükselir. Kılıç Ali Paşa'ya ait olan türbe, caminin bahçesinde ve kıble yönünde bulunmaktadır. Bahçe duvarının caddeye bakan kısmında ise sebil yer almaktadır. Hamam, caminin sağ tarafındadır ve bugün de kullanılmaktadır. Medrese ise hamamın deniz yönünde bulunmaktadır.

NEREDE YENİR NEREDE OTURULUR

Cihangir-Kahvedan (0212 292 40 30)
Tophane-Erzurum Çay Evi (0212 252 24 69)

BÖLÜM 5

BEŞİKTAŞ

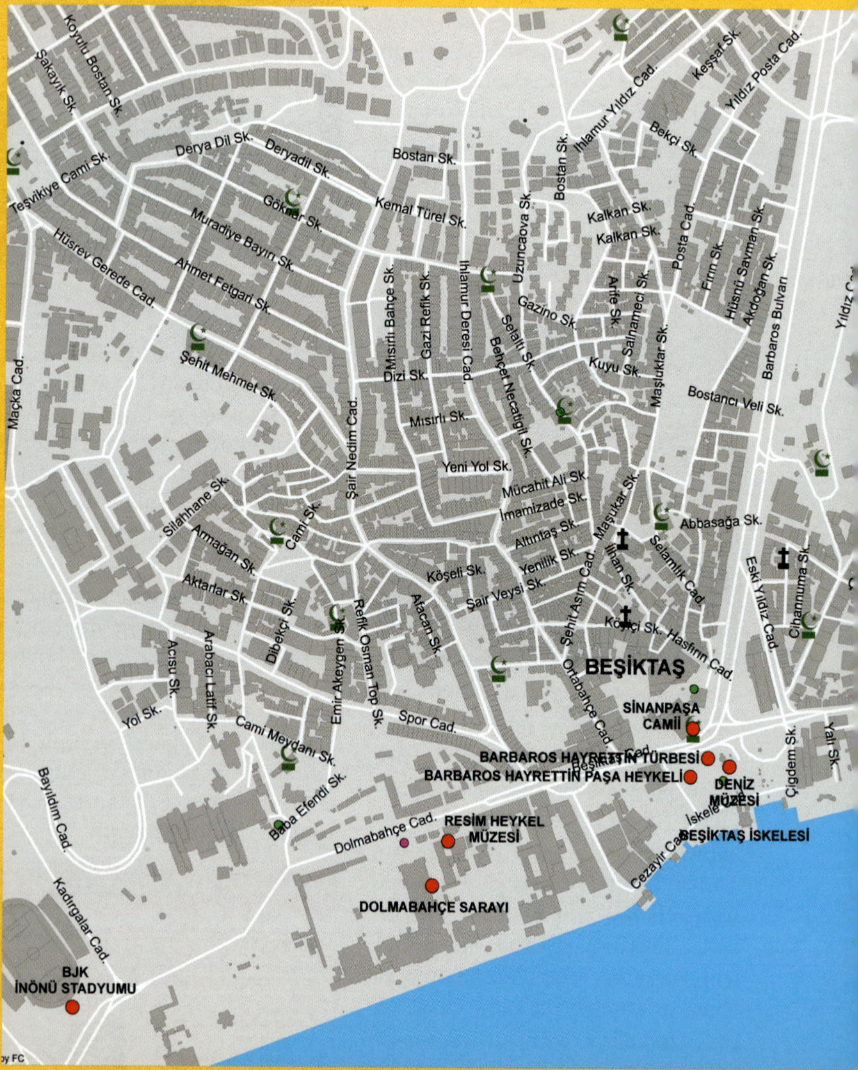

Hangi mevsimde gezilir: Dört Mevsim

Gezmek için ne kadar zaman ayırmak gerekli:

Ortalama yarım gün ancak her yer görülmek isteniyorsa bir tam gün ayrılmalı

BEŞİKTAŞ

İstanbul'un, sur dışındaki en eski semtlerinden biridir. İstanbul Boğazı'nın Rumeli yakasında, Tophane ile Ortaköy arasındadır. Batı'da Şişli, güneyde Beyoğlu, kuzeyde Sarıyer ile komşudur. 1930 yılına kadar Beyoğlu'na bağlıydı. Beşiktaş ilçesinin adı çok eski zamanlarda "taş beşik" anlamındaki "Kune Petro" idi. Ünlü seyyahlarımızdan Evliya Çelebi; "Şehrin bulunduğu yerde çok eskiden büyük bir kilise kuran 'Yaşla' adlı bir papazdan ve İsa'nın çocukluğunda yıkandığı, Kudüs'ten getirtilen taş bir tekneden" bahseder. Bu taş tekne daha sonra kiliseye konarak "beşik taşı" adını almıştır.

Öte yandan, bazı tarihçiler, gemilerini bağlamak için Hızır

Hayrettin Paşa'nın bu sahile beş direk diktiğini, bu sebepten ötürü buraya "beştaş" adının verildiğini, daha sonraki tarihlerde de bu kelimenin değişikliğe uğrayarak "Beşiktaş" olduğunu yazmışlardır.

Prof. Dr. Cavit Baysun ise; Türk donanması ile sıkı bir ilişkisi olan Beşiktaş'ta, sahil üzerindeki taş sütunlar civarında gemi beşiği bulunduğunu ve bu sebeple bu sütunlara "Beşiktaşı" denildiğini daha sonraları kasabanın adı hâline gelen Beşiktaşı deyiminin git gide halk ağzında "Beşiktaş" olarak söylenmeye başlandığını söylemektedir.

Beşiktaş, Bizans Dönemi'nde Boğaziçi kıyılarındaki en belli başlı yerleşim merkeziydi. Bizans Dönemi'nde (4. yüzyıl–15. yüzyıl) günümüzün Beşiktaş'ının kıyıları şu üç önemli yapıyla tanınırdı: "Auaplus"ta (akıntıya karşı) bulunan Ayios Mihael Kilisesi, imparatorların yazlık ikametgâhı olan Ayios Mamas saray kompleksi ve Fokas Manastırı.

Bunlardan Ayios Mihael Kilisesi Konstantinopoilis'in kurucusu olan I. Konstantinus (305–337) Dönemi'nde inşa edilmişti ve Hristiyan hacıların ziyaret ettiği çok ünlü bir hac merkeziydi. Beşiktaş bir yerleşim yeri kimliğini Osmanlı Dönemi'nde kazanmıştır.

Özellikle Kaptan-ı Derya Barbaros Hayreddin Paşa'nın ilgisi dolayısıyla bilhassa denizcilik açısından büyük önem kazanmıştır. Barbaros Hayreddin, İstanbul'da olduğu zamanlarda Beşiktaş'ta bir yalıda ikamet etmiş, burada bir cami, bir medrese bir de sıbyan mektebi inşa ettirmiştir.

Barbaros, vefatından sonra buraya defnedilmiştir.

Kanuni Sultan Süleyman zamanında yapılan bir plan uyarınca, yeniden kurulan Beşiktaş, II. Selim'in devrinde daha çok önem kazandı.

Zaman zaman esir pazarları da kurulduğu bilinen Barbaros Türbesi civarına "Deve Meydanı" adı verildi. Bunun sebebi, Rumeli'nin Anadolu ile ulaşımını sağlayan deve kervanlarının güzergâhının başlangıç yerinin burası olması idi. Sonraları Beşiktaş, Osmanlı Devleti'nde, Rumeli'den Anadolu'ya ve Anadolu'dan Rumeli'ye gönderilen askerlerin Üsküdar'a geçiş yeri olmuştur.

BEŞİKTAŞ'IN TARİHÎ SEMTLERİ

Arnavutköy: Bebek'le Kuruçeşme arasında yer alır. İlkçağda adı Hestai idi. Bizans Dönemi'nde Promotu ve Anaplus olarak da bilinirdi. Boğaziçi'ndeki önemli ibadet yerlerinden biri olan Ayios Mihael Kilisesi buradaydı. Konstantinos tarafından yaptırıldığı söylenen bu kilisede Başmelek Mihael'in mozaik bir ikonası saklanıyordu. Arnavutköy adını hangi sebeple ve ne zaman aldığı kesinlikle bilinmemektedir. Bir rivayete göre, II. Mehmed (Fatih) Arnavutluk'a egemen olmasından sonra yöreden getirilen Arnavutları bu semte yerleştirmiştir.

Aşiyan: Bebek ile Rumelihisarı arasında, bugün aynı isimle anılan mezarlık sırtlarında bulunan semt. Sahilden denizin içine uzanan dil, Boğaz'ı çok daralttığı için buraya Yunanca Lomekopi, Türkçe olarak da Boğazkesen denilmişti. Semt bugünkü adını şair Tevfik Fikret'in bu mahalledeki evinden almaktadır. Farsça bir sözcük olan "âşiyan"ın anlamı "kuş yuvası"dır.

Balmumcu: Barbaros Bulvarı üzerinde Yıldız'la Zincirlikuyu kavşağı arasında kurulu mahalle... Bugünkü Balmumcu Mahallesi'nin bulunduğu yerde II. Mahmud zamanında (1808–1839) aynı adla anılan bir çiftlik bulunuyordu. Balmumcu Kasrı denilen köşk daha sonra Abdülaziz zamanında yapılmıştı.

Bebek:

Osmanlı Dönemi'nde Bebek'e ve Bebek adının kökenine ait ilk bilgiler İstanbul'un fethinin hemen öncesine gider. II. Mehmed'in (Fatih) Rumeli Hisarı'nın yapımı ve kuşatma sırasında asayişi sağlamak üzere buraya Bebek Çelebi adlı veya lâkaplı bir bölükbaşı tayin ettiği; Bebek Çelebi'nin semtte bir köşk ve bir bahçe kurduğu, ölümünden sonra semtin onun adıyla anıldığı yazılmaktadır. 18. yüzyıl sonundan 19. yüzyıl ortalarına kadar olan dönemi kapsayan Bostancıbaşı Defterleri'nden, Arnavutköy iskelesinden Rumelihisarı'na uzanan bu sahilde, şeyhülislam, Rumeli kazaskeri, reisülküttab, hekimbaşı gibi devlet ricalinin, birkaç nesil aynı ailenin elinde kalmış ya da kalacak olan kırk kadar sahilsarayı ile bahçelerinin bulunduğu anlaşılmaktadır.

Kuruçeşme:

Ortaköy'den Defterdarburnu ile Arnavutköy'den Sarrafburnu ve Çorlulu Ali Paşa Yalısı (bugünkü Robert Lisesi girişi) ile ayrılan sahil boyunca ve arkasındaki sarp kayalık tepelerde yer alır. Semt sakinleri, koruları ve bol akarsuları yüzünden, eski isminin Koruçeşme olduğunu iddia ederler. Tarih boyunca yeşil koruları ile anılan Kuruçeşme gravürlerde de böylece resmedilmiştir. Başvekâlet arşivinde Asâkir-i Mansure teşkilatı zamanında sayıları 28 olarak tespit edilen bahçeler arasında adı sayılmaktadır. Sultanlara ve zamanın yüksek rütbeli kişilerine ait olan sahilhâne ve köşk bahçelerine çok önem verilmiş, hatta zaman zaman Avrupa'dan bahçıvanlar getirtilerek bahçeler düzenletilmiştir.

Ortaköy:

Ortaköy'ün tarihinden gelen en önemli özelliği farklı kültürlerden Türk, Rum, Ermeni ve Yahudi topluluklarının ve farklı inançların bir arada dostluk içinde yaşamasıdır ve bu özellik günümüze kadar gelmiştir. Ortaköy'e bugünkü çehre ve özelliğini kazandıran, iskelenin arkasındaki Ortaköy Meydanı'nın en belirgin ve egemen mimari ögesi Ortaköy Camii'dir.

Yıldız:

Yıldız'ın sınırlarını kuzeyde Barbaros Bulvarı'ndan ayrılan Beşiktaş-Boğaziçi Köprüsü bağlantı yolu ve aynı noktadan ayrılarak güneydoğuya yönelen Palanga Caddesi, kuzeybatıda Emirhan Caddesi, batıda Ihlamur ve Dikilitaş semtleri, doğuda Yıldız Parkı, güneybatıda Abbasağa Mahallesi, güneyde Serencebey Yokuşu ve güneydoğuda Çırağan semtleriyle çiz-

mek mümkündür. Bu sınırlar içinde Yıldız Sarayı ve Yıldız Parkı en geniş yeri tutar. Yerleşme bölgesi Barbaros Bulvarı'nın batısında kalan Ihlamur-Yıldız Caddesi ve Yıldız Posta Caddesi çevresidir. Güneyde, ayrı küçük bir semt olarak bilinen Serencebey Yokuşu çevresini de semtin geniş sınırları içinde saymak mümkündür. Saray ve semt bu bölgedeki tepelerden Beşiktaş ve Ortaköy'e doğru inen, bütünüyle koruluk yamaçlar üzerinde kurulmuştur.

DOLMABAHÇE SARAYI

Gezmek için ne kadar zaman ayırmak gerekli: **1,5 saat**

Bu bölgenin Altın Post'u aramaya çıkan Argonotlar'ın efsanevi gemisi Argos'un demirlediği, Fatih Sultan Mehmed'in İstanbul'u fethi sırasında Haliç'e indirmek üzere gemilerini karaya çıkardığı yer olduğu ileri sürülür. Osmanlılar Dönemi'nde kaptan paşaların donanmayı demirledikleri, geleneksel denizcilik törenlerinin yapılageldiği doğal bir liman görünümünde olan bu koy, 17. yüzyıldan başlayarak dönem dönem doldurulmuş ve Dolmabahçe adıyla padişahların Boğaziçi'ndeki has bahçelerinden biri konumuna getirilmiştir.

Tarihî dönemler içinde çeşitli padişahlar tarafından yaptırılan köşk ve kasırlarla donatılan Dolmabahçe; zamanla "Beşiktaş Sahil Sarayı" adıyla anılan bir saray görünümü kazanmıştır. Beşiktaş Sahil Sarayı, Sultan Abdülmecid Döneminde (1839–1861) ahşap ve kullanışsız olduğu gerekçesiyle 1843 yılından başlayarak yıktırılmış, Dolmabahçe Sarayı'nın

on beş bin metrekarelik bir alanı kaplayan temelleri, meşe kazıklar ve ağaç hasırlar üstünde yükselmeye başlamıştır. Yapımı, çevre duvarlarıyla birlikte 1856 yılında bitirilen Dolmabahçe Sarayı yüz on bin metrekareyi aşan bir alan üstüne kurulmuş ve ana yapısı dışında on altı ayrı bölümden oluşmuştur.

Bunlar; saray ahırlarından değirmenlere, eczanelerden mutfaklara, kuşluklara, camhâne, dökümhâne, tatlıhâne gibi işliklere uzanan bir dizi içinde, çeşitli amaçlara ayrılmış yapılardır. Bu yapılar arasına Sultan II. Abdülhamid Dönemin'de (1876–1909) Saat Kulesi ve Veliaht Dairesi arka bahçesindeki Hareket Köşkleri eklenmiştir.

Dönemin önde gelen Osmanlı mimarları Karabet ve Nikogos Balyan tarafından yapılan sarayın ana yapısı; Mabeyn-i Hümâyûn (Selâmlık), Muayede Salonu (Tören Salonu) ve Harem-i Hümâyûn adlarını taşıyan üç bölümden oluşur.

Mabeyn-i Hümâyûn; devletin yönetim işleri, Harem-i Hümâyûn; padişah ve ailesinin özel yaşamı, bu iki bölümün arasında yer alan Muayede Salonu ise; padişahın devlet ileri gelenleriyle bayramlaşması ve kimi önemli devlet törenleri için ayrılmıştır.

Çağın teknolojisine açık olan saraya, 1910–12 yıllarında elektrik ve kalorifer sistemi eklenmiştir. Kırkbeş bin metrelik kullanılır döşeme alanı, iki yüz seksen beş odası, kırk altı sa-

lonu, altı hamamı ve altmış sekiz tuvaleti vardır.

Döşemelerin ince işçilikli parkelerinin üstünde, önce sarayın dökümevinde, sonra da Hereke'de dokunmuş 4454 metrekare halı serilidir. Padişahın devlet işlerini yürüttüğü Mabeyn, işlevi ve görkemiyle Dolmabahçe Sarayı'nın en önemli bölümüdür. Girişte karşılaşılan Medhal Salon, üst katla bağlantıyı sağlayan Kristal Merdiven, elçilerin ağırlandığı Süfera Salonu ve padişahın huzuruna çıktıkları Kırmızı Oda, devletin tarihî görkemini vurgulayacak biçimde süslenmiş ve döşenmiştir.

Üst katta yer alan Zülvecheyn Salonu; padişahın Mabeyn'de kendine özel olarak ayrılmış dairesine bir tür geçiş mekânı oluşturmaktadır. Bu özel dairede, padişah için mermerleri Mısır'dan getirilmiş görkemli bir hamam, çalışabileceği oda ve salonlar bulunmaktadır. Harem ve Mabeyn bölümleri arasında yer alan Muayede Salonu; Dolmabahçe Sarayı'nın en yüksek ve en görkemli bölümüdür. İki bin metrekareyi aşan alanı, elli altı sütunu, yüksekliği, otuz altı metreyi bulan kubbesi ve bu kubbeye bağlı yaklaşık 4,5 tonluk İngiliz yapımı avizesiyle bu salon, sarayın diğer bölümlerinden belirgin bir biçimde ayrılmaktadır. Salon, bodrumdaki tesislerden elde edilen sıcak havanın sütun diplerinden içeri verilmesiyle ısıtılmakta, böylelikle soğuk mevsimlere rastlayan törenler daha sıcak bir atmosferde yapılabilmekteydi.

Geleneksel bayramlaşma Valide Sultan Dairesi, Mavi ve Pembe Salonlar, Abdülmecid, Abdülaziz ve Reşad tarafından kullanılan odalar, Cariyeler Bölümü, Kadınefendi Odaları, Atatürk'ün çalışma ve yatak odası, sayısız değerli eşya, halı, levha, vazo, avize, tablo gibi sanat eserleri Harem'in ilginç ve etkileyici parçalarını oluşturmaktadır. Ziyarete açıktır.

NEREDE YENİR NEREDE OTURULUR

Dolmabahçe Çay Bahçesi (Hemen Dolmabahçe Sarayı'nın yanında)

RESİM VE HEYKEL MÜZESİ

Gezmek için ne kadar zaman ayırmak gerekli: 45 dakika

Dolmabahçe Sarayı şehzadeler bölümünde bulunmaktadır. Dolmabahçe Sarayı'nın Veliaht Dairesi'nde 10 Eylül 1937'de İstanbul Güzel Sanatlar Akademisi'ne (bugün Mimar Sinan Üniversitesi) bağlı olarak açılan müze, Atatürk'ün emriyle kurulmuştur. Girişi Beşiktaş semtindedir. Bahçesinde Hareket Pavyonları diye bilinen özel sergilerin yapıldığı küçük yapıların bulunduğu müze, birçok oda ve salonların bulunduğu 3 katlı bir yapıdır.

Osman Hamdi Bey, Şeker Ahmet Paşa, İbrahim Çallı, Bedri Rahmi, Abidin Dino, Sabri Berkel gibi birçok ünlü Türk sanatçısının eserlerine ev sahipliği yapan İstanbul Resim ve Heykel Müzesi; dört yüz doksan beş adedi heykel, yed ibin iki yüz on üç adedi de resim olmak üzere toplam yedi bin sekiz yüz elli üç esere sahip.

Ziyaret Gün ve Saatleri: Çarşamba, perşembe ve cuma günleri 09.00–17.00 saatleri arasında gezilebilir. Müzeye giriş ücreti alınmamaktadır. Telefon: 0212 261 42 98

BJK İNÖNÜ STADI

Gezmek için ne kadar zaman ayırmak gerekli: 5 dakika

İstanbul Boğazı'nda Beşiktaş ile Kabataş semtleri arasında yer alır. İstanbul'un ilk modern stadyumudur.

Mimari planları Mimar Vietti Violi, Mimar Şinasi Şahingiray ve Mimar Fazıl Aysu tarafından hazırlanmış olup II. Cumhurbaşkanı İsmet İnönü devrinde ve Lütfi Kırdar belediye başkanı iken

yeni açık tribünler inşa edilmiştir. Stadın temeli, 19 Mayıs 1939'da Dolmabahçe Sarayı'nın eski has ahırlarının bulunduğu arazide atıldı. Ancak kısa bir süre sonra II. Dünya Savaşı'nın getirdiği sıkıntılar inşaatı engelledi. Bu sebeple 19 Mayıs 1943'te yeniden bir temel atma töreni yapıldı.

İnönü Stadı'nın ilk maçı 27 Kasım 1947'de Beşiktaş ile İsveç'in AIK Solna takımı arasında oynanmıştır. Bu stadyumdaki ilk golü de o zamanlar Beşiktaş'ın futbolcusu ve efsane başkanı olan Süleyman Seba atmıştır. İlk maç 3–2 AIK'nın galibiyeti ile bitmiştir.

1947'de açılışında adı İnönü Stadı iken 1952'de Mithatpaşa Stadı'na çevrildi. 1973'te tekrar İnönü Stadı oldu. Fenerbahçe, Galatasaray ve Beşiktaş uzun süre bu stadı kullanmıştır.

1998 Yılında Gençlik ve Spor Genel Müdürlüğü ile BJK arasında imzalan sözleşme ile kırk dokuz yıllığına kiralanmış ve adı Beşiktaş İnönü Stadı olarak değiştirilmiştir. Toplam kapasitesi 32,145 dir.

YAHYA EFENDİ TEKKESİ

Gezmek için ne kadar zaman ayırmak gerekli: 30 dakika

Beşiktaş'ta Yıldız Parkı'nın yanında, Yahya Efendi çıkmazında ve sağ taraftadır. Şeyh Yahya Efendi tarafından 1538'de kurulmuştur. Tekke mescit, tevhidhâne, medrese, hamam, mezarlık ve çeşitli evlerden oluşan bir külliye niteliğindedir. Tekkeye zaman içinde farklı mekânlar eklenmiştir. Bu durum, yapıyı girift hâle getirmiştir. Tekkenin bir diğer özelliği ise mimari yapıların doğal çevre ile kurduğu yakın ilişkidir.

Yahya Efendi Tekkesi, postnişin olan Yahya Efendi zamanında Üveysilik olarak adlandırılan tasavvuf ekolüne bağlanmıştır. Daha sonra tekke Kadirilik'e ve Nakşibendîlik'e intisap etmiş ancak Üveysilik'in etkisi de devam etmiştir.

Süleymaniye Camii' nde Şeyhülislam Ebussuud Efendi tarafından cenaze namazı kıldıran Şeyh Yahya Efendi'ye türbesi Yahya Efendi'ye büyük sevgi ve saygısı olan II. Selim tarafından, kabrinin üzerine yaptırılmıştır. Mimar Sinan tarafından kare bir plan üzerine tek kubbeli olarak yapılmıştır. Türbede Yahya Efendi'den başka karısı Şerife ve annesi Afife Hatunlarla oğlu Ali ve diğer şeyhler ve bazı sultanlar gömülüdür.

Türbeyi II. Mahmud, Abdülaziz'in annesi Pertevniyal Sultan ve II. Abdülhamid onartmışlardır. Türbenin kapısındaki hicri 1290 tarihli yazıt, türbenin 1873 yılında Pertevniyal Sultan tarafından onartıldığını belirtmektedir.

Eskiden sefere çıkan Osmanlı denizcilerini tekkesinin olduğu tepeden Beşiktaşlı Yahya Efendi uğurlarmış...

BARBAROS HAYREDDİN PAŞA HEYKELİ

Gezmek için ne kadar zaman ayırmak gerekli: **5 dakika**

Beşiktaş'ta Barbaros Hayrettin Paşa Türbesi'nin bulunduğu bölgede bir meydan düzenlemesi yapılmış ve buraya büyük Türk denizcisinin bir heykeli yapılmıştır. Heykel Ali Hadi Bara ve Zühtü Müridoğlu'nun ortak çalışmasıdır. Bronz malzemeden yapılan heykelin yüksekliği 11, 50 metredir. 25 Mart 1944'de açılmıştır.

BARBAROS HAYREDDİN PAŞA TÜRBESİ

Gezmek için ne kadar zaman ayırmak gerekli: **5 dakika**

1534 yılında Kanuni Sultan Süleyman tarafından Kaptan-ı Deryalığa yükseltilen Barbaros Hızır Hayrettin Paşa (Doğ.1466), 1546 yılında vefat etmiştir. 21 Eylül 1534 yılında bizzat kendisi tarafından yazdırılmış Barbaros Vakfiyesi'nde Beşiktaş'taki medrese yanına yaptırdığı türbeye defnedilmesini ve kabrinin üzerinde kandil yakılmasını vasiyet etmiştir.

Bugün Sinan Paşa Camii karşısındaki türbeyi Mimar Sinan yapmıştır. Osmanlı Devleti'nin en önemli denizcisi için yıkılmış olan yalısının yakınına M.1541–1542 yılında inşa edilmiştir. 16. yüzyıl Osmanlı klasik mimarisine uygun bir şekilde inşa edilmiştir. Kesme taştan, sekizgen planlı olarak yapılmış ve kubbesi sekizgen kasnak üzerindedir.

Türbenin içinde Kaptan-ı Derya Cafer Paşa, Barbaros'un oğlu ve eşinin mezarları da yer alır. Sandukanın üstüne yukarıdan asılmış ve üzerinde Zülfikâr resmi bulunan yeşil zemin ipekli kumaştan yapılmış bir sancak bulunmakladır.

Türbe, sürekli açık olmayıp sadece 1 Temmuz Kabotaj Bayramı, 4 Nisan Deniz Şehitlerini Anma Günü gibi özel günlerde ziyarete açılmaktadır.

DENİZ MÜZESİ

Gezmek için ne kadar zaman ayırmak gerekli: **1 saat**

Türkiye'nin alanında en büyük müzesi olan İstanbul Deniz Müzesi, içerdiği koleksiyon çeşitliliği açısından dünyanın sayılı müzelerinden biridir. Koleksiyonunda yaklaşık 20.000 adet eser bulunmaktadır. Deniz Kuvvetleri Komutanlığı'na bağlı olan Deniz Müzesi, Türkiye'de kurulan ilk askerî müzedir.

Türk Deniz Müzesi; 1897 yılında, dönemin Bahriye Nazırı Hasan Hüsnü Paşa'nın emirleri, Miralay (Albay) Hikmet Bey ve Yüzbaşı Süleyman Nutki'nin büyük gayret ve çabaları sonucu Tersane-i Amire (Osmanlı Devlet Tersanesi Kasımpaşa/İstanbul'da)'de küçük bir binada "Müze ve Kütüphane İdaresi" ismi ile kurulmuştur. Önceleri tasnifi yapılmamış, müze deposu olarak sergiye açılmıştır. 1914 yılında Bahriye Nazırı olan Cemal Paşa, denizciliğin bütün kollarında olduğu gibi müzede de reform yapmış ve müdürlüğe Deniz Yüzbaşı Ressam Ali Sami Boyar'ı getirerek, bilimsel anlamda yeniden düzenlenmesine imkân sağlamıştır. Boyar, Türk gemilerinin tam ve yarım modellerinin yapılması için "gemi model atölyesi" ve mankenlerin yapıldığı "mulâjmanken atölyesi"ni kurarak, mü-

zeciliğin geliştirilmesine ve bugünkü hâlini almasına temel oluşturmuştur.

Son olarak 1961 yılında müze Beşiktaş semtinin İskele Meydanı'nda Türk Amirali Kaptan-ı Derya Barbaros Hayrettin Paşa'nın anıtı ve türbesi yanında, bugünkü bulunduğu yere taşınmıştır.

Dünyada bir benzeri olmayan Osmanlı saltanat kayıkları, burada tamamen orijinal şekilleriyle korunup sergilenmektedir. Buradaki en değerli eser ise 1648–1687 yılları arasında padişah olan IV. Mehmed'e ait tenezzüh kadırgasıdır. Kırk metre boyunda, 5,90 metre eninde, yüz kırk ton ağırlığında ve her küreği üç kişi tarafından çekilen (toplam yüz kırk dört kürekçi) yirmi dört çifte ve oturakla donatılmış bu orijinal kadırganın köşk kısmı da Türk el sanatlarının zarif bir örneğidir.

Müzenin bahçesi de açık teşhir alanı olarak düzenlenmiştir. Burada Piri Reis haritasının mozaik röprodüksiyonu ile Osmanlı egemenlik sınırlarını gösteren üç duvar haritası, ayrıca ünlü Türk denizcilerinin büstleri, hava şartlarından etkilenmeyen diğer objeler ve orijinal mayınlar, torpidolar, deniz topları, denizcilikle ilgili kurumlara ait eski kitabeler vb. sergilenir. Deniz Müzesi'nde halen 3.742 eser bulunmaktadır. Kütüphanede bazıları yazma olmak üzere 20.000'i aşkın kitap mevcuttur. Tarihî Deniz Arşivi'nde Bahriye Nezareti dönemine ait yirmi beş milyon civarında eski yazılı belge yer alır.

Yılbaşı ve dinî bayramların ilk günü ile pazartesi-salı günleri dışında her gün 09.00–12.30 ile 13.30–17.00 saatleri arası ziyarete açıktır.

SİNAN PAŞA CAMİİ

Gezmek için ne kadar zaman ayırmak gerekli: **15 dakika**

Beşiktaş İskelesi karşısındadır. Yaptıranı 1548-1550'de Kaptan-ı Derya olan, 1553'te ölen Vezir Sinan Paşa'dır. Mimar Sinan'ın eseri olan bu cami dikdörtgen bir plan üzerine oturtulmuştur. Merkezî kubbe kemerlerle altı köşeli bir şekilde sütunlara dayandırılmış olup iki yanda ikişer kubbe bulunur. Kurulduğundan bu yana çeşitli tarihlerde onarım görmüştür. Mabedin son cemaat yerini medrese çevreler. Tek minareli olan caminin hünkâr mahfili yıkılmıştır.

ÇIRAĞAN SARAYI

Gezmek için ne kadar zaman ayırmak gerekli: **5 dakika**

Haliç ve Boğaziçi'nin en güzel yerleri sultanlar ve önemli kişilere saray ve köşkleri için tahsis edilmişti. Zaman içinde bunların birçoğu yok olmuştur. Büyük bir saray olan Çırağan da 1910 yılında yanmıştır. Çırağan Sarayı, önceki ahşap bir sarayın yerinde 1871 yılında Sultan Abdülaziz tarafından saray mimarı Serkis Balyan'a yaptırılmıştır. dört yılda dört milyon altına mâl olan yapının ara bölme ve tavanı ahşap, duvarlar da mermer kaplıydı.

Taş işçiliğinin üstün örnekleri sütunları zengin döşenmiş mekânlar tamamlardı. Odalar nadide halılarla, mobilyalar, altın yaldızlar ve sedef kalem işleri ile süslüydü. Boğaziçi'nin diğer sarayları gibi Çırağan da birçok önemli toplantıya mekân olmuştu. Renkli mermerle süslenmiş cepheleri, abidevî kapıları vardı ve arka sırtlardaki Yıldız Sarayı'na bir köprü ile bağlanmıştı. Cadde tarafı yüksek duvarlar ile çevriliydi.

Bugün Çırağan Palace Kempinski İstanbul'un bulunduğu yer; 17. yüzyılda Kazancıoğlu Bahçesi diye bilinirdi. 16. yüzyılın ikinci yarısında burada Kaptan-ı Derya Kılıç Ali Paşa'nın yalısı vardı. 1648'de Sultan IV. Murad bu yöredeki bahçeyi kızı Kaya Sultan ile eşi Sadrazam Melek Ahmet Paşa'ya verdi. Çift, yazları burada yaptırdıkları ahşap köşkte geçirirdi. 18. yüzyıl başlarında Sultan III. Ahmet bu köşkü ve bahçeyi kendi damadı Nevşehirli İbrahim Paşa'ya bağışladı. Damat İbrahim Paşa ve eşi Fatma Sultan "Çırağan Şenlikleri" olarak tarihe geçen dillere destan meşaleli kır eğlencelerini burada düzenlerlerdi. Bölge, o şenlikler sebebiyle Çırağan diye anılır oldu.

İngiliz Sefiri Edward Wortley Montagu'nun 1717-1718'de İstanbul'da bulunan eşi Lady Mary Wortley Montagu ölümünden sonra basılan ünlü mektuplarında o ilk Çırağan Sarayı'nı şöyle anlatır: "Boğaziçi'nin en güzel köşelerinden birinde yer alır, hemen arkasındaki tepenin bir yanı mükemmel bir koruluktur. Müthiş büyük bir yapıdır, muhafız bana sarayın sekiz yüz odası olduğunu söyledi, kendim saymadığım için bu sayının doğruluğu konusunda bir şey söyleyemem ama sayının çok büyük olduğu da açıktır; sarayın her yanı bol bol mermer ve altın yaldız kullanılarak, meyve ve çiçek resimleriyle bezenerek süslenmiştir. Bütün pencerelerde İngiltere'den getirilmiş kristal camlar takılıdır; koca bir imparatorluğun servetini yöneten genç bir adam tarafından yaptırılmış bir sarayda bulunabileceğini düşüneceğiniz her türlü pahalı ihtişam bu sarayda mevcuttur."

Ünlü Lale Devri'ni sona erdiren 1730 ayaklanmasından sonra saray boşaltıldı ve yıpranmaya terk edildi. Nihayet Sultan I. Mahmud tarafından yeniden ele alındı ve yabancı sefirlere ziyafet mekânı olarak kullanıldı. III. Selim'in sadrazamı Yusuf Ziya Paşa sarayı satın aldı, yıktırdı ve Kirkor Balyan'a mermerden yeni bir saray yaptırarak 1805'te padişaha armağan etti. Sultan III. Selim sarayı kız kardeşi Beyhan Sultan'a armağan ettiyse de Beyhan Sultan bu armağanı geri çevirdi.

Sultan II. Mahmut devrinde yazlık olarak kullanılan saray da yıktırılmış ve 1835–1843 arasında Garabet Balyan tarafından daha büyük ölçekte yeniden inşa edilmiştir. Çok miktarda ahşap

kullanılmış olmasına karşın, sarayın ana bölümü mermer ve taştan yapılmış, klasik tarzda kırk sütun yerleştirilmiştir. Sultan Abdülmecid resmî ikametgâhını 1855'te Topkapı Sarayı'ndan Dolmabahçe Sarayı'na taşımaya karar verdiğinde Çırağan Sarayı tekrar yıkıldı ve Nigoğos Balyan tarafından yeniden yapıldı. Bugünkü sarayın temelleri işte o döneme aittir. Ne var ki, mali sorunlar ve "Kuleli Olayı" diye bilinen, Sultan'ın katline yönelik bir ayaklanma sebebiyle, sarayın inşası yarım kalmıştır. Saray ancak 1874'te Sultan Abdülaziz tahta çıktıktan sonra tamamlanabilmiştir.

Abdülaziz, kendi saltanatının bir simgesi olarak, sarayın Arap tarzında yapılmasını istedi. Bu amaçla İspanya ve Kuzey Afrika'ya, oralardaki ünlü yapıların çizimlerini yapıp getirmek üzere sanatçılar gönderdi.

Rivayete göre Sultan, sarayın tasarımına o kadar çok karışmıştır ki, planlar onun onayını alıncaya dek yirmi kez çizilmiştir. Her biri bin altına mâl olan saray kapıları Kaiser Wilhelm'in öyle çok hoşuna gitmiştir ki, bunlardan bazıları Kaiser'e armağan olarak verilmiştir. Bu kapılar bugün Berlin Müzesi'ndedir. Yeni Çırağan Sarayı için dünyanın her yerinden en iyi mermerler ve sedefler getirtildi; inşaatın toplam maliyeti beş milyon altın Osmanlı lirasına ulaştı. Sultan Abdülaziz burada birkaç ay oturdu ve çok nemli olduğunu belirterek Çırağan Sarayı'ndan taşındı. Sultan Abdülhamid 1876 yılında tahta geçince, V. Murad akli dengesinin yerinde olmadığı gerekçesiyle bu saraya kapatılmış ve 1905 yılında ölünceye kadar burada kalmıştır.

O tarihten sonra sarayın yeni Meclis binası olmasına karar verildi ve Meclis 14 Kasım 1909'da Çırağan'da açıldı ama Meclis Çırağan Sarayı'nı ancak iki ay kullanabildi. Kalorifer dairesinde çıkan ve hızla bütün saraya yayılan yangın beş saat içinde bütün yapıyı kül etti; yalnızca taş duvarlar ayakta kaldı. Sayısız önemli belgenin yanı sıra paha biçilmez antikalar, yağlıboya tablolar ve kitaplar yok oldu.

1946'da Meclis Sarayı, hizmet binalarını ve çevresindeki araziyi İstanbul Belediyesi'ne verdi; belediye de burayı kum ve inşaat malzemeleri dökme yeri olarak kullandı. Bir bölümü de yöre kulüpleri tarafından yüzme havuzu futbol stadı olarak kullanıldı. Sarayın son kalıntılarının da yıkılıp yok olması yalnızca zamanın insafına kalmış gibiydi.

Şimdi restore edilmiş ve lüks otel olarak kullanılmaktadır. Çırağan Palace Hotel Kempinski İstanbul, Boğaz'ın Avrupa yakasında geleneksel Türk misafirperverliğini bütün ziyaretçilere sunan en güzel beş yıldızlı otelden biridir.

Şimdi buradan Ortaköy'e doğru devam edebilir veya Yıldız'a doğru çıkabilirsiniz.

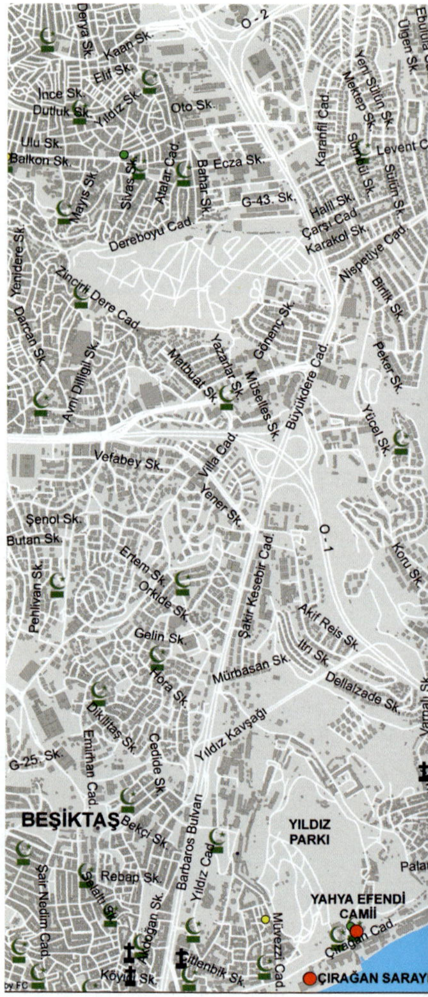

ORTAKÖY CAMİİ

Gezmek için ne kadar zaman ayırmak gerekli: **1 saat**

Boğaziçi'nin Rumeli yakasında, Beşiktaş ilçesinde Ortaköy İskele Meydanı'nın kuzey ucunda ve sahildedir. Güneyi ve batısı denizle çevrili olmak üzere, Boğaz'a doğru uzanan küçük bir burnun üzerindedir. Büyük Mecidiye Camii olarak da bilinir.

Ortaköy Camii, Dolmabahçe Sarayı'nın yapıldığı ve şehrin anıt dokusunun Boğaziçi'ne doğru uzandığı yıllarda, bu açılışı simgeleyen yapımlardan biri olarak gerçekleştirilmiştir. Caminin bulunduğu yerde daha önce Vezir İbrahim Paşa'nın damadı Mahmud Ağa'nın yaptırdığı bir mescit vardı. 18. yüzyılın başlarında yapılmış olan mescit, Mahmud Ağa'nın Patrona Halil Ayaklanması'nda ölümünden sonra yıkılmış olmalı. Hadika'daki tanımdan ilk mescidin

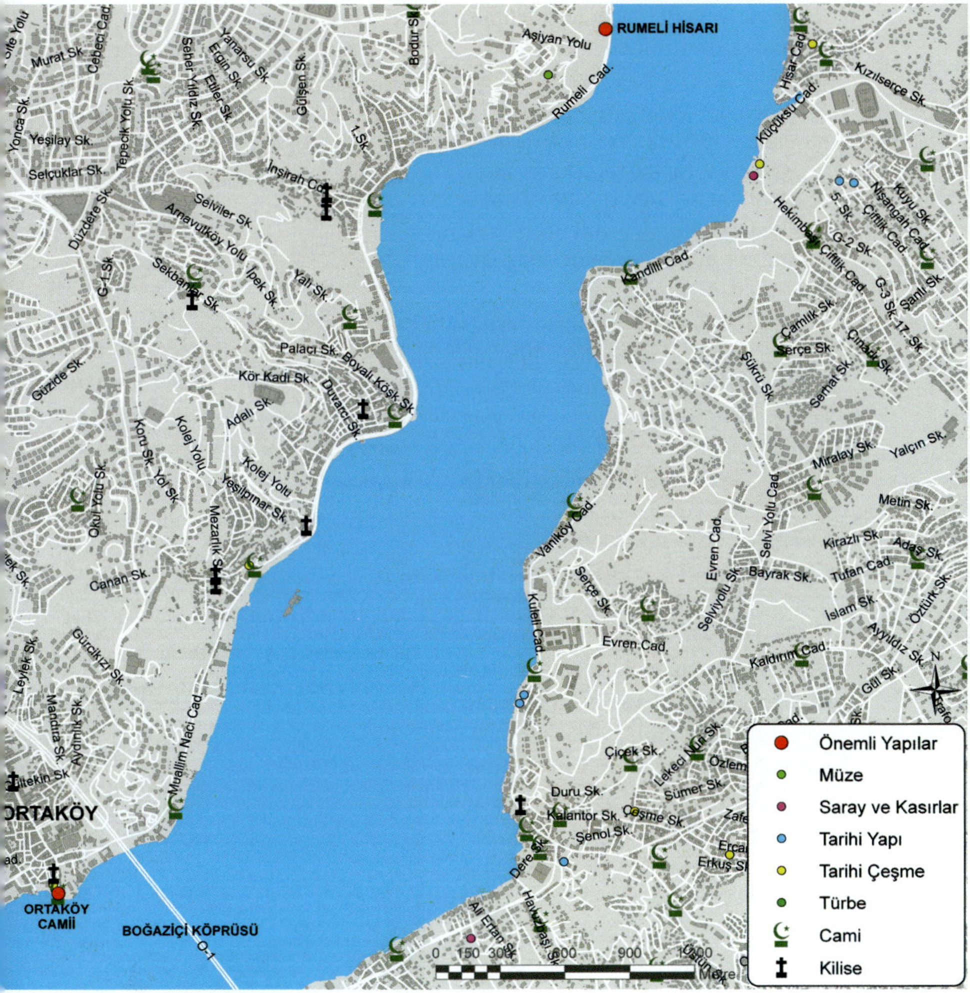

çatılı veya manastır tonozlu olduğu anlaşılmaktadır.

Mescit, Mahmud Ağa'nın damadı Kethüda Devattar Mehmed Ağa tarafından muhtemelen 1740'lı yıllarda (1163/1749) yenilenmiştir. Hadika, Mehmed Kethüda'nın yaptırdığı caminin "bir şerefeli minare ve mahfel-i hümayun ve bütün levazımatıyla sahil-i hümayun ve bütün levazımatıyla sahil-i deryada inşa" edildiğini belirtmektedir. 1810'lardaki Bos-

tancıbaşı Defterleri'nde de "Mehmed Kethüda Cami-i Şerifi" olarak kayıtlıdır.

Bugünkü cami, Abdülmecid tarafından 1270/1853'te yaptırılmıştır. Giriş kapısı üzerindeki kitabede Abdülmecid'in tuğrası ile birlikte caminin bitirilişini belirten bu tarih vardır. Caminin mimarı Nigoğos Balyan'dır.

Cami, 19. yüzyıl sultan camilerinin bütününde olduğu gibi iki bölümden, asıl ibadet mekânı olan bölüm ile girişin önünde yer alan hünkâr kasrından oluşmaktadır.

RUMELİ HİSARI

Gezmek için ne kadar zaman ayırmak gerekli: **1 saat**

İstanbul Sarıyer'de bulunan Rumeli Hisarı, otuz dönümlük bir alanı kaplamaktadır. Anadolu Hisarı'nın karşısında İstanbul Boğazı'nın altıyüz otuz iki metrelik en dar ve akıntılı kısmında, uzaktan bakıldığı zaman eski harflerle Muhammed (s.a.s.) biçiminde okunacak şekilde inşa edilmiş bir hisardır. Yüz otuz dokuz gün gibi kısa bir sürede tamamlanan hisarın üç büyük kulesi, dünyanın en büyük kale burçlarına sahiptir.

Rumelihisarı'nın adı Fatih vakfiyelerinde Kulle-i Cedide; Neşrî Tarihi'nde Yenice Hisar; Kemalpaşazade, Aşıkpaşazade ve Nişancı Tarihlerinde Boğazkesen Hisarı olarak geçmektedir. Bu adı Dukas "Kefalokoptis" biçiminde kullanmışsa da, ondan başka hiç kimse bu adı kullanmamıştır.

Hisarın inşasına 15 Nisan 1452'de başlanmıştır. İş bölümü yapılarak her bölümün inşası bir paşanın denetimine verilmiş, deniz tarafına düşen bölümün inşasını da Fatih Sultan Mehmed bizzat kendisi üstlenmiştir. Denizden bakıldığında sağ taraftaki kulenin yapımına Saruca Paşa, sol taraftakinin yapımına Zağnos Paşa, kıyıdaki kulenin yapımına da Halil Paşa nezaret etmiştir. Buralardaki kuleler de bu paşaların adlarını taşımaktadırlar. Hisarın inşası 31 Ağustos 1452'de tamamlanmıştır.

Hisarın yapımında kullanılan kekeresteler İznik ve Karadeniz Ereğlisi'nden, taşlar ve kireç Anadolu'nun değişik yerlerinden ve spoliler (devşirme parça taş) çevredeki harap Bizans yapılarından temin edilmiştir.

Mimar E. H. Ayverdi'ye göre hisarın yapımında yaklaşık olarak üç yüz usta, sekizyüz amele, iki yüz arabacı, kayıkçı, nakliyeci ve diğer tayfa çalışmıştır. Altmış bin metrekare alanı kapsayan eserin kâgir hacmi yaklaşık elliyedibin metreküptür.

Hisarın büyük kuleleri birleştiren çevirme duvarlarının kuzeyden güneye uzunluğu iki yüz elli metre, doğudan batıya uzunluğu ise yüz yirmi beş metredir. Dağ Kapısı, Dizdar Kapısı, Hisarpeçe Kapısı ve Sel Kapısı olmak üzere dört ana ve Mezarlık Kapısı adlı bir tali kapısı vardır. Güneye bakan kulenin yakınında, cephâne ve erzak mahzenlerine giden yolların ucunda, iki gizli kapısı da bulunmaktadır. Biri tıkalı iki su mecrası, ikisi kaybolmuş üç çeşmesi vardır. Camiden günümüze yalnızca yıkık minaresi kalmıştır.

Rumeli Hisarı bugün müze ve açık hava tiyatrosu olarak kullanılmaktadır. Hisarda açık teşhir yapılmakta, sergi salonu bulunmamaktadır. Toplar, gülleler ve Haliç'i kapattığı söylenen zincirin bir parçasından oluşan eserler, bahçede sergilenmektedir.

Rumeli Hisarı ayrıca İstanbul'un Sarıyer ilçesine bağlı bir semttir. Her yılın yaz döneminde konserlerin başladığı mekân olarak da bilinir.

NEREDE YENİR NEREDE OTURULUR

Nerede Yenir Nerede Oturulur:
Antik Cafe
Tel: (0-212) 265 50 89
Kale Çay Bahçesi
Tel: (0-212) 257 55 78
Kale Cafe Pastane
Tel: (0-212) 265 00 97

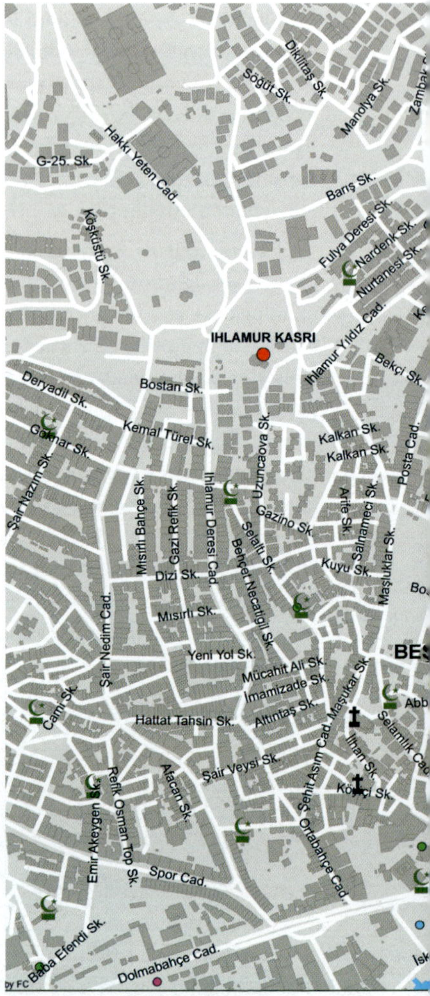

YILDIZ SARAYI

Gezmek için ne kadar zaman ayırmak gerekli: **1 saat**

Boğaziçi'ne hâkim tepeler ve vadileri kaplayan geniş alan üzerine serpiştirilmiş, yüksek duvarların çevrelediği avlular içerisinde bir köşkler, bahçeler kompleksidir.

İstanbul'un bu ikinci büyük sarayı günümüze değişik hizmetlere ayrılmış, bölünmüş durumu ile gelmiştir. Hep saray kullanımında olan 500 bin metre karelik koruda 19. yüzyıl başlarında yapılan ilk köşkü diğerleri takip etmiş ve Sultan II. Abdülhamid buraları daha emniyetli kabul edince, şimdiki hâline gelmiştir. Sultan 33 yıllık saltanatında, şehir içinde şehir gibi olan bu korunaklı sarayı, resmî dairesi ve haremi olarak kullanmıştı. Geçit ve kapılarla ayrılmış avlularda köşkler, havuzlar, seralar, kuşhâneler, atölyeler ve hizmetli binaları yer alırdı. İki ana girişi yanında birer küçük ve şirin camii bulunur. Zaman içerisinde Harp Akademileri için kullanılan binalar boşaltılmış, kuzey sınırındaki askerî tesisler hâlen aynı maksatla kullanılmakta, diğer bölümler ise Yıldız Teknik Üniversitesi, Belediye, Milli Saraylar İdaresi, İslam Tarihi Sanatları ve

Kültürleri Araştırması Organizasyonuna tahsis edilmiştir.

Saray bahçelerinin büyük bölümü eski köşkleri ve meşhur porselen fabrikası ile Yıldız Parkı adı altında halka açıktır. Sahildeki Çırağan Sarayına da buradan geçen bir köprü ile bağlanır. Kompleksin en tanınan yapısı Şale Köşkü'ne de bu parktan ulaşılır. Bakımlı bahçeleri, Alpin av köşklerine benzeyen dış mimarisi, zengin mobilya, dekorasyon, halı ve büyük boyutlu seramik sobaları ile önemli bir müzedir burası. Beşiktaş'ın üst kesimlerinden Yıldız Sarayı ana girişine varılır. Girişin solundaki Muayede Köşkü yeni bir müze olarak tamir ve tanzim edilmektedir. Yine sol tarafta sultanın misafirlerini ağırladığı tek katlı Çit

Köşkü ve harem girişi, karşıda da görevli subayların ofisleri, Yaveran Dairesi bulunur. Harem bölümündeki sera ve tiyatro, türlerinin en çarpıcı örnekleridirler.

Giriş, sağ tarafında personel yemekhanesi, günümüzde sergi ve konserlere tahsis edilmiştir. Yıldız Sarayı Müzesi ve İstanbul Belediyesi Şehir Müzesi de buradadır. Eski marangozhâne binasında oyma ve dekorlu ahşap eserler, tahtlar, buradaki özel fabrikada imal edilmiş çeşitli porselen, sarayla ilgili dekoratif objeler sergilenmektedir. Şehir Müzesi'nde ise cam, porselen, gümüş eserler, İstanbul tabloları ve türünün ender örneklerinden bir 16. yüzyıl kandili sergilenmektedir.

Yıldız Sarayı, Beşiktaş Yıldız Tepesi'nde Türk Osmanlı Saray mimarisinin en son örneğini teşkil eden yapı gruplarındandır.

Sarayın bulunduğu "Hazine-i Hassa" ya kayıtlı bu arazi, Kanuni Sultan Süleyman Dönemi'nden beri padişahlar tarafından av sahası olarak kullanılmaktaydı. Bu araziye ilk kasrı yaptıran Sultan I. Ahmet'tir. (1603–1617)

Sultan IV. Murad da (1617–1640) avlanmaya geldiği zaman bu kasırda istirahat ediyordu. 18. yüzyıl sonunda, Sultan III. Selim (1789–1807) validesi Mihrişah Sultan için buraya başka bir kasır yaptırmış ve bu kasra "Yıldız" ismi verilmiştir. Sultan Selim, sarayın iç bahçesinde Rokoko stilinde bir de çeşme yaptırmıştır.

Sultan Abdülaziz'in tahttan indirilmesinden sonra Sultan V. Murad (1876), doksan iki gün süren saltanat günlerinde Yıldız Sarayı'nda oturmuştur.

Sultan Murad'ın rahatsızlığı sebebiyle tahtan indirilmesinden sonra, kardeşi Sultan II. Abdülhamid'in (1876–1909) otuz üç yıllık saltanat devri başlar. Sultan II. Abdülhamid; amcası Sultan Abdülaziz'in ve ağabeyi Sultan V. Murad'ın birbirini takip eden ikametlerine sahne olan Dolmabahçe Sarayı'nın deniz kıyısında bulunması ve bu sarayın denizden kuşatılması ihtimalini göz önünde bulundurarak, 7 Nisan 1877'de Yıldız'a taşınmıştır.

Asıl yapılaşma bu padişah döneminde başlamış ve buraya Yıldız Sarayı Hümayunu ismi verilmiştir. Sultan II. Abdülhamid zamanında, civardaki arazi de alınmış, şimdi Yıldız Parkı denilen, dış bahçe genişletilmiş ve büyük ölçüde imar çalışmalarına da girişilmiştir. Bu durumuyla saray, bahçeleriyle beraber seksen dönümlük bir araziye yayılmıştır.

Sarayın hemen dışında Birinci Ordu'ya bağlı hassa tümeninin askerleri bulunmaktaydı. Sultan II. Abdülhamid'den sonra yerine geçen, Sultan Mehmed Reşat (1909–1918), Hususi Daire denilen köşkün "Dört Mevsim Salonunda" ameliyat edilmiştir. 3 Temmuz 1918'de ölümünden

sonra, Sultan VI. Mehmed Vahidettin (1918–1922) padişah olmuştur.

Daha çok Dolmabahçe Sarayı'nda ikamet eden Sultan Vahidettin zaman zaman Yıldız Sarayı'nı da kullanmıştır. Uzun süre Harp Akademileri binası olarak kullanılan saray, 1978 yılında, Kültür Bakanlığına devredilmiş ve daha sonra Yıldız Sarayı Müdürlüğü'ne tahsis edilmiştir. Saray'da ilk müzeleştirme çalışmaları 1994 yılında gerçekleştirilebilmiştir. 6 Ocak 1994 tarihinde Saray Tiyatrosu ve yeniden düzenlenen Sahne Sanatları Müzesi, 8 Nisan 1994'te ise Yıldız Sarayı Müzesi ziyarete açılmıştır.

Ziyarete Açık Olduğu Günler ve Ziyaret Saatleri: Pazartesi günleri dışında 9.30–16.00 saatleri arasında ziyarete açıktır.

YILDIZ ŞEHİR MÜZESİ

Gezmek için ne kadar zaman ayırmak gerekli: **45 dakika**

Osmanlı Devleti'nin dördüncü büyük sarayı olan Yıldız Sarayı'nın Güzel Sanatlar binasında 1988 yılından beri hizmet vermektedir.

Şehir müzesinin koleksiyonunda genellikle 18. ve 19. yüzyıla tarihlendirilen etnografik ve tarihî nitelikteki eserler bulunmaktadır.

Osmanlı Dönemi İstanbul'unun sosyal hayatını yansıtan bu eserler, tablolar, yazı-resimler ve hat levhaları, kumaşlar, Yıldız ve eser-i İstanbul damgalı porselenler, çeşitli cam eserler, yazı (hat) malzemeleri, tarikat eşya ve alemleri, mutfak eşyaları, kahve takımları, buhurdanlar, sahanlar, takılar, mahfazalar, ölçek, terazi ve ağırlıklar, mühürler, cilt kalıpları, keramik ve çiniler, Tophane lüleciliği ürünleri vb. objelerden oluşmaktadır.

Müzede tabloları sergilenen ressamlar Civanyan, Şevket Dağ, Henri Malla, Prieur Bardin, Mesrur İzzet, Şerif Ferid, Halil Paşa, Sami Boyar, Ziya Keseroğlu, H. Vecih Bereketoğlu, İbrahim Çallı, Hikmet Onat, Feyhaman Duran, Kemal Zeren, Zeki Kocamemi, Ferruh Başağa, Elif Naci, Hamit Görele, Hakkı Anlı, Şefik Bursalı, Bedri Rahmi Eyüboğlu, Mustafa Nuri ve Haşmet Akal'dır.

Eserleri sergilenmekte olan hattatlar ise şunlardır: Mustafa İzzet, Sultan Abdülmecid, Mehmed Raşid, Sami Efendi, Mehmed İzzet, Hamit Aytaç, İsmail Hakkı Altunbezer, Şefik, Mahmud Celaleddin. Sergilenen diğer önemli eserler arasında II. Meh-

med, II. Osman, I. Mahmud tuğralı fermanlar, Tophane lüleleri, tarikat eşyaları, İstanbul'un değişik esnaf gruplarına ait aletler, alemler, şerbet tasları ve güğümleri, 18-19. yüzyıl porselenleri ve üzerlerindeki resimler ile dikkati çeken İstanbul damgalı porselenler de bulunmaktadır.

Pazar ve pazartesi günleri dışında 09.00–16.00 saatleri arasında ziyarete açıktır. Giriş ücretsizdir.

Tel:0212 258 58 44

MALTA KÖŞKÜ

Gezmek için ne kadar zaman ayırmak gerekli: **45 dakika**

Malta Köşkü, Yıldız Parkı içinde, Yıldız Sarayı'nı parktan ayıran duvarın doğu yönünde yer alır. Sultan Abdülaziz zamanında Çırağan Sarayı'nın arka bahçesi olan koruda iki tane seyir ve istirahat köşkü yapılmıştır. Kuzey yönünde geniş manzaralı bir terasa oturan iki katlı binaya da Malta Köşkü adı verilmiştir. Malta isminin nereden geldiği tam bilinmemekle beraber, fethedilen veya fethe teşebbüs edilen yerlerin isimlerinin saray içinde mekânlara isim olarak verme geleneğinden geldiği tahmin edilmektedir. Sultan Abdülhamid bu köşkü sonradan Yıldız Sarayı'na bağlatmış, saray halkı tarafından koru geçişlerinde dinlenme ve ziyaret yeri olarak kullanılmıştır.

Yıldız Sarayı'nın diğer köşkleri gibi Malta Köşkü de önemli tarihî olaylara sahne olmuştur. Ali Suavi'nin 1878'de V. Murad'ı tahta çıkarmak üzere tertiplediği Çırağan Baskını amacına ulaşamayınca, II. Abdülhamid, Sultan

Murad'ı güvenlik gerekçesiyle Malta Köşkü'nde gözetim altına almıştır. Mithat Paşa'nın yargılanması Malta Köşkü'nün arkasındaki düzlükte kurulan çadırda yapılmıştır.

IHLAMUR KASRI

Gezmek için ne kadar zaman ayırmak gerekli: **45 dakika**

Bugün, çevresinin gürültü ve karmaşasından kendini yüksek duvarlarla koruyan Ihlamur Kasrı çok eskilerden bu yana Ihlamur Mesiresi adıyla anılan bir dinlenme alanının içinde kurulmuş iki yapıdan oluşur. Havuzlu Ihlamur Mahalli, Muhabbet Bahçesi ve Hacı Hüseyin Bağı adlı üç bölümden meydana gelen bu dinlenme alanının, Sultan III. Ahmet zamanında (1703–1730) bir "hasbahçe"ye dönüştürüldüğü, I. Abdülhamid (1774 –1789) ve III. Selim (1789–1807) dönemlerindeki düzenlemelerden sonra 19. yüzyılın ilk yarısında Sultan Abdülmecid'in de ilgisini çektiği bilinmektedir. Sultan, burada bulunan sade bir bağ evine sık sık gelerek dinlenir, bazı konuklarını, bu arada ünlü Fransız şairi Lamartine'i burada kabul ederek görüşürdü. Daha sonra da bu sade ve küçük kasrın yerine 1849–1855 yılları arasında, bugünkü mevcut yapıları inşa ettirdi.

Köşklerin mimarlığını Dolmabahçe Sarayı'nın mimarlığını da yapan Balyan ailesinden Niğogos Balyan yapmıştır. Yapılardan Merasim Köşkü, törenler için düşünülmüş ve kullanılmıştır. Maiyet Köşkü ise sultanın maiyeti, kimi zaman da haremi için kullanılmıştır. İkisine birden de Ihlamur Kasrı (ya da kasırları) adı verilmiştir.

Ihlamur Kasrı, TBMM Milli Saraylar Daire Başkanlığı'na bağlı. Başkanlığa bağlı bütün saray ve kasırlar gibi buradaki kafeterya gelirleri de, kasrın bünyesinde oluşturulan vakıfta toplanıp, genellikle restorasyon ve bakım çalışmaları için kullanılmaktadır.

BÖLÜM 6

ÜSKÜDAR KADIKÖY-BEYKOZ

Hangi mevsimde gezilir: Dört Mevsim

Gezmek için ne kadar zaman ayırmak gerekli: En az yarım gün, rahat bir gezi içinse bir gün ayırmak gereklidir.

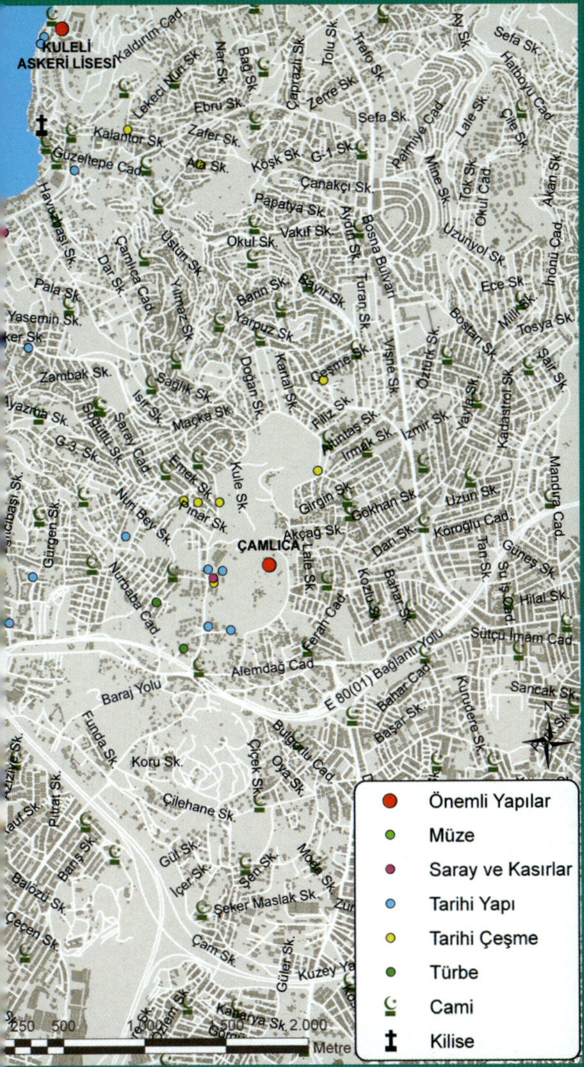

ÜSKÜDAR

Anadolu yakasında yer alır, Üsküdar ilçesi, doğuda Ümraniye, güneyde Kadıköy ilçeleri, batı ve kuzeybatıda İstanbul Boğazı, kuzeyde de Beykoz ilçesi'ne komşudur. İlçe, bu sınırlar içinde 35 kilometrekarelik bir alan kaplar. Batısı denizdir. Üsküdar ilçesi, elli iki mahalleden oluşur.

1918 ve 1924'te ayrı vilayet yapılan Üsküdar, 1926'da ilçe yapılarak İstanbul vilayetine bağlandı. M.Ö. 7. yüzyılda bir Grek kolonisi olarak kurulan Halkedon'un (Kadıköy) iskelesi ve tersaneleri, bugünkü

Üsküdar'ın yerleştiği alanda bulunur ve buraya Hrisopolis (Altın Şehir) denirdi. Yörenin bu adla anılması çeşitli biçimlerde yorumlanmaktadır. Pers işgali sırasında Anadolu Yarımadası'ndaki kavimlerden ve halktan vergi olarak toplanan altınlar buradaki hazinelerde saklandığı için yöreye bu adın yakıştırıldığı söylenmektedir. Bir başka yoruma göre, Agamemnon'un oğlu Krizes kaçarak Anadolu'ya gelmiş ve Üsküdar'da öldüğü için şehir onun adıyla anılmıştır. Kimileri de, günbatımında evleri karşı yakadan yaldızlı gibi göründüğü için Üsküdar'a Altın Şehir adının verildiğini söylemektedir. Üsküdar adıysa, kimi kaynaklara göre Farsça "ulak" anlamına gelen "Eskudari"den türemiştir.

İstanbul'un fethinden sonra II. Mehmed (Fatih), Üsküdar'dan kaçan Rumların yerine Anadolu'dan gelen Türkleri yerleştirmiştir. Ancak Üsküdar'ın fetih sırasında yüz yıldan beri Türklerin elinde olması ve karşılaştırma yapmaya imkân verecek belgelerin bulunmaması sebebiyle, fetihten sonra nüfusunun ne kadar arttığını saptamak mümkün olamamaktadır. II. Mehmed zamanında İstanbul'un iskân bölgelerinin yönetim açısından dört kadılığa ayrılmasıyla Üsküdar da bir kadılık olmuş ve Galata ile Haslar kadılıklarıyla birlikte Bilad-ı Selase adı verilen üçlüyü oluşturmuştur. 1471'de Vezir Rum Mehmed Paşa tarafından yaptırılan ve Paşa'nın adını

taşıyan Tabhaneli Cami ve Türbe ile günümüze ulaşamamış olan medrese ve hamam, Üsküdar'daki en eski Osmanlı yapılarındandır.

Üsküdar'ın Osmanlı Dönemi'ndeki önemli bir özelliği de, her yıl Mekke ve Medine'ye gidecek hediyelerin ve hacı adaylarının oluşturduğu Surre-i Hümayun'un törenlerle buradan uğurlanmasıdır.

NEREDE YENİR NEREDE OTURULUR

Kanaat Lokantası
0 216 333 37 91
Bafra Pide Salonu
0 216 391 50 30

KIZ KULESİ

Gezmek için ne kadar zaman ayırmak gerekli: **1 saat**

Boğaz girişindeki kayalık üzerine kurulmuş küçük, şirin bir kuledir. İstanbul'un sembollerinden birisidir. Tarih içinde gözetleme kulesi, deniz feneri olarak kullanılmış, Boğaz girişini belirten bir mihenk noktasıdır. Geçen yüzyıllardaki görüntüsünü koruyan kule turizme tahsis edilmiş lokanta ve seyir balkonu ile servis vermektedir.

Kuleyle ilgili anlatılanlardan biri Kleopatra'nın sonuna benzer bir sonun anlatıldığı yılan hikâyesidir. Kehanete göre kralın birine, çok sevdiği kızı on sekiz yaşına geldiğinde bir yılan tarafından sokularak öleceği

söylenir. Bunun üzerine kral denizin ortasındaki bu kuleyi onararak kızını buraya yerleştirir. Kaderden kaçılamaycağını ispatlarcasına, kuleye gönderilen üzüm sepetinden çıkan bir yılan, prensesi zehirler. Kral, kızına demirden bir tabut yaptırarak Ayasofya'nın giriş kapısının üstüne yerleştirir. Bugün bu tabutun üstünde iki delik vardır. Yılanın, ölümünden sonra da onu rahat bırakmadığına dair hikâyeler anlatılmaktadır.

Günümüzde Kız Kulesi Üsküdar'ın ve Boğaz'ın sembol yapılarından biridir. Boğazın siluetinde önemli bir figürdür. Son dönemde yapılan restorasyon ile daha güzel bir görünüme sahip olmuştur. Günümüzde kız kulesi restoran olarak da İstanbul halkının hizmetindedir.

MİHRİMAH SULTAN CAMİİ

Gezmek için ne kadar zaman ayırmak gerekli: **30 dakika**

Büyük bir toplumun ihtiyaçlarına toptan cevap veren en önemli yapılar şüphesiz külliyelerdir ve Osmanlı kadınları da tarih boyunca birçok külliye inşa ettirmişlerdir. İşte onlardan biri Kanuni Sultan Süleyman'ın kızı Mihrimah Sultandır. Kendisi daha gençlik yıllarında Üsküdar İskelesi'nin karşısına, Mimar Sinan'a, içinde medrese ve imareti de olan bir külliye inşa ettirmiştir. Külliye, Mimar Sinan'ın eseridir. Külliye; bir cami, medrese, türbe, sıbyan mektebi, han, imarethâne ve tabhâneden oluşmaktaydı. Bunların ancak bir kısmı günümüze kadar ulaşmıştır. Mimar Sinan bu külliyenin camisinde Ayasofya Camii'nin daha çağdaş bir modelini uygulamıştır. Genellikle cami girişlerinin üzerinde bulunan yarım kubbe kullanılmamıştır; bu sebeple camiye girildiği gibi ana kubbenin altına ulaşılmaktadır. Caminin girişinde bulunan şadırvan dikkat çekici güzelliktedir. Pencere kapakları ve kürsüde kullanılan ahşap üzerine kakma bezemeler mermerden yapılan mihrap ve minber ince bir işçilik ürünüdür. Medrese, caminin kuzeyinde bulunmaktadır. Cami ile medrese arasında, biri Mihrimah Sultan'ın iki oğluna, diğeri ise Sadrazam İbrahim Ethem Paşa'ya ait iki türbe bulunmaktadır. Sıbyan mektebi caminin kıble yönündedir. Külliyeye ait tabhâne, imarethâne ve han günümüze kadar ulaşmamıştır. Mihrimah Sultan Külliye içindeki camiyi karanlık bulmuş, onun bu hoşnutsuzluğunu unutmayan Sinan, Mihrimah Sultan'ın yıllar sonra Edirnekapı'da yaptıracağı ikinci külliyenin camisini şimdiye kadar hiçbir camide yapmadığı kadar aydınlık inşa etmiştir. Günümüzde medrese dispanser, imaret ise kütüphane olarak kullanılmaktadır.

AZİZ MAHMUD HÜDAYİ TÜRBESİ

Gezmek için ne kadar zaman ayırmak gerekli: **45 dakika**

Üsküdar'ın ve İstanbul'un en çok ziyaret edilen türbelerinden biri olan Aziz Mahmut Hüdayi Türbesi ve Camii Doğancılar civarında Üsküdar merkezine yaklaşık on beş dakikalık yürüme mesafesinde bulunmaktadır. Türbenin bulunduğu şu anki yerde Aziz Mahmut Hüdayi Hazretleri tarafından kurulan bir dergâh bulunmaktaydı.

Aziz Mahmut Hüdayi Hazretleri Anadolu'da yetişen büyük velilerden biridir. 1572 yılında Şereflikoçhisar'da dünyaya gelmiştir. Çocukluğu ve ilk tahsilini Sivrihisar'da yapmıştır. İlmini ilerletmek için İstanbul'a gitmiş, Küçük Ayasofya Medresesi'nde ilim tahsiline devam etmiş, genç yaşta tefsir, fıkıh ve zamanının fen ilimlerine vakıf hâle gelmiştir. Hocası Hazırzade Ramazan Efendi onu yanına yardımcı olarak almıştır. Aziz Mahmut Hüdayi Hazretleri 33 yaşında iken hocası ile birlikte Bursa'ya gelmiştir. Burada üç yıl müderrislik yaptıktan sonra hocası Hazırzade Ramazan Efendi'nin ölümü sonrası Bursa Kadılığına getirilmiştir. Bursa kadısı iken başından geçen bir olay sonrası kadılığı bırakarak Üftade Hazretlerinin talebesi olmuştur.

Aziz Mahmut Hüdayi Hazretleri hocasının vefatından sonra manevi bir işaretle Trakya'ya gitti. Bir müddet sonra da dönemin Şeyhülislamı Hoca Saadettin Efendi vasıtasıyla İstanbul'a geldi. Küçük Ayasofya Camii tekkesinde hocalık yapmaya başladı. Bu arada Fatih Camii'nde talebelere tefsir, fıkıh ve hadis dersleri verdi. Burada aldığı müddet içinde ilim ve devlet adamlarına uzanan geniş bir muhit edindi. Bu arada Üsküdar'da kendi dergâhının bulunduğu yeri satın aldı. Dergâhını burada inşa etti. Dergâhında yüzlerce talebe yetiştirdi. Kısa sürede namı her yanda duyuldu. Akın akın talebeler dergâhına koştular. Dergâh en fakirinden en zenginine ve en üst kademedeki devlet adamlarına dek dolup taşmaktaydı. Devrin padişahları da ona hürmette kusur etmiyorlardı. III. Murad Han, III. Mehmed Han, I. Ahmed Han, II. Osman Han ve IV. Murad Han'a nasihatlerde bulundu. IV. Murad Han'a saltanat kılıcını kuşatan Aziz Mahmut Hüdayi Hazretleri 1628 yılında vefat etti. Türbesi Üsküdar'daki dergâhındadır. Dün olduğu gibi bugün de insanlar akın akın bu gönül insanını ziyaret etmekte, onun himmetinden istifade etmektedirler.

AYAZMA CAMİİ

Gezmek için ne kadar zaman ayırmak gerekli: **15 dakika**

Üsküdar'da, Salacak'la Şemsipaşa semtleri arasında, Kızkulesi'nin karşısında ve Marmara'ya hâkim bir tepe üzerindedir. 1760–1761 yıllarında Sultan III. Mustafa tarafından annesi Mihrişah Emine Sultan ile kardeşi Şehzade Süleyman adlarına yaptırılmıştır. Mimar Mehmed Tahir Ağa'nın eseridir. Caminin yerinde daha evvelce Ayazma Sarayı ve Bahçesi olduğundan bu ismi almıştır.

Avrupa sanat üslûplarının etkisinde yapılmış camilerdendir. Üç kapılı avludan camiye merdivenle çıkılır. Minaresi tek şerefelidir. Minberi oymalı renkli mermerden, mihrabın içi kırmızı somakidendir. Binanın doğusundaki hünkâr mahfilinin duvarlarında İtalyan çinileri yer almıştır. Cami içinde Hattat Seyyid Abdullah ve Hattat Seyyid Mustafa'nın yazıları vardır.

Haziresinde birçok mezar bulunmaktadır. Sol köşedeki çeşme Şair Zihni'nin kitabesi ile süslüdür.

SELİMİYE KIŞLASI

Gezmek için ne kadar zaman ayırmak gerekli: **15 dakika**

Selimiye Kışlası ilk olarak III. Selim zamanında yeni kurulan Nizam-ı Cedid askerleri için kesme bir taş kaide üzerine ahşap bir yapı olarak inşa edildi. Yeniçerilerin isyanı sonucunda yıkılan bu kışla II. Mahmut devrinde kâgir olarak yeniden inşa edildi. II. Mahmut zamanında kurulan Sekban-ı Cedid ordusu da burada konuşlandırıldı. Sultan Abdülmecid zamanında iki defa yenilenen kışlanın dört köşesine yedişer katlı birer kule inşa edildi.

Selimiye kışlası Kırım Savaşı sırasında İngiliz askerlerine tahsis edildi. Modern hemşireliğin kurucusu olarak kabul edilen Florance Nightingale 1854'te kışlaya gelerek yaralı İngiliz askerlerin tedavisinde görev aldı. Florance Nightingale ve beraberindekilerin kaldığı oda günümüzde müzeye dönüştürülmüştür. Müze 1954 yılından bu yana sivil ziyaretlere açıktır.

Selimiye Kışlası hâlen Türk Silahlı Kuvvetleri Birinci Ordu Komutanlığına ev sahipliği yapmaktadır. Bu arada, kışlanın dış bahçesinde İstanbul'un birçok noktasından görülebilen altmış sekiz metre uzunluğuyla Türkiye'nin en büyük bayrak direği bulunmaktadır. Ağırlığı on iki ton olan ve 20 Temmuz 2005 tarihinde hizmete giren bayrak direğinin gönderinde, 15x10 metre ebadında bir Türk bayrağı bulunmaktadır.

BEYLERBEYİ CAMİİ

Gezmek için ne kadar zaman ayırmak gerekli: 25 dakika

Boğaziçi'nin Anadolu yakasında, Beylerbeyi İskelesi yanında ve deniz kıyısındadır. Sultan I. Abdülhamid tarafından 1778 yılında annesi Rabia Sultan'ın anısına yaptırılmıştır. Mimar Tahir Ağa'nın eseridir. Camii barok üslubundadır ve kesme taştan inşa edilmiştir. 55 pencereli, iki minareli, sekizgen tabana oturan bir yapıdır. Tek kubbesi vardır, mihrabın önündeki alan ise yarım bir kubbe ile örtülüdür. İç yüzeyi kalem işiyle süslenmiştir. Cami hem Osmanlı hem de Avrupa çinileriyle kaplanmıştır. Bu hâliyle cami âdeta farklı kültürlerin bir araya geldiği bir sergi görünümündedir.

YENİ VALİDE KÜLLİYESİ

Gezmek için ne kadar zaman ayırmak gerekli: 25 dakika

Üsküdar'da, Hâkimiyet-i Milliye Caddesi'nin Üsküdar Meydanı ile birleştiği yerdedir. 1708–1710 yılları arasında Emetullah Gülnuş Valide Sultan adına, Sultan III. Ahmed tarafından Mimar Bekir'e yaptırılmıştır. Külliye bir cami, hünkâr mahfili, türbe, sebil, muvakkithâne, sıbyan mektebi, dükkânlar, imaret ve çeşmeden müteşekkildir.

Cami, etrafını kuşatan bir dış avlunun içinde yer alır. Cami ve iç avlu, dış avluya göre daha yüksektir. İç avluda güzel bir şadırvan bulunmaktadır. Cami, klasik üsluba göre

yapılmıştır. Bir büyük kubbe ve onu destekleyen dört yarım kubbesi vardır. Caminin çifte şerefeli minareleri, klasik mimariyle yapılmıştır. Caminin içi ise çinilerle bezenmiştir.

Caminin doğu köşesinde, sonraki dönemlerde yapılmış, günümüzde oldukça bakımsız durumda bulunan bir hünkâr kasrı yer alır. Dış avlu duvarının güneydoğu köşesinde türbe, sebil, muvakkithâne ve çeşmeler yan yana yer alır. Türbe Emetullah Gülnuş Valide Sultan'a aittir. Sıbyan Mektebi, imaret ve dükkânlar ise dış avlunun kuzey yönündedirler.

KARACAAHMET

Karacaahmet semti Nuhkuyusu, İcadiye Tunusbağı, Çiçekçi, Talimhâne, Haydarpaşa, Harmanlık gibi Üsküdar'ın en eski mahallerinin ortasında içinde bir tarihi barındıran müstesna bir semttir.

Karacaahmet mevkii, adı Hacı Bektaş-ı Veli ile birlikte anılan ve yine Hacı Bektaş-ı Veli tarafından, dinî yaymak üzere Bizans'a (İstanbul'a) gönderilen Karaca Ahmet Sultan'ın burada bulunan türbesi/makamı sebebiyle, onun adı ile anılır olmuştur. Karaca Ahmet Sultan, Horasan Türk beylerinden Süleyman-ı Horasanî'nin oğludur. 14. yüzyılda Moğol istilası önünde göçen büyük Türk kafileleri arasında Anadolu'ya gelmiştir. Bu sırada Selçuklu Devleti son günlerini yaşıyordu. Önce bozulmuş ve çürümüş Bizans Hükümeti'nin topraklarını yer yer fethe çalışan Türk mücahitler ordusunun saflarına karışmış, birçok fetihlerde bulunmuş, daha sonra hekimliğini, kerametlerini gösterip Anadolu halkının derdine deva olmaya çalışmıştır.

Karacaahmet ismi genelde insanlara ölümü hatırlatır. Bunun sebebi semtte bulunan Karacaahmet mezarlığıdır. İstanbul'daki en eski ve en büyük Müslüman mezarlığı olan Karacaahmet sadece İstanbul'un değil, Türkiye'nin en büyük mezarlığıdır.

Adını Karaca Ahmet Sultan'dan alan mezarlığın tesisi çok eski tarihlere dayanır. İstanbul'un İslam orduları tarafından kuşatması sırasında şehîd olan askerlerin buraya gömüldüğü sanılmaktadır. Mezarlıkta hiçbir zaman Roma veya Bizans lâhdine rastlanmamıştır.

Karacaahmet'te bulunan başlıca tarihî eserleri sıralayacak olursak;

Mezartaşları

Karcaahmet mezarlığında Osmanlı Dönemi'nden kalma mezar taşları başlı başına birer sanat eseridirler. Osmanlı Dönemi'nde yapılan bu zarif eserler mezarlıklara atfedilen o kasveti adeta ortadan kaldırmaktadır.

Karaca Ahmet Sultan Türbesi

Nuhkuyusu Caddesi ile Gündoğumu Caddesi'nin birleştiği köşededir. Karşısında Ahmed Ağa Camii, sol tarafında Hicri 1154 Miladi 1741 tarihli Sadeddin Efendi sebil,

çeşme ve açık türbesi, sol gerisinde halkın yanlış olarak Karaca Ahmet Sultan'ın atının mezarı dediği, altı sütunlu ve tek kubbeli, Rum Mehmed Paşazade Nişancı Hamza Paşa'nın açık türbesi vardır.

Türbe, saray matbahı (mutfağı) memuru Ziya Bey tarafından karısının ruhu için yaptırılmıştır.

Karaca Ahmet Sultan'ın gerçek türbesi, Manisa'nın beş kilometre kuzeybatısındaki Horoz köyündedir. Karaca Ahmet'in İstanbul'daki makamı, 946/1539 tarihinde gördüğü bir rüya üzerine, Gülfem Hatun tarafından yaptırılmıştır. Kendisi Manisa Sarayı'nda bulunduğu sırada sık sık Horoz köyüne giderek Karaca Ahmet'in türbesini ziyaret ediyordu.

Sadeddin Efendi Türbesi

Karaca Ahmet Türbesi'nin sol tarafındaki mezarlığın yanında yer alır. Bu açık türbe, yol seviyesine göre yüksekte ve kesme taş bir kaide üzerindedir. Türbenin sol tarafında Sadeddin Efendi'nin 1154/1741 tarihinde vefat eden kızı için yaptırmış olduğu çeşme ve sebil bulunmaktadır. Türbede Sadeddin Efendi'nin ve yakınlarının, taş işçiliğinin muhteşem örneklerini teşkil eden mezar taşları bulunur.

Melek Baba Türbesi

Karacaahmet Mezarlığı içerisinde, mezarlık şefliği binasından Yanık Ömer Kapısı'na giden iki yolun birleştiği köşede olup etrafı ve üstü demir parmaklık ile çevrili açık bir türbedir. Sikkeli baş taşı üzerinde 1117/1705 tarihli bir kitabe bulunur. Hayatı hakkında bilgi bulunmayan bu zata halk Melek Baba diyor.

Kaygusuz İbrahim Baba Türbesi

Duvardibi Karakolu arkasında, 7. Ada'da ve mezarlık duvarının hemen üzerindedir. Açık türbe olup, her tarafı demir parmaklık ile çevrilmiş ve örtülmüştür. Kaygusuz İbrahim Baba, bir Kadirî şeyhi olup Ayasofya Camii civarında, eski adı Toprak Sokak olan İncili Çavuş Sokak üzerinde tekkesi vardır. Ahşap tekke bugün de mevcuttur.

Hasan Efendi Türbesi

Mezarlık içersinde, dokuzuncu Ada'dadır. Etrafı demir parmaklık ile çevrilmiş açık türbedir. Tercüman-ı Haremeyn Hasan Efendi'nin şâhidesindeki kitabe 1293/1877 tarihlidir. Ayrıca, şâhidesi üzerinde Nakşî, Bedevî ve Mevlevî sikkelerinin eşi bulunmaz kabartmaları vardır. Hattı nefistir. Kitabesi, türbesi Hasan Efendi Türbesi'nin yakınında bulunan Şeyh Osman Şems Efendi'nin eseridir.

Hacı Faik Bey Çeşmesi

Arakiyeci Hacı Cafer Mahallesi'nde, Tunusbağı Caddesi ile Ethem Paşa Sokağı'nın kesiştiği köşe başındadır. Karacaahmet Mezarlığı'nın başlangıç noktasını oluşturur.

Gayet güzel bir sülüs ile yazılmış olan üç satırlık kitabesine göre çeşme, 1093/1681'de yaptırılmıştır. Zamanla tahrip olan çeşmenin 1325/1907'deki ihyası sırasında kitabesinin yeri değiştirilerek, aynı yere onarım kitabesi konulmuştur. Çeşmeyi ihya edenin Hacı Faik Bey adında biri olduğunu anlıyoruz. Bânisinin (inşa ettirenin) adı bilinmediğinden, çeşme Faik Bey'in adı ile anılmaktadır. Faik Bey Çeşmesi, klasik üslûpta yapılmış, yalın görünüşlü bir çeşmedir.

İsa Ağa Çeşmesi

Karacaahmet'i İbrahimağa'ya bağlayan caddenin biraz gerisinde, mezarlığa bitişik bir konumdadır. Banisi Sultan II. Mahmud'un hazinedarı Hafız İsa Ağa'dır. 1266/1811'de inşa edilmiştir. Kitabesini Şair Vâsıf söylemiş, Hattat Mustafa Râkım yazmıştır.

Ahmed Ağa (Karacaahmet) Camii

Karaca Ahmet Türbesi'nin karşısında, Karacaahmet Mezarlığı'na bitişiktir. Caminin kuzeybatı köşesinde, imam odası ile pencere arasındaki on dört satırlık manzum kitabe yapının, üzengi ağalarından Rodoslu Hacı Hafız Ahmed Ağa tarafından ahşap olarak yaptırıldığını, daha sonra oğlu Tophane Müşiri Fethi Ahmed Paşa tarafından 1272/1857'de yeniden inşa ettirildiğini belgelemektedir.

Cevri Usta (Nuhkuyusu) Camii

Gezmek için ne kadar zaman ayırmak gerekli: 1 saat

Nuhkuyusu Caddesi'nde yer alır. Sultan II. Mahmud'un hayatının kurtulmasına vesile olan Cevri Usta'nın anısına inşa edildiği tahmin edilen caminin, bânisini belirten kitabesi yoktur. Nuhkuyusu adıyla da anılan cami, 1884'te tamir edilip yenilenmiştir.

İranlılar Mescidi

Gezmek için ne kadar zaman ayırmak gerekli: 15 dakika

Karacaahmet Mezarlığı'nın doğusunda, Seyyid Ahmet Deresi Sokağı'nın sonundaki İranlılar Mezarlığı'nın içindedir. 'Seyyid Ahmed Deresi Mescidi' olarak da bilinir. Yapının aslı ahşap olup büyük bir yangın geçirmiştir. Bu yüzden ilk yapının tarihi bilinmemektedir. Günümüze kalan kâgir yapının kitabelerinin birinde görülen en eski tarih ise 1271/1854-55'tir. Mescit, Neoklasik üslûpta yapılmıştır. Son derece bakımlı olan mescidin cemaati, çoğunlukla İranlı Azerilerden oluşur.

Miskinler Tekkesi (Cüzamhâne)

Gezmek için ne kadar zaman ayırmak gerekli: 15 dakika

Osmanlılarda 'Miskinler Tekkesi', 'Miskinler Dergâhı' ve 'Miskin-

Osmanlı Dönemi Üsküdar Semtinden görünüm

hâne' adları da verilen cüzamhânelerin ilki II. Murad tarafından Edirne'de yaptırılmış ve 1627'ye kadar faaliyetini sürdürmüştür. En önemli cüzamhâne ise 1514'te İstanbul'da Karacaahmet'te yapılan Miskinler Tekkesi idi. Dokuz hücresi, mescidi ve çeşmesi vardı. Bahçe içinde bir binaydı ve hücrelerin kapı ve pencereleri iç avlu gibi kullanılan ikinci bahçesine açılmaktaydı. Her odada bir ocak ve önünde de ahşap bir revak bulunuyordu. Ayrıca hamamı ve çamaşırhânesi vardı.

Miskinler Tekkesi kadı tarafından tayin edilen bir mütevelli tarafından yönetilmekteydi. Atik Valide tarafından buraya her gün kırk ekmek, imaretten de çorba ve pilav gönderilirdi. Etleri de Kavak Mezbahası'ndan gelmekteydi. Diğer masraflar ise tekkenin önüne yerleştirilen üstü oyuk sadaka taşlarına bırakılan paralarla karşılanmaktaydı. Gözcü Dede para bırakıldığını haber verdiğinde hastalar hep bir ağızdan para verenlere dua ederdi. Sekiz sadaka taşından bugün hiçbiri mevcut değildir.

1927'ye kadar cüzzamlıları barındıran Miskinler Tekkesi, daha sonra bir yangın geçirmiş, 1938'e kadar harap bir halde kalmış, sonra da tamamen yıkılmıştır. İbrahim Ağa Yolu açılırken 'Dedeler Mescidi' adı verilen mescidi de yıkılmıştır. Cüzamhânenin kitabesi Türk İslam Eserleri Müzesi'ndedir. Bugün cüzamhânenin sadece çeşmesi bulunmaktadır.

ZEYNEP KÂMİL HASTANESİ

Nuhkuyusu Caddesi'ndedir. Mısır Valisi Kavalalı Mehmed

Ali Paşa'nın kızı ve Sadrazam Yusuf Kâmil Paşa'nın eşi olan Zeynep Hanım tarafından, eşinin de desteğiyle yaptırılmıştır. 1860'ta inşasına başlanan hastane iki senede tamamlanmış, 1862'de hizmete girmiştir. Zeynep Hanım ile Kâmil Paşa, hastanenin idaresi için vakfiye bırakmadıklarından varislerinden Said Halim Paşa ile Abbas Halim Paşa sonraları hastane masrafı olarak, Osmanlı maliyesine bir miktar yardımda bulunmuşlardır.

Hastaneye ilk hastalar 1895'te başvurmuştur. Ertesi yıl Cemil Paşa' nın (Topuzlu) idaresine geçen hastane, I. Dünya Savaşı'ndan sonra Cemil Paşa'nın ayrılması ve Said Halim Paşa'nın da tahsisatı kesmesi üzerine Haydarpaşa Askerî Hastanesi'nin hizmetine verilmiş, daha sonra Mahzar Osman'ın başhekimliğinde akıl hastanesi olarak kullanılmıştır.

1936'da Haydarpaşa Numune Hastanesi'nin açılmasıyla sadece doğum ve kadın hastalıklarına ait vakalar kabul edilmeye başlanmıştır.

ÇİNİLİ CAMİİ

Gezmek için ne kadar zaman ayırmak gerekli: **15 dakika**

Üsküdar sırtlarında yer alan cami, Çinili mevkiinde, Allame Caddesi ile Çinçin Hamam Sokağı'nın birleştiği yerdedir. Çinili Mescit Sokağı ile Çinçinli Hamam Sokağı'na açılan avlu kapıları vardır. Camiin sol tarafında ve yolun karşısında meşhur Efganlılar Tekkesi ve Çinçinli Hamam Sokağı üzerinde ve camiden yüz adım ileride Ümmi Ahmet Efendi Tekkesi bulunmaktadır. Cami, 1640 tarihinde, Sultan I. Ahmet'in eşi, Sultan IV. Murad'ın ve Sultan İbrahim'in annesi Mahpeyker Kösem Sultan tarafından yaptırılmıştır. Camiden başka, bir medrese, bir şadırvan, bir sebil, bir mektep, bir çeşme ve bir de çifte hamam bina edilmiştir.

ÇAMLICA

Gezmek için ne kadar zaman ayırmak gerekli: **1 saat**

Büyük ve Küçük Çamlıca tepelerinde eskiden çam koruları bulunduğu için bu tepelere Çamlıca adı verilmiş. Bugün o eski çamlardan pek azına rastlanmaktadır. Büyük Çamlıca üzerindeki çamlar yakın yıllarda dikilerek yetiştirilmiştir. Eskiden iki Çamlıca'dan biri Eski Çamlıca, öteki Yeni Çamlıca adını taşırdı. Sultan Murad'ın Çamlıcası denilen yer, Küçük Çamlıca'dır.

Yeni Çamlıca denilen Küçük Çamlıca, Dördüncü Mehmed zamanında bakım görerek gezi yeri durumuna getirildi. Dördüncü Mehmed, Küçük Çamlıca'da 1650 yılında bir cami ve bir köşk yaptırdı. O zamanlar Büyük Çamlıca, bir dağ tepesi sayılıyor, burada bir tekke ile padişahın Bağ-ı Cihan adlı bir bahçesi bulunuyordu. Çamlıca'da daha çok bahçeli köşkler yer alır. Çamlıca'ya Boğaziçi Köprüsü, Altunizade çıkışı, Kısıklı ve Büyük Çamlıca Caddeleri takip edilerek gidilebilir. Buradaki tesisler, İstanbul Büyükşehir Belediyesi tarafından işletilmektedir.

NEREDE YENİR NEREDE OTURULUR

Belediye Çamlıca Tesisleri, (0216) 443 21 98 (0216) 443 21 99

KUZGUNCUK

Gezmek için ne kadar zaman ayırmak gerekli: **1 saat**

Kuzguncuk Beylerbeyi ile Üsküdar arasında Boğaziçi'ne açılan birer vadi içine kurulmuştur. Bir görüşe göre Kuzguncuk adı köyün eski ismi olan Kosnitza'nın bozuk bir şeklidir. Evliya Çelebi'ye göre ise köy, ismini Fatih zamanında buraya yerleşen Kuzgun Baba isimli bir kişiden almıştır. 17. yüzyıl kaynaklarına göre Kuzguncuk köyü bir Musevi köyü olarak anılmaktadır. Museviler Kuzguncuk'u Kudüs toprağına bitişik saydıklarından, buraya çok önem verirler ve vaat edilmiş topraklara gidemeyenleri Kuzguncuk Musevi Mezarlığı'na defnetmeyi tercih ederlermiş. Ayni tarihlerde burada, Rumların da oturduğu bilinmektedir. Ermeniler ise, 18. yüzyılda yerleşmeye başlarlar. 1855 yılında kurulan Şirket-i Hayriyye'nin burada da bir iskelesi vardır. Bu iskele bugün de işlemektedir. 20. yüzyıl ortalarından itibaren Kuzguncuk'ta Türkler de çoğalmaya başlamıştır.

Kuzguncuk'ta, bir camii, bir mescit, iki Rum Ortodoks, bir Ermeni kilisesi, bir sinagog biri harap iki hamam bulunmaktadır. Kuzguncuk'ta bugün bir Müslüman mezarlığı, bir Rum mezarlığı (Marko Paşa da burada gömülüdür) ve bir Musevi mezarlığı mevcuttur. Bu bize Musevilerin burayı niçin Kudüs toprağına bitişik saydıklarını bize göstermektedir. Çünkü Bu yer aynen Kudüs gibi üç semavi dini aynı anda bünyesinde barındırmaktadır. Bu özelliği ile Kuzguncuk Anadolu topraklarında yüzyıllardan bu yana

var olan hoşgörü iklimini de yansıtan yerlerden biridir.

Kuzguncuk'u son dönemde ön plana çıkaran bir özelliği de izleyicinin beğenisini kazanmış olan Perihan Abla, Ekmek Teknesi, Hayat Bilgisi gibi TV dizilerine ev sahipliği yapmasıdır. Bunların dışında birçok dizi de kimi sahnelerinde Kuzguncuk'u çekim mekânı olarak kullanmaktadırlar. Kuzguncuk'a bir şeyler yiyip içmeye geldiğinizde sizi birçok alternatif beklemektedir. Bu mekânlardan birisi sahildeki Çınaraltı Cafe ve İsmet Baba Lokantası'dır. Ayrıca sahildeki Dilim Pastanesi de önemli alternatiflerden birisidir.

Fethi Paşa Korusu

Kuzguncuk'a gelindiğinde mutlaka ziyaret edilmesi gereken yerlerden biri de Fethi Paşa Korusu'dur. Üsküdar'ın kuzeyinden başlayarak

Koruda Büyükşehir Belediyesi'ne ait sosyal işletmeler bulunmaktadır. Ayrıca özel işletmeler de mevcuttur. Yine koruda insanların kullanabilecekleri yürüyüş alanları bulunmaktadır.

NEREDE YENİR NEREDE OTURULUR

(0216) 391 65 60 - 391 06 59

bütün sırt ve yamaçları kapsadıktan sonra Kuzguncuk tepesinde son bulan koru adını II. Mahmut (1808–1839) ve Abdülmecid (1839–1861) zamanında Tophane Müşiri olan Damat Fethi Ahmet Paşa'dan almıştır. Korunun son sahibi paşanın torunlarından Avukat Şevket Mocan'dır. Yazar Cemil Meriç de bu koru içindeki evde uzun bir müddet ikamet etmiştir.

Beylerbeyi Sarayı

Gezmek için ne kadar zaman ayırmak gerekli: **1 saat**

Beylerbeyi ve çevresinin yerleşim alanı olarak kullanılması tarihte oldukça eskilere, Bizans Dönemi'ne kadar gitmektedir. 18. yüzyılda yaşamış olan ünlü gezgin İnciciyan'a göre, Büyük Kontstantinus'un diktirdiği bir haçtan dolayı Bizans Dönemi'nde "İstavroz Bahçeleri" adıyla anılan yöre, Osmanlılar Dönemi'nde padişahların Has Bahçeleri'nden biri olarak kullanılmıştır. Yine İnciciyan'a göre buraya "Beylerbeyi" adının verilişi, 16. yüzyılda Beylerbeyi Mehmed Paşa'nın burada bulunan köşkünden kaynaklanmaktadır.

Çeşitli dönemlerde padişahların ilgisini çeken Beylerbeyi, yaptırılan

kimi köşk ve kasırlarla yazlık olarak kullanılan bir niteliğe kavuşmuş, 1829 yılında Sultan II. Mahmud'un yaptırdığı ahşap Sahil Sarayı ile yeni bir hareket kazanmıştır

Bugünkü Beylerbeyi Sarayı, Sultan Abdülaziz tarafından II. Mahmud'un ahşap Sahil Sarayı yıktırılarak 1861–1865 yılları arasında, dönemin tanınmış mimarı Serkis Balyan'a yaptırılmıştır. Saray genellikle yaz aylarında, özellikle de yabancı devlet başkalarının ağırlanmasında kullanılmıştır. Sırp Prensi, Karadağ Kralı, İran Şahı, Fransız İmparatoriçesi Eugenie bunlardan bazılarıdır. Sultan II. Abdülhamid de 1918 yılında, ömrünün son altı yılını geçirdiği bu sarayda ölmüştür.

Bodrum katı mutfak ve depo olarak kullanılan, bir bölümü üç katlı olan sarayda; üç giriş, altı salon ve yirmi altı oda bulunmaktadır. Rutubete ve sıcağa karşı döşemeleri, orijinalleri Mısır'dan getirtilen hasırlarla kaplanmıştır. Çoğunluğu Hereke yapımı büyük boyutlu halı ve kilimleri, Bohemya kristal avizeleri, Fransız saatleri, Çin, Japon, Fransız Yıldız vazoları görülmeye değer sanat yapılarının yalnızca bir bölümüdür.

Batı ile ilişkilerin güçlendiği bir dönemde yapılan Beylerbeyi Sarayı' nın en ilginç yanı, Set Bahçeleri'nin altından geçen tarihî Tünel'dir. Tünel'in ortasında yer alan çeşmenin kitabesinde, Sultan II. Mahmud'un adı geçmekte ve yapının tarihlendirilmesinde önemli bir ipucu oluşturmaktadır. Üst set bahçesindeki büyük havuz ve Mermer Köşk gibi II. Mahmud zamanından (1808–1839) kalan bu tünel, kıyı yolunun işlevini sürdürmesini sağlarken, aynı zamanda yüksek duvarların ötesi ile bahçelerin bağlantısını da kurmaktadır.

Kuleli Askerî Lisesi

Gezmek için ne kadar zaman ayırmak gerekli: **15 dakika**

Üsküdar ilçesinin boğaz mevkiinde Çengelköy ile Vaniköy semtleri arasında bulunan önemli tarihî mekânlardan biri de Kuleli Askerî Lisesi'dir. Binanın tarihi Fatih Dönemi'ne dek uzanmaktadır. Fatih, İstanbul'u fethettiği zaman şu anki

binanın bulunduğu yerde Papaz korusu namı ile anılan bir koru ve içerisinde bir manastır ve bir kule bulunmaktaydı. Yavuz Sultan Selim devrinde (1512 -1520) bu manastır yeniçerilere kışla olarak verildi. Hatta bu kışla mevkii Bostancıbaşı Odaları diye anılırken zamanla güzel ve süslü bir bahçe hâline gelişinden olacak Kuleli Bahçesi diye tanındı. Kuleli Bahçesi, Osmanlı saraylılarına çiçek ve sebze yetiştirmekte kullanıldı. Kanuni, şehzadeliğinde gezmek için buraya gelirdi.

Kanuni Sultan Süleyman (1520-1577) padişah olunca bahçede yüksek bir kulesi bulunan dokuz katlı ve her katı fıskiyeli havuzlarla süslenen büyük bir kasır yaptırdı. Yaz aylarında bilhassa buraya gelir otururdu. Sultan III. Ahmet (1703–1730) devrinde kule bahçesi ve etrafı has olarak kendisine verildi. Bizans devrinden kalan kule yıktırıldı. Abdülmecit devrinde (1839–1861) kışla yanında yerine, yarı kârgir olarak yenisi inşa edildi(1843). İki tarafına da kuleler yapıldığından kışlaya bu tarihten itibaren Kuleli Kışla denilmeye başlandı.

Kafkasyalı Hüseyin Paşa tarafından tertiplenen Sultan Abdulmecit'i tahtından indirmek hedefini güden bir hareketin meydana çıkarılması üzerine, suçluların Serasker Rıza Paşa tarafından muhakemesi Kuleli Kışlasında yapıldı. (Kuleli Vak'ası, 1859)

Kırım Savaş'ına iştirak etmek üzere İstanbul'a gelen Fransız ve İngiliz askerlerin bir kısmı Fransa'nın İstanbul Maslahatgüzarı M.Cheferre'in isteklerine uyularak bu kışlaya yerleştirildi. (1854) Burası müttefik askerlerin kışla ve hastanesi hâline getirildi.

Kışla, 1856'da İngilizler tarafından boşaltılırken, çıkarılan kastî bir yangınla tamamen yandı ve harap boldu. Abdülaziz devrinde (1861–1876) kışla ana duvarları kâgir, iç bölmeleri, tavan ve tabanları ahşap olarak iki kat halinde inşa edildi. (1871) Böylece bugünkü kışla ortaya çıktı.

Birinci Dünya Savaşı sırasında okul bir dönem Büyükada'daki Rum Yetimhânesi'ne taşınmıştır. Birinci Dünya Savaşı sonunda, İngilizlerin Mondros Mütarekesi'ne dayanan istekleri üzerine okul binası boşaltıldı. Bina, İngilizler tarafından Ermeni yetim ve göçmenlerine tahsis edildi. (5 Kasım 1920) 26 Ağustos 1922'de başlayan Büyük Taarruz'un parlak bir zaferle sonuçlanması sonucu başlayan Lozan Barış Görüşmeleri ile beraber İngilizler, Kuleli Kışlası'nı boşaltarak Türk makamlarına teslim etmişlerdir. Böylece okul, üç yıllık bir aradan sonra, 6 Ekim 1923'te eski binasına yeniden taşınmıştır.

1924'te çıkarılan "Tevhid-i Tedrisat (Eğitimin Birleştirilmesi) Kanunu" ile okul sivil liseye dönüştürüldü. Adı da "Kuleli Lisesi" olarak değiştirildi. Aynı ders yılı sonunda bu uygulamaya son verilmiş ve okul tekrar askerî liseye çevrilmiştir. 1925'te "Kuleli Askerî Lisesi" şeklinde bugünkü adını almıştır.

KADIKÖY

M.Ö. 1000 yılı civarında Fenikeliler tarafından kurulan Kadıköy, bundan sonra Yunan kolonisi olmuş ve iskân sahaları Moda Burnu'na doğru yayılmıştır. Bu dönemde semtin adı, Harkedon'dan Halkedon'a dönüşür.

Bir ara bağımsız bir devlet olarak kendi adına para bile bastıran Halkedon, M.Ö. 7. yüzyıl civarında karşı kıyıda bir Yunan şehrinin günden güne yükselişi karşısında büzülür, içine kapanır ve zamanla gözden düşer.Bu Avrupalı şehir, yaklaşık 1000 yıl sonra "Konstantinopolis" ya da "Yeni Roma" olarak ihtişamının zirvesine tırmanacak olan Bizantion'dan başkası değildir. Tarihçi Herodot'un aktardığına göre, Delphi kâhinleri de, Sarayburnu'ndaki bu avantajlı konumu değerlendiremeyip karşı kıyıya yerleşen Kadıköylüleri kastederek buraya "Körler Ülkesi" demişlerdir.Semti dünya tarihinde, özellikle Hristiyanlığın tarihinde kritik bir dönemece yerleştiren hadise, Kadıköy Konsili'nin burada toplanmış olmasıdır. M.S. 451 yılında çeşitli Hristiyan mezheplerine mensup 520 dolayında piskopos ve piskopos temsilcisi o zamanki Aya Euphemia Kilisesi'nde toplanmış, Hz. İsa'nın insan mı yoksa Tanrı mı olduğu münakaşası bir uzlaşmaya bağlanmış ve bugünkü formülasyonuna Kadıköy'de kavuşmuştur. İstanbul'da bir Patrikliğin kurulmasına da aynı konsilde karar verilmiştir.

Kadıköy; Emeviler, Abbasiler ve Sasaniler tarfından kuşatılır. 1080 yılında semt ilk kez Türkler tarafından ele geçirilir. İznik'i merkez yapan Kutalmışoğlu Süleyman Bey komutasındaki akıncılar Kadıköy'ü Selçuklu ülkesine katmışlardır.Nihayet 14. yüzyılda Kadıköy, artık yeni sahipleri olan Osmanlılarla tanışacaktır. 1331'de Orhan Gazi kuvvetlerinin Bizans İmparatoru karşısındaki zaferi, bölgeyi Osmanlı toprağı haline getirmiştir. Ardından, Bursa'daki Geyikli Baba'nın müritlerinden Gözcü Baba (Göztepe), Eren Baba (Erenköy), Kartal Baba (Kartal), Sarı Gazi (Sarıgazi) gibi alperenler gelip Kadıköy civarına yerleşir ve gönül fetihlerini başlatırlar. Semtin şu anki ismi fetihten sonra ortaya çıkmıştır. İstanbul'un fethinden sonra Fatih Sultan Mehmed, Nasreddin Hoca'nın torunlarından olan Hızır Bey Çelebi'yi İstanbul'un kadısı yapar ve kendisine Kadıköy ve çevresini Arpalık olarak tahsis eder. Semt, "Kadı'nın Köyü" anlamında Kadı Köyü olarak isimlendirilmiş zamanla Kadı Köyü'nün sonundaki "ü" harfi düşmüş ve Kadıköy denmeye başlamıştır. 19. yüzyıla gelindiğinde Kadı-köy'ün nüfus yoğunluğunda da bir artış yaşanmış ve Kadıköy kozmopolit bir yerleşim yeri haline dönüşmüştür. Kadıköy için asıl kırılma noktası 19 yüzyıllın ortalarında yaşanır. Bu dönemden ibaren Eminönü - Kadıköy arasında düzenli vapur seferleri yapılmaya başlanır. Ayrıca Haydarpaşa-İzmit demiryolunun hizmete girmesi de bir başka önemli gelişmedir. Artık Kadıköy İstanbullu üst tabakanın bir sayfiye yeri olmasından daha çok şey ifade etmektedir. Artık Kadıköy Anadolu'yu İstanbul'a bağlayan kilit bir nokta haline gelmiştir. Bu durum kısa sürede semtin nüfusunun artmasını sağlar. Öyle ki 1850'lerde dört mahalleye sahip olan semt on yıl içinde yedi mahalleye yükselmiştir.

20. yüzyılın başlarında Kadıköy; Ermenilerin, Müslümanların, Rumların ve Levantenlerin yaşadığı kozmopolit bir semt görünümündedir.

HAYDARPAŞA TREN GARI

Gezmek için ne kadar zaman ayırmak gerekli: **25 dakika**

Gar, daha önce burada bulunan bir başka tren istasyonunun yerine yapılmıştır. Yapımına Sultan II. Abdülhamid zamanında 1906 yılında başlanmış ve iki yıl sonra tamamlanabilmiştir. Mimarları Otto Ritter ve Helmuth Cuno'dur. Haydarpaşa Garı tarihî Hicaz demiryolunun da başlangıç noktasını oluşturmaktaydı.

"U" şeklinde bir plana sahip olan bina beş katlıdır. Her katta bir koridora sıralanmış ofisler yer alır. Deniz tarafındaki cephenin iki köşesinde kuleleri vardır. Oda tavanlarındaki kalem işi bezemelerden günümüze orijinal biçimde ulaşabileni pek azdır. Pencerelerini süsleyen vitrayların bir kısmı da 1979 yılında yaşanan tanker kazası esnasında kırılmıştır.

MARMARA ÜNİV. TIP FAKÜLTESİ

Gezmek için ne kadar zaman ayırmak gerekli: **15 dakika**

Boğazın Eminönü yakasından Kadıköy'ü Üsküdar'a bağlayan sahilde iki büyük yapı dikkati çeker. Bunlardan biri daha önceki bölümlerde aktardığımız Selimiye Kışlası ve Marmara Üniversitesi Tıp Fakültesi binasıdır. Osmanlı Devleti'ndeki medrese tipi öğretimden modern tıp eğitimine geçişin 14 Mart 1827 tarihinde Tıphâne ve Cerrahhâne-i Amire isimli okulun açılmasıyla başladığı kabul edilir; 14 Mart tarihi bu sebeple ülkemizde Tıp Bayramı olarak kutlanmaktadır.

Ülkemizin bu ilk modern tıp okulu, daha sonra Mekteb-i Tıbbiye-i Adliye-i Şahane ismini almış ve İstanbul'un çeşitli yerlerinde hizmet vermiştir. Bugün Marmara Üniversitesi Haydarpaşa Kampüsü olarak hizmet veren ve görkemli mimarisi ile dikkat çeken yapı da, Sultan II. Abdülhamid zamanında 1894 yılında inşasına başlanmış ve Mekteb-i Tıbbiye-i Şahane ismi altında tıp fakültesi olarak inşa edilmiştir. Binada 1903 yılında eğitime başlanmıştır. Bu okul sayesinde, o zamana değin âdeta göçebe bir şekilde hizmet veren ve bir semtten diğerine taşınan tıp okulları, tek bina kompleksinde hizmet veren modern bir kampüs yapısı içerisinde toplanmıştır. Bina, Türkiye'deki modern tıp eğitiminin tarihi içerisinde önemli yer tutmuş, Millî Mücadele'ye ve yakın dönem tıp tarihimizin önemli olaylarına tanıklık etmiştir.

Türkiye'deki modern cerrahinin kurucusu sayılan ve İstanbul'un belediye başkanı olarak da görev yapmış olan Cemil Topuzlu Paşa (1866–1958) anılarında, padişaha Gülhane Kışlası'ndaki gürültüden hastaların şikâyetçi olduğunu belirttiğini yazmaktadır. Padişah da sonunda durumu Serasker Rıza Paşa'ya bildireceğini ve şehir dışında yeni bir tıp okulunun inşa edileceğini söyler. Cemil Topuzlu Paşa, inşaat bedelinin 450 000 altın tuttuğunu da belirtmektedir.

Binanın mimari tasarımı dönemin önde gelen mimarlarında Alexandre Vallaury ve Raimondo D'Aronco'ya aittir.

İnşaat alanı yaklaşık 24.000 m^2 olan okulun duvarlarında Hereke ve Bilecek ocaklarından özel olarak getirilmiş renkli granitler kullanılmış, harçlar için Marsilya'dan su kireci getirilmiştir. Metal kısımlar ise Belçika'dan alınmış, metal çerçeveli pencereler ise, Viyana'da hazırlatılıp getirilmiştir.

İSKELE CAMİİ

Gezmek için ne kadar zaman ayırmak gerekli: **15 dakika**

Sultan III. Mustafa tarafından 1760 tarihinde yaptırılmış olan cami,

1853'de geçirdiği bir yangın sonucunda harap olmuş ve nihayet 1858 yılında Sultan Abdülmecid tarafından kâgir olarak yeniden inşa ettirilmiştir. Bina, Osmanlı Barok üslubunun etkisindedir. Yanında bir sıbyan mektebi olduğu biliniyorsa da bugün mevcut değildir. Mimarının, dönemin Başmimarı Mehmed Tahir Ağa olduğu anlaşılmaktadır. Bu cami önceleri iskele yanında olduğundan İskele Camii olarak adlandırılmıştır. Fakat zamanla denizin bir kısmı doldurulduğundan caminin denizle olan bağlantısı kesilmiştir. Doldurulan bu kısım Kadıköy'ün günümüzdeki araç ve yaya trafiğinin önemli bir kısmını karşılamaktadır.

OSMANAĞA CAMİİ

Gezmek için ne kadar zaman ayırmak gerekli: 15 dakika

Kadıköy'den Söğütlüçeşme'ye doğru giden yol üzerindedir. Geçmişi Fatih Sultan Mehmed devrine kadar uzanır. Caminin yerinde daha önceleri Fatih'in kadısı Hızır Çelebi Efendi'nin bir mescidi bulunmaktaydı. Zamanla harap olan mescidin yerine 1612'de I. Ahmed'in Babüssaade Ağası Osman Ağa (kendisi Sürre Alaylarını tertip etmekle görevliydi) tarafından bir cami yaptırılmıştır. Harap bir vaziyette 1811 yılına kadar gelen cami, II. Mahmud tarafından yeniden yaptırılmış, ancak 1878'de çıkan bir yangında yanmış ve aynı yıl yeniden inşa edilmiştir. Bahçesindeki görkemli çınar ağacı ise 130 küsur yaşındadır.

BAHARİYE

Gezmek için ne kadar zaman ayırmak gerekli: 15 dakika

Kadıköy İskelesi'nden yukarı Söğütlüçeşme istikametine çıkarken karşımıza gelen ilk kavşak Altıyol olarak tabir edilen mekândır. Kuşkusuz buranın simgesi kavşağın tam ortasına konumlandırılmış olan Boğa heykelidir. Bu heykel 1864 yılında Paris'te yapılmıştır. Heykeli Isidore Bonhevr yapmıştır. Almanlar, Fransızları yenince heykel Almanya'ya getirilmiş. 1. Dünya Savaşı sonlarında Alman Kralı II. Wilhelm tarafından 1917 yılında Enver Paşa'ya güç simgesi olarak armağan edilmiştir. Birçok yer değiştirdikten sonra 1969'da Kadıköy'e getirilmiştir. Boğa heykelinin sağ tarafından devam edildiğinde karşımıza gelen cadde Bahariye Caddesi'dir. Cadde, görünüşü itibariyle Beyoğlu'ndaki İstiklal Caddesi'ne benzemektedir. Bahariye Caddesi, günümüzde kafeleri, sinemaları ve restorantları ile özellikle gençlerin yoğun ilgi gösterdiği bir mekândır. Bahariye Caddesi'ni günün hemen her saati yoğun bulmak mümkündür. Bu özelliği ile Bahariye Caddesi İstiklal Caddesi'nin adeta Anadolu yakası versiyonudur.

Bahariye Caddesi'ndeki önemli mekânlardan biri de Süre a Paşa Sinemasıdır. II. Abdülhamid tarafından yaptırılmıştır. Özellikle iç dekorasyonu, yan locaları, tavan resimleri ve heykelleriyle, adeta eski barok opera binalarındaki havayı sunar.

FENERBAHÇE YARIMADASI

Gezmek için ne kadar zaman ayırmak gerekli: 1 SAAT

Kadıköy'ün bir başka önemli özelliği de uzun bir sahil şeridine sahip olmasıdır. Fenerbahçe Yarımadası olarak adlandırılan bu yer İstanbul'un eşsiz güzelliğe sahip yerlerinden biridir. İstanbul'un büyük şairi Yahya Kemal BEYATLI yarımadayı "Vatanın en sevilmiş ve gezilmiş yeri" olarak tanımlamıştır. Yarımadada bulunan önemli mekânlardan biri Fenerbahçesi Parkı'dır. Bu park önceleri Bizans imparatorlarının ve Osmanlı sultanlarının sayfiye yeri olarak kullanılmaktaydı. Parkın 19. yüzyılda halka açılmasıyla parka olan ilgi de artmıştır. Fakat insanların parka olan bu ilgisi doğal çevrenin de kirlenmesine sebep olmuştur. Yarımada 1990 yılında Turing tarafından devralınarak yeniden dizayn edilmiştir.

Fenerbahçe yarımadası; tatlı kıvrımlarla uzayan patika yolları, anıt ağaçları, renk renk zakkumları, zümrüt çayırının içinde yer alan mevsimlik çiçekleriyle olağanüstü bir renk armonisi sunar.

FENERBAHÇE ŞÜKRÜ SARACOĞLU STADI

Gezmek için ne kadar zaman ayırmak gerekli: 1 SAAT

Fenerbahçe Şükrü Saracoglu Stadı, yurdumuzun ilk nizamî futbol sahasıdır. İlk olarak Union Club adı altında 1908 yılında faaliyete geçmiştir. Bu tarihten önce de alan Papazın Çayırı ismiyle bilinir ve burada futbol karşılaşmaları yapılırdı.

1908 yılı Temmuz'unda, Şehremini Operatör Cemil (Topuzlu) Bey'in, hürriyet kahramanlarına yardım amacıyla verdiği davetin konuklarından ve yurdumuzda futbolu ilk oynayan ailelerden Reji Whittall'in, gençliğin spora ve özellikle futbola olan istek ve ilgisi doğrultusunda bir futbol sahası yapılması gerekliliği yönündeki konuşmasının ertesi günü, bu kişiler, Fenerbahçe Başkanı Ziya (Songülen) Bey, birkaç İngiliz ve maruf Rıfat Bey' le bir toplantı yaparak, saha için en uygun yerin, Hazine'ye ait olan bu çayır olduğuna karar verdiler.

Başkâtip Cevat aracılığıyla konu, Osmanlı Sultanı II. Abdülhamid'e götürüldü. Teklifi önce kabul etmeyen sultan daha sonra yıllığı 30 altın kira karşılığında Union Club ile 20 yıllık bir sözleşme yapılmasına karar verdi. 3.000 altına mal olan, çayırın tahta perdeyle çevrilmesi ve bir lokal inşaatı sonrasında saha, kışa kadar hazır hale getirildi.

Birinci Dünya Savaşı'nın patlak vermesi üzerine İngilizler düşman konumuna geçtiler. Dolayısıyla Union Club ile ilgilenmediler. Türk hissedarların da dağılması üzerine sahipsiz kalan Union Club'a, 1915 yılında Kara Kemal tarafından el konuldu ve ismi İttihat Spor Kulübü olarak değiştirildi

Şükrü Saracoğlu'nun ve Kemal Onan'ın da üstün gayretleriyle, 36.000 metrekarelik bu alan ve içinde bulunan bina, 27 Mayıs 1933 tarihinde, 9.000 TL bedeli 10 ayda ödenmek kaydıyla Fenerbahçe Spor Kulübü'nün malı oldu. Bununla birlikte Fenerbahçe Türkiye'de stat mülkiyetine sahip ilk kulüp olma özelliğini kazandı. Uzun seneler Fenerbahçe Stadı olarak anılan stat, daha sonra yönetim tarafından, eski başkan Şükrü Saracoğlu'nun ismi verilerek Fenerbahçe Şükrü Saracoğlu Stadı adını aldı.

REPUBLIC OF FENERBAHÇE
PlayStation.2
MasterCard

BEYKOZ

Beykoz, İstanbul'un yeşilinin maviyle kucaklaştığı şirin bir ilçesidir. Beykoz'un tarihini 2700 yıl öncesine götürenler vardır. İlk olarak kimlerin yerleştiği kesin olarak bilinmemekle beraber, Roma Dönemi'nde Anadolu Kavağı'nda bir adak yerinin olduğu biliniyor. O dönemde Karadeniz'e çıkmak isteyenlerin elverişli bir rüzgârla seyahat edebilmek için Zeus ve Poseidon adına kurbanlar kestikleri de biliniyor.

Bizans Dönemi'nde bir balıkçı köyü olarak varlığını sürdüren Beykoz'da fetihten sonraki dönemde Müslüman nüfusu hızla artmıştır. 18. yüzyılda daha da revaç bulan Beykoz, birbirinden güzel çayırları, içme suları ve yalıları ile tam bir sayfiye ve mesire yeri hâline gelir. Kanlıca, Küçüksu ve Göksu dereleri, Çubuklu ve Tokat bahçeleri ile artık Boğaz'ın bir incisi olmuştur.

19. yüzyılın başından itibaren korular, çeşmeler, kasırlar, saraylarla süslenen Beykoz, bütün zamanlar ziyaret yeri olma özelliklerini korurken, pek çok padişahı ve gezgini, hatta imparatoriçeyi kendine konuk etmiştir.

Yine 19. yüzyılın ilk çeyreğinden itibaren Beykoz'da Osmanlı Devleti'nin ilk sanayileşme hamlelerini görürüz. Geçmişi 18. yüzyıla dayanan deri ve kundura fabrikası, Akbaba köyünde Beykoz işi adı ile ünlenen cam eşyalar, çeşmi bülbül imalatı, daha sonraları askerî çuhahâneler, kâğıt fabrikaları, ispermeçet mumu

fabrikaları, Paşabahçe'de yine bir cam fabrikası, Anadolu Hisarı'nda halat fabrikası, İncirköy'de tuğla fabrikası bunları takip eder.

NEREDE YENİR NEREDE OTURULUR

Hidiv Kasrı, Çubuklu Korusu Çubuklu Yolu No:32 Beykoz (0216) 413 96 44 (0216)413 96 64

Belediye Beykoz Tesisleri, Burunbahçe / İstanbul (0216) 322 33 79 – 322 67 69

ANADOLU HİSARI

Gezmek için ne kadar zaman ayırmak gerekli: **15 dakika**

Anadolu Hisarı, Göksu Deresi'nin Boğaz'a döküldüğü yerdedir. 1395'te Yıldırım Bayezid tarafından yaptırıldı. Fatih Sultan Mehmed, Rumeli Hisarı'nı yaptırırken bu kaleye de dış surlar ekletti. Anadolu Hisarı, İstanbul'un alınmasından sonra askerî önemini yitirdi.

Çevresi zamanla bir yerleşim bölgesi durumuna geldi. Anadolu Hisarı, iç ve dış kale ile bu kalelerin surlarından oluşur. İlk yapıldığında bir giriş kapısı bulunmadığı için kuleye iç kale surlarına uzanan bir asma köprüden giriliyordu. Üst katlarına da içerideki ahşap merdivenlerle çıkılıyordu. Asıl kalenin surları doğu-batı yönünde altmış beş metre, kuzey-güney yönünde seksen metre boyunca uzanır. Surların kalınlığı 2,5 metredir. Dış surlarda topların yerleştirildiği delikler bulunur.

Bugün bazı bölümleri yıkık olan Anadolu Hisarı'nın ortasından yol geçmektedir.

HİDİV KASRI

Gezmek için ne kadar zaman ayırmak gerekli: **1 saat**

Beykoz ilçesinin önemli tarihî ve turistik yerlerinden biri de Hidiv Kasrı'dır. Çubuklu sırtlarına kurulmuş olan ve muhteşem bir boğaz manzarasına sahip olan Hidiv Kasrı'nın tarihî geçmişi 20. yüzyılın başlarına rastlamaktadır.

II. Mahmut zamanında Osmanlı'da Kavalalı Mehmed Ali Paşa'dan itibaren Mısır valilerine özel bir statü verilmiştir. Buna göre Mısır valiliği bir hanedanlığa dönüşüyor ve Mısır valilerine Hidiv adı veriliyordu. 19. yüzyılın sonuna gelindiğinde Mısır valisi olan Abbas Hilmi Paşa, Mısırdaki Anglo-Sakson nüfuzuna karşı Osmanlı-Alman desteği arar. Bu desteği alabilmek için Osmanlı payitahtında kalması gereken genç Paşa, 1903 yılında Çubuklu'da 2 ahşap yalı satın alır. Zamanla yalılarının arkasındaki yamaçları ve üst düzlüğü kapsayan iki yüz yetmiş dönümlük bahçeyi de alan paşa, 1907 senesinde İtalyan Mimar Delfo Seminati'ye o devrin mimari modasına uygun olarak "art nouveau" "yeni moda" tarzındaki muhteşem saray yavrusunu yaptırır. 1000 m^2 alan üzerine yapılan, Boğaz tepelerinden iki kıtayı birleştiren, masmavi kanalı ve yeşil ormanları seyreden kulesi ile müstesna bir yapıdır.

Bütün bu yönleriyle Hidiv Kasrı İstanbullular için şehrin stresinden uzaklaşabilecekleri önemli bir mesire alanı mahiyetindedir. Ayrıca Hidiv Kasrı düğün, nişan gibi çeşitli organizasyonlara da ev sahipliği yapmaktadır.

BEYKOZ ÇAYIRI

Gezmek için ne kadar zaman ayırmak gerekli: **15 dakika**

Beykoz Çayırı, başka bir deyişle Yalıköy Çayırı Türk modernleşme tarihinde, Osmanlı modernleşme politikalarının öncüsü sayılan II. Mahmut'un kurduğu askerî ve mülkî okul talebelerinin kır gezisi için geldikleri bir mekân olarak bilinmekte-

dir. Beykoz çayırında verilen kuzu ziyafetleri, birçok esere konu olmuştur. Beykoz çayırı, bu gençlerin imtihan öncesi dönemlerde ya da okulların tatile girmesi öncesi dönemlerde hoş vakit geçirdikleri ve hayatları boyunca ağızlarında güzel bir tad bırakan bir mekân olmuştur.

Bugün de Beykoz Çayırı İstanbul halkı için benzer bir fonksiyonu icra etmektedir. Beykoz Belediyesi de düzenlemekte olduğu Uluslararası Beykoz Kültür ve Folklor Festivali ile bu geleneği yaşatmaya çalışmaktadır.

Beykoz Çayırı'nın hemen yanında, deniz ile arasındaki tepecikte, Mecidiye kasrı olarak da bilinen Beykoz kasrı bulunmaktadır. Bu tepeciğin deniz eteği Hünkâr İskelesi olarak bilinmektedir. Hünkâr İskelesi'nin tarihî önemi, 1833 yılında Rusya ile imzalanan anlaşmanın burada yapılmasındandır.

KANLICA

Gezmek için ne kadar zaman ayırmak gerekli: **1 SAAT**

Üsküdar-Beykoz yolu üzerinde Fatih Sultan Mehmed Köprüsünün Anadolu yakasındaki ayağının dibinde kurulmuş olan şirin bir boğaz semtidir. Kuşkusuz Kanlıca'nın en önemli figürü yoğurdudur. İstanbul'un yerlileri bile boş günlerinde Kanlıca'ya sırf yoğurt yemek için gelirler. Manda, inek ve koyun sütünün karıştırılmasıyla yapılan ve üzerine pudra şekeri dökülerek yenen Kanlıca yoğurdu Kanlıca'ya gelenlere farklı bir damak tadı sunmaktadır. Bu özellikleriyle Kanlıca güzel bir mola yeridir.

KÜÇÜKSU KASRI

Gezmek için ne kadar zaman ayırmak gerekli: **30 dakika**

İstanbul Boğazı'nda bulunan ve çok kimsenin bilmediği önemli tarihî yapılardan birisi de Anadolu Hisarı'nda Küçüksu Çayırı sahilinde yapılmış olan Küçüksu Kasrı'dır. Osmanlılar Dönemi'nde de ilgi çeken ve "Kandil Bahçesi" adıyla padişahın has bahçelerinden biri olarak kullanılan Küçüksu ve çevresini IV. Murad'ın (1623–1640) çok sevdiği ve buraya "Gümüş Selvi" adını verdiği bilinmektedir. 17. yüzyıldan başlayarak çeşitli kaynaklarda "Bağçe-i Göksu" adıyla geçen yörede, özellikle 18. yüzyıldan başlayarak yoğun bir yapılaşma izlenmektedir.

1857 yılında hizmete giren yeni Küçüksu Kasrı'nın mimarı Nikogos Balyan'dır. Küçüksu Kasrı, Cumhuriyet Dönemi'nde de bir süre devlet konukevi olarak kullanılmış ve günümüzde bir müze-saray işlevi kazanmıştır. 1994 yılında başlayan restorasyonu hâlen devam etmektedir. Yenilenen bölümler ziyarete açıktır.

YUŞA TEPESİ

Gezmek için ne kadar zaman ayırmak gerekli: **1 SAAT**

Yuşa Tepesi, İstanbul'un önemli manevi merkezlerinden biri. Hz. Yuşa'nın kabrinin, Beykoz ilçesindeki boğaza bakan bu tepede bulunduğuna inanılmaktadır.

Mekân, adını bir rivayete göre, Hz. Musa ile birlikte Mecmeal Bahreyn'e (Boğaziçi) gelip burada vefat eden Yuşa Peygamber'den almıştır.

Tepeye adını veren Hz Yuşa (a.s.) İsrailoğullarına gönderilen peygamberlerden birisi olan Hz. Musa (a.s.)'ın

yeğeni ve vekilidir. Yusuf Aleyhisselamın neslinden gelen Nuh'un oğludur. Hz. Yuşa'nın annesi Hz. Musa'nın kız kardeşidir. Mısır'da doğan Yuşa (a.s.) Hz. Musa'nın hususi talebesi, halis hizmet görücüsü ve en yakın dostlarındandı. Musa aleyhisselâm Firavun'un zulmü üzerine Allah Teâlâ'nın emriyle kendine inanan ve tâbi olanlarla birlikte Mısır'dan Tih Sahrasına hicret ederken Yuşa aleyhisselâm da onunla beraber bulundu. Hz. Musa vefatından önce Hz. Yuşa'yı halife tayin etti. Allah Teâlâ Yûşâ aleyhisselâmı da İsrâiloğullarına peygamber olarak vazifelendirdi. Tefsir âlimleri Mâide suresi 23. ayetinde bildirilen "Allah Teâlâ'ya iman edip O'ndan korkan iki kimseden" birisinin ve Kehf suresi 60- 65. ayetlerinde bildirilen Musa aleyhisselâmın Hızır aleyhisselâmla görüşmek üzere yolculuk ettiği sırada yanında bulunan gencin Yuşa aleyhisselâm olduğunu bildirmişlerdir.

Hz Yuşa'nın İstanbul'da medfun olduğunu belgeleyebilecek bir belge bulunabilmiş değildir. Fakat buna rağmen halk arasında buraya büyük bir ilgi bulunmaktadır. Bir rivayete göre Yuşa aleyhisselâmın türbesini hâlen Beşiktaş'ta medfun bulunan Şeyh Yahya Efendi bulmuştur. Şöyle ki:

Yavuz Sultan Selim Trabzon valisi iken, oğlu Sultan Süleyman dünyaya gelir ve bir sütanne tutarlar. Şeyh Yahya Efendi, işte bu sütannenin oğludur. Kırk sene kadar sonra Sultan Süleyman padişah olunca, Yahya Efendi de büyük bir âlim ve tasavvuf ehli olur. Yahya Efendi bir gün, padişah olan sütkardeşini ziyaret için İstanbul'a gelir. Kanuni sütkardeşi için biri Beşiktaş'ta kışlık, biri Anadolu Kavağı'nda yazlık olmak üzere iki dergâh yaptırır. Yahya Efendi yazlığında iken, bir gece rüya görür. Rüyasında bir zat karşısına çıkar ve der ki: "Ben Yuşa peygamberim ve şu karşı tepede yatıyorum, gel beni

bul." Yahya Efendi gitmez ve aynı rüyayı ikinci akşam bir daha görür. Hz. Yuşa der. "Neden gelmedin? Yarın gel beni ziyaret et!" Yahya Efendi yine gitmez. Üçüncü gün aynı rüyayı bir daha görür ve bu defa azar işitir. Bunun üzerine müritleriyle birlikte tepeye çıkarak araştırmaya başlar. Nihayet oralarda koyunlarını otlatan bir çobana sorarlar; "Buralarda olağanüstü bir şeyler gördün mü?" Çoban da Yahya Efendi'yi şimdi kabrin olduğu mevkie getirir ve şöyle der, "Efendim, şu yeri görüyor musun? Üzeri yemyeşil ot olduğu hâlde koyunlar üzerine basmıyor, otunu yemiyor ve kenarından geçiyorlar." Bunun üzerine Yahya Efendi bu durumu padişaha bildirir ve oraya bir türbe yapılır.

Daha sonraki dönemde bu tepeye Sadrazam Yirmisekiz Çelebizade Mehmed Sait Paşa tarafından 1755 tarihinde şu anki mescit yaptırılmıştır.

Yuşa Tepesi'nin bir diğer özelliği de İstanbul'un denize en yakın ve en yüksek tepesi olmasıdır. (200 metre) Tepeden boğaz bütün ihtişamıyla ayaklarımızın altındadır. Türbe çevresinde gerek dinî kitaplar satan yerlere gerek gözleme, köfte ekmek satan dükkanlara rastlamak mümkün.

ANADOLU KAVAĞI

Gezmek için ne kadar zaman ayırmak gerekli: **Yarım Gün**

İstanbul Boğazı'nın Karadeniz'den giriş kapısı konumundaki Anadolu Kavağı yıllardır değişmeyen görüntüsü ile nostaljik balıkçı köyü özelliğini koruyor. İstanbul'un nefis korularından biri olan ve balık lokantaları ile ünlü köy, lüfer mevsimi olan eylül-ekim aylarında İstanbul'un yaza veda edip sonbaharda ılık günlerin tadını çıkarmak isteyenlerin tercih ettiği gezi yerlerinin başında yer almaktadır.

Anadolu Kavağı'na hem denizden hem karayolundan gelmek mümkündür. Eminönü'nden kalkan ve İstanbul'daki en rahat vasıtası olarak isimlendirebileceğimiz boğaz hattı vapurlarıyla buraya ulaşmak mümkündür. Bu yolculuk aynı zamanda bir boğaz gezintisi imkânı da vermektedir. Köye Sarıyer'den kalkan vapurlarla da ulaşmak mümkündür. Ayrıca Üsküdar, Beykoz sahil yolu da kullanılabilecek bir diğer ulaşım biçimidir. Sahilde çok sayıda balık lokantası mevcuttur.

Anadolu Kavağı'ndaki önemli yapılardan birisi Cenevizliler tarafından boğazın kontrolü için yapılan Yoros Kalesi'dir. Sahile hâkim bir tepeye yapılmış olan bu kaleden boğaza giriş çıkış yapan bütün gemileri ve boğazın eşsiz manzarasını görmek mümkün. Tepenin uç kısmında bulunan Yoros Kalesi, mimarisi ve duvarlarında bulunan armalarıyla dikkat çekmektedir. Bitinyalılar, Gotlar ve Ruslar'ın saldırılarına uğrayan Anadolu Kavağı bir dönem Cenevizlilerin de eline geçmiştir. Cenevizliler tarafından yapılan Yoros Kalesi 1190 yılında yapılmıştır. Bizanslıların ve 14. yüzyılda Osmanlıların eline geçen Yoros Kalesi içinde yirmi beş evlik bir Türk mahallesinin bulunduğundan da söz ediliyor. Evliya Çelebi Kavak Kasabası'nın içinde siyah renkli olan kalenin Yıldırım Han tarafından fethedildiğinden, Fatih Sultan Mehmed tarafından tamir edilip içine asker konduğundan, çevresinin iki yüz adım ve dört bir yanının kestane ormanı kaplı olduğundan söz eder.

BÖLÜM 7

ADALAR

Hangi mevsimde gezilir: Bahar ve yaz ayları tercih edilmelidir.

Gezmek için ne kadar zaman ayırmak gerekli: Her bir ada için bir tam gün ayrılmalı.

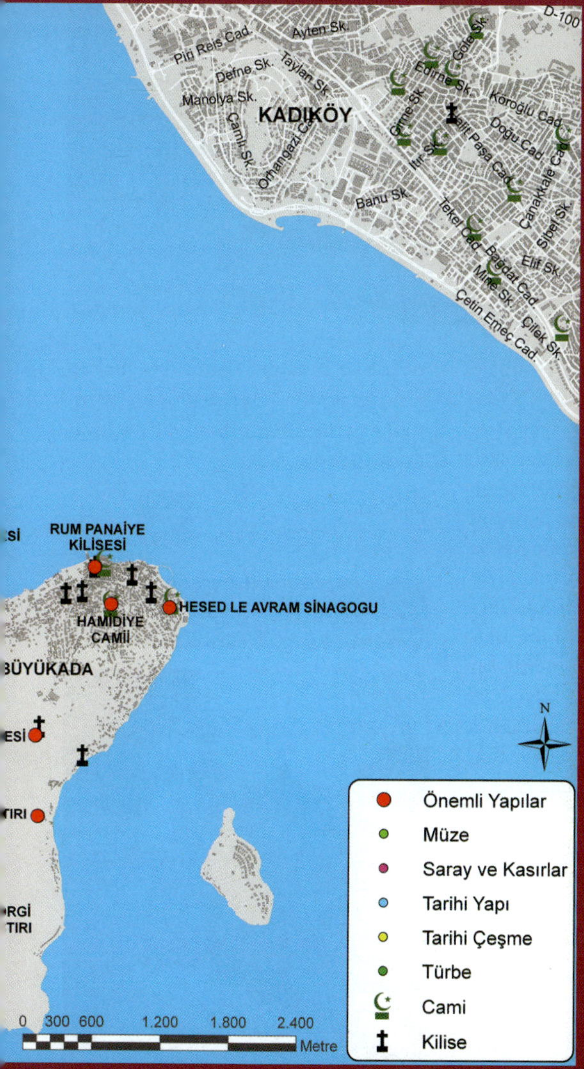

BÜYÜK ADA

İstanbul adalarının nüfusu ve yüz ölçümü bakımından en büyüğü Büyükada'dır. Adalar ilçesinin merkezi konumundadır. Kuzey-güney yönünde uzanan ada, bir boyun ile ayrılmış iki tepeden oluşmaktadır. Kuzeyde İsa Tepesi (yüz altmış dört metre), güneyde ise Yücetepe (iki yüz iki metre) bulunmaktadır.

Adanın batı kıyısında genişliği yüz metre, uzunluğu beş yüz metre olan Dil Burnu yer alır. Bu burnun güneyinde Yörükali, kuzeyinde ise Nizamkoyu bulunmaktadır. Adanın doğu kıyısında da Karacabey Koyu vardır.

Adaların İstanbul'a hem en uzak, hem de en büyüğü olan Büyükada, vapurdan iner inmez tarihî iskelesi ve büyük çarşı meydanıyla kucaklar sizi. Sol tarafa doğru adanın ünlü balık lokantaları uzanır. Anadolu Kulübü tesislerine uzanan sağ taraftaki yolda çay bahçeleri ve balıkçı barınağı yer alır. Saat kulesinin sağ tarafında fayton durakları vardır. Adanın tek ulaşım aracı olan faytonlarla belirli bir adrese gidebileceğiniz gibi, büyük ve küçük tur olarak iki farklı güzergâhta yapılan gezintilerde bütün adayı turlayabilir ve bütün güzellikleri izleyebilirsiniz. Adanın etrafında bir tam tur atmak faytonla yaklaşık iki saat sürmektedir. Faytoncuların bulunduğu meydanda bisiklet kiralama yerleri de vardır.

Adada mesire alanları bakımından çok güzel yerler mevcuttur. Bunlardan bir tanesi Dilburnu piknik alanıdır. Burada çay, kahve, meşrubat bulabileceğiniz bir mekân bulunmaktadır. Ayrıca etinizi yanınızda getirdiyseniz mangal da kiralayabilirsiniz.

Dilburnu Cafe
Tel: 0 216 382 24 86

HAMİDİYE CAMİİ
(Dokuz Adanın Tek Tarihî Camisi)

İstanbul'un fethinden önce Osmanlı'nın eline geçen adalarda 19. yüzyılın sonuna dek Rum ağırlıklı bir nüfus yaşamaktaydı. Adalara ilk Müslüman iskânı 1850'lerde başlamıştır. Adada Müslüman nüfusu artmaya başlayınca Büyükada'ya bir cami inşa edilmesine gerek duyuldu. Büyükada'da II. Abdülhamid'in emriyle yaptırılan ve 1895 tarihinde ibadete açılan Hamidiye Camii, zarif estetik bir yapıdır.

PANAYİA KİLİSESİ

Arabacılar Meydanı ve Çarşı Caddesi'ne açılan kapıları bulunan Panayia (Meryem Ana) Kilisesi, Büyükada sakinleri arasında (avlu kapısının konumu sebebiyle) Arabacılar Kilisesi olarak da bilinir. Panayia (Azizler ve Azizeler Azizesi), Meryem Ana'nın ortodoks söylemindeki lâkabıdır. Yortusu 15 Ağustos (Hazret-i Meryem'in yaşamının noktalandığı gün) olan 19. yüzyıl eseri kilisenin çan kulesi, bir soğan kubbeyle son bulur. Sütun başlıklarıyla dolu avludan geçilerek ulaşılan cümle kapısı, ibadet sahnına inen taş merdivene açılır.

AYA YORGİ MANASTIRI

İstanbul Adalar'ının en büyüğü olan Büyükada'nın en yüksek tepesinde, halk arasında Aya Yorgi adı ile bilinen, Agios Georgios Rum Ortodoks Manastırı bulunmaktadır. Bu manastır, adını M.S. 3. yüzyılda, Hristiyan inancından dolayı putperestler tarafından şehit edilen ve bugün mezarı Filistin'de bulunan, Roma ordusunda subay olan, Anadolu'lu (Kappadokyalı), Aziz Georgios'tan almaktadır. Mevcut rivayetlere göre, manastır bin yılı aşan bir maziye sahip olup M.S. 963 senesinde Bizans İmparatoru Nikiforos Fokas zamanında inşa edilmiştir.

Tahta masaları, ahşap sandalyeleri ve küçük çardakları ile son derece sevimli bir görüntü veren kır lokantasında fiyatlar da son derece uygun. Menüde yemek olarak kuzu şiş, sucuk şiş, patates tava, börek, salata çeşitleri bulunmaktadır.

Tel: 0 216 382 13 33

BÜYÜKADA RUM YETİMHÂNESİ

Büyükada'nın İsa anlamına gelen Hristo Tepesi'ndedir. Bina 1898–1899 yılları arasında Kont Moris Bostari başkanlığındaki bir Fransız şirketi tarafından otel olarak inşa edilmiştir. Binanın mimarı, dönemin ünlü mimarlarından Alexandre Vallaury'dir. Yapı, günümüzde boş olmakla birlikte Fener Patrikhânesi'nin kontrolü altında bulunmaktadır.

HESED LE AVRAAM SİNAGOGU

Büyükada'nın ilk ve tek sinagogu olan Hesed Le Avraam, II. Abdülhamid zamanında (adanın Yahudi nüfusunun ibadet gereksinimlerini yerine getirebilmesi için) inşa edilmiştir. O güne değin cemaat ileri gelenlerinin evlerinde cuma akşamları ve cumartesi günleri toplanarak dua eden yazlıkçılar, bir sinagog yaptırmaya kara verirler. Arsayı Avram Fresko Efendi bağışlar; bu sebeple sinagoga Hesed Le Avraam "Avram'ın İyiliği" adı verilir. Büyükada Sinagogu, 30 Mart 1904 tarihinde hizmete girer; açılış töreni, 1 Nisan 1904 günü gerçekleşir.

AYİOS DEMETRİOS KİLİSESİ

Büyükadada'daki tarihî kiliselerden birisi de Büyükada'nın koruyucu azizi olduğuna inanılan Aziz Ayios Demetrios'a adanan kilisedir. Kilise 7 Mayıs 1856 tarihinde ibadete açılmıştır. Kiremit örtülü kâgir yapının mimarı Fistiki (Fistikos) Kalfa'dır.

AYİOS NİKOLAOS MANASTIRI

Büyükada'nın doğu sahilinde, Sedefadası'nın karşısında yer alan Ayios Nikolaos Manastırı'nın bulunduğu yöre, Bizans'ın Karya (Karyes) yerleşimidir. Ayios Nikolos Manastırı'nın kilisesinin, 1182 yılında İmparator Andronicos Comnenos'a karşı ayaklanan Latinler tarafından yakılan, 14. ve 15. yüzyıllarda korsan talanına uğrayan, 16. yüzyılda yangın ve deprem geçiren Karya'nın merkezinde bulunduğu varsayılır. 1509 depreminin ada toprağında oluşturduğu çatlaklar, 14. yüzyıl eseri olan manastırın ağır duvarlarının zemine belirgin oranda gömülmesine sebep olmuştur. Külliye bu sebeple (Büyükada sakinleri arasında) Batık Manastır olarak da bilinir.

HEYBELİADA

Adaya Heybeliada denilmesinin sebebi, uzaktan bakıldığında adanın yere bırakılmış bir heybeye

benzemesidir. İstanbul'un en çok rağbet gören sayfiye yerlerinden biridir. Sadece tabiatıyla, temiz havası ve güzellikleriyle değil, Mektebi, sanatoryumu, Ruhban (Papaz) Okulu gibi kurumlarıyla da ünlüdür.

7 bin civarında olan ada nüfusu, yaz mevsimlerinde birkaç kat artmaktadır. Yazları günübirlik gelen ziyaretçiler de eklendiğinde, yaz nüfusunun 50 bini aştığı düşünülebilir. Diğer adalara olduğu gibi Heybeliada'ya da vapur seferleri 19. yüzyıl ortalarında yapılmaya başlanmıştır.

Güzel bir koyda bulunan Çam Limanı ile Bahriye Limanı bunların en önemli yerleridir. Adanın önemli yapıları; Bahriye Okulu, Aye Ofemya Ayazması, Türkiye'nin ilk sanatoryumu olan Heybeliada Sanatoryumu (Kuruluş: 1924), Heybeliada'nın ünlü sakinlerinden olan Hüseyin Rahmi Gürpınar'ın ismini alan lisesi, Abbas Halim Paşa Köşkü, Papaz Okulu, diğer dinî yapılar ve resmî binalardır.

Adadaki, birine "Büyük Tur", diğerine "Küçük Tur" denilen iki tur yolunda, yaz mevsimlerinde eşek ve arabalarla turlar yapılır. Küçük Tur'a, Âşıklar Turu da denmektedir. Heybeliada da, İstanbul'un diğer adaları gibi, motorlu araçtan arındırılmıştır.

Evliya Çelebi, Heybeliada'da bir bostancıbaşı ile birkaç subaşı askerinin bulunduğunu, adanın gelirinin Kaptan Paşa'ya verildiğini kaydeder.

İstanbul'u en çok yazan ediplerimizden Ahmet Rasim, Heybeliada'da medfundur. Ancak Heybeliada ile ilgili bir eseri bulunmamaktadır. Ahmet Rasim'in yeğeni Yesari Asım'ın "Biz Heybeli'de her gece mehtaba çıkardık." şarkısı, Heybeli'deki birçok şeyden daha ünlüdür. Aziz Nesin, Zeyyat Selimoğlu gibi yazarlar da eserlerinde Heybeliada'dan çokça söz etmişlerdir.

DENİZ LİSESİ

18. yüzyılın yarısına kadar Osmanlı donanmasında kaptan yetiştirilmesi herhangi bir teşkilata bağlı olmayıp babadan oğula ve ustadan çırağa ameli olarak yürütülmekte idi. Osmanlı Devleti'nde eğitim sistemine geçiş hareketi 1734'te Üsküdar Mühendishânesi'nin açılması ile başlar. Padişah III. Selim zamanında Heybeliada'da evvelce Bahriye Kışlası olarak inşa edilen binada Mühendishâne-i Bahri Hümayun kuruldu. (1824) Birinci Dünya Savaşı'nın sonuna dek eğitim ve öğretim bu binada sürdürüldü. Bu dönem öğrencileri arasında Necip Fazıl Kısakürek ve Nazım Hikmet Ran gibi edebiyat ve düşünce dünyasının iki önemli ismi de bulunmaktadır. Deniz Lisesi Komutanlığı hâlen eğitim ve öğretimini sürdürmektedir.

AYA TRİADA MANASTIRI VE KİLİSESİ (Heybeliada Ruhban Okulu)

Aya Triada Kilisesi Heybeliada'da bulunan önemli tarihî mabetlerden biridir. Fakat bu mabedin Heybeliada ve diğer adlardaki mabetlerden önemli bir farkı bulunmaktadır. Burayı diğer mabetlerden farklı kılan en önemli unsur bu manastırın uzun bir dönem Ruhban Okulu olarak hizmet vermiş olmasıdır.

Manastır, Ada'nın kuzeyinde, bugünkü adıyla Ümit Tepesi'nde adalıların deyimiyle Papaz Dağı'ndadır. İlk adı Sina Kilisesi'ne bağlı anlamına gelen Siyon idi. Çünkü muhtemelen Kudüs Patrikhânesi'ne bağlıydı. Ancak sonradan Hristiyanlığın temel ilkesi Tanrı, Hz. İsa ve Ruh-ul-Kudüs (Kutsal Ruh) üçlüsü anlamına gelen "Triada" adı verilmiştir. Aya Triada adanın en eski manastırı ve kilisesidir. Eski bir inanışa göre manastırın 9. yüzyılda dönemin İstanbul patriği Fotiyus tarafından kurulduğu iddia edilmektedir. Bu sebeple her yıl 6 Şubat günü Ortodoks inancına göre Aziz Fotiyus yortusu manastırın kuruluş bayramı olarak kutlanmaktadır.

Bugün kullanılan kilise, sağ yan duvarında bulunan Yunanca mermer kitabeden anlaşılacağı gibi, Patrik IV. Germanos ve Padişah Abdülmecid zamanında 1 Mayıs 1844 Pazartesi günü açılmıştır. Yine aynı yıl İstanbul Patriği IV. Germanos'un desteği ile Manastır bünyesinde teoloji eğitimi veren bir okul açılmıştır. Okul faaliyet gösterdiği dönem içinde (1844–1971) bine yakın mezun vermiştir.

1963–64 döneminde Kıbrıs uyuşmazlığından ötürü gerginleşen Türkiye - Yunanistan ilişkilerinden Ruhban Okulu da nasibini alır. Ruhban Okulu'na öğrenim maksadıyla gelen öğrencilere vize verme uygulaması kaldırılır. Bu tarihten sonra Ruhban Okulu, Türk - Yunan ilişkilerinde bir dış politika figürüne dönüşecek ve bu günümüze dek sürecektir. Manastır bünyesinde önemli yapılardan birisi de Ruhban Okulu bünyesinde kurulan kütüphanedir. Manastırın zengin kütüphanesinde bugün yüzyirmibinin üstünde kitap bulunmaktadır.

AYİOS NİKOLAOS RUM ORTODOKS KİLİSESİ

Ayios Nikolos Kilisesi Patrik I.Samuil (Byzantios) hayatının son dört senesini yaşadığı ve 10 Mayıs 1775'te ölünce kilisenin altına gömüldüğü mezarın üstüne inşa edilmiştir. II. Abdülhamid zamanında (1894) büyük zelzelede oldukça harap olduğundan esaslı bir tamir görmüştür.

HEYBELİADA SANATORYUMU

Eski dönemlerde insanoğlunun amansız hastalıklarından biri olan verem hastalığının tedavisi için insanların havası temiz yerlerde dinlenmesi tavsiye edilmekteydi. Heybeliada'nın da önceden beri temiz havasından ötürü bu hastalığa iyi geldiği biliniyordu. İşte bu amaçla Cumhuriyet devrinin ilk yıllarında Atatürk'ün emriyle bir sanatoryum kurulmasına karar verildi. Cumhuriyetin kurulmasından sonra bu adada meydana gelen en önemli olay bu sanatoryumun kurulmasıdır. Sanatoryum 1 Kasım 1924 tarihinde 16 yataklı küçük bir hastane olarak Çam

Limanı, Yeşil Burun dibindeki binada açılmıştır. Önceleri sadece erkek hastaları kabul eden sanatoryum sonraki dönemlerde gelişmiş, kadınlar kısmı açılmıştır. Sanatoryum İsmet İnönü gibi pek çok ünlü simaya şifa yeri olmuştur.

1924'te kurulan ve uzun yıllar hizmet veren Türkiye Cumhuriyeti'nin ilk sanatoryumu 1999 yılında yaşanan 17 Ağustos depreminde hasar gördü. Bu sebeple hastanenin iki bloğu 2001 yılında onarıldı. Hastane 2005 yılında Sağlık Bakanlığı'nın almış olduğu bir kararla Kartal'daki Süreyya Paşa Kalp ve Damar Hastalıkları Hastanesine taşınmıştır.

BURGAZADA

Sirkeciden vapura bindiğinizde sizi karşılayan ikinci ada. Adalar arasında üçüncü büyük adadır. Ada tek bir tepecikten oluşur. Eni boyu yaklaşık iki kilometredir. Diğer üç adada olduğu gibi Burgazada'da da yollar araç trafiğine kapalıdır. İstanbul'un fethinden sonra Türkler buraya Rumca 'kale burcu' anlamına gelen Pirgos'tan bozma Burgaz ismini vermişlerdir. Ada, Osmanlı Dönemi

boyunca özellikle gayrimüslimlerin sayfiye mekânı olarak kullanılmıştır.

Burgazada'da Türkiye'nin ilk sanatoryumlarından birisi 1927 yılında hizmete girmiştir. Adada 1953 yılına dek cami bulunmamaktaydı. 1953 yılında fethin 500. yıldönümü kapsamında küçük bir cami inşa edildi. Ayrıca adada Türkiye'nin ilk özel hayvanat bahçelerinden biri de bulunmaktadır. Edebiyatımızın usta hikâyecilerinden Sait Faik Abasıyanık da Burgazada'da ikamet etmiştir.

AYYANİ KİLİSESİ

Kilise, İmparator Teophilos'un karısı Thedora, tarafından Burgazada'nın meşhur sürgünü Methodius'un zindanının bulunduğu yere inşa ettirmiştir. Bu kilise İstanbul'un fethi esnasında fazlaca hasar görmüş, 1759'da onarılmıştır. Bir kitabeye göre 1817'de tekrar tamir görmüştür. 10 Temmuz 1894 depreminde kilise kullanılamayacak kadar tahrip olunca 1896'da yeni bir kilise inşa edilmiştir. Bugün kilise Burgazada'daki Rum halkın kullandığı cemaat kilisesidir. Kilisenin son kısmından aşağı inen on bir basamaklı bir merdivenle Aziz Methodius'un hücresine inilir.

AYA YORGİ MANASTIRI ve KİLİSESİ

On dokuzuncu yüzyıl yapısı olan bu mekân üç çanıyla meşhurdur. Adanın batısında arkaya doğru gittikçe yükselen bir yamaçta Cennet Yolu'nun üzerindedir. Manastır'ın 16. yüzyıldan kaldığı tahmin edilmektedir. Manastır 1920–1923 yılları arasında Beyaz Rus göçmenlerin kullandığı bir sırada yanmıştır. Şimdiki Manastır Rum vatandaşlar tarafından kullanılmaktadır.

KINALI ADA

Kınalıada'nın bu ismi nereden aldığına ilişkin farklı görüşler vardır. Birinci görüş; isminin adadaki makilerin uzaktan bakıldığında kızıla çalan bir görünüme sahip olmasıdır. İkinci görüş ise, ada toprağının kızıla çalan renginin adaya bu ismi kazandırdığıdır. Her iki görüşün de ortak yönü adanın bu isme sahip olma sebebini görünüşüne bağlıyor olmasıdır. Kınalıada'ya ulaşmanın en kolay yolu Eminönü ve Bostancı'dan kalkan şehir hatları vapurlarıdır. Kınalıada, İstanbul'a en yakın adadır.

Kınalı'yı diğer adalardan ayıran bir başka özelliği ise burada diğer adalarda ulaşımı sağlayan faytonların dahi olmamasıdır. Sadece bisikletler vardır. Bir de, tabi en çok tercih edilen yürümek.

Ayazma Plajı'ndan çıkıp tepelere doğru yönelince Kınalıada'nın en yüksek tepesinde kurulmuş olan Hristo Manastırı karşımıza çıkar. Adanın en yüksek noktasına yapılmış olan manastır ünlü Bizans imparatoru Roman Diyojen'in Sürgün yıllarında yaptırılmıştır. Sadece cuma günleri ziyaretçilerini karşılayan manastır diğer günler özel izin alınarak gezilebilir.

PİKNİK ALANLARI

Hangi mevsimde gezilir: Bahar ve yaz ayları tercih edilmelidir.

Gezmek için ne kadar zaman ayırmak gerekli: Her bir ada için bir tam gün ayrılmalı.

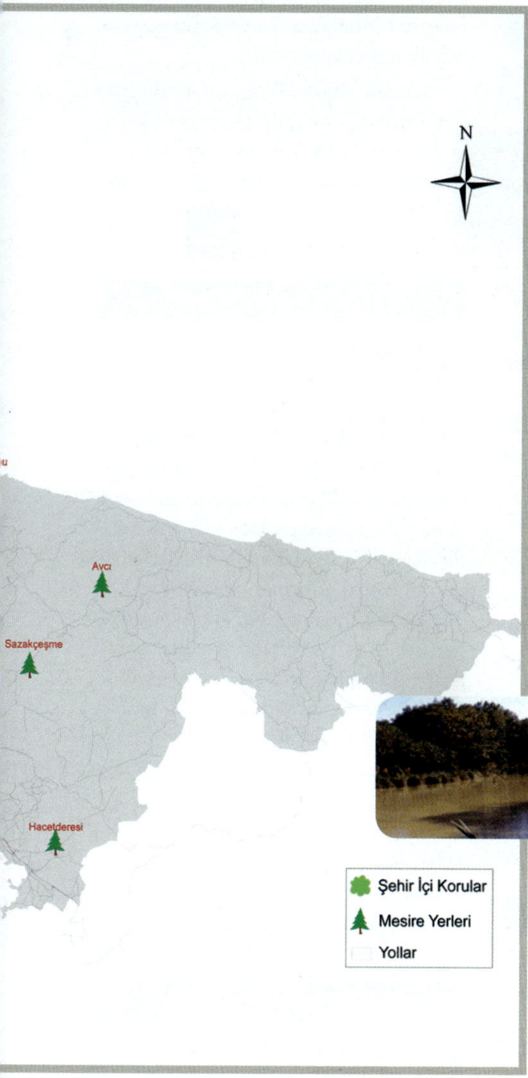

ANIT ÇINARLAR

Çevre ve Orman Bakanlığının büyük önem verdiği anıt değerindeki ağaçların korunması projesi içinde yer alan saha, özellikle tabiat araştırmacıları için büyük önem taşımaktadır. Çatalca'nın Subaşı mevkiinde iki adet çınar ağacı bu kapsamdadır. Yine Subaşı-Havuzlar bölgesindeki çınar ağaçları ise tahminen 900–1000 yaşları arasında olup on beş metre boy, 3,5 metre çap ve onyedi metre çevre genişliğine sahiptir. Çatalca merkezinden rahatlıkla ulaşılabilen bu anıt ağaçlar, son derece ilginç örneklerdir.

AVCI KORU MESİRE YERİ

Üsküdar-Şile TEM Otoyolunun Ömerli mevkii civarında zengin ağaç örtüsüne sahip mesire yerlerindendir. İçinde yer yer maden ocakları bulunan 6520 dönümlük sahada bit- ki türleri de dikkat çekmektedir. Oturma alanları bulunmamasına rağmen genişliğiyle kalabalık grupları ağırlamakta ve dinlenme imkânı sunmaktadır. Patika yollarla ormanın içleri gezilip, farklı bitki ve böcek türleri görülebilir. Koşu ve kros imkânıyla sportif aktiviteler için de hayli uygundur.

Ulaşım: Üsküdar yönünden, Üsküdar- Şile TEM Otoyolunu Ömerli mevkiinden beş kilometre sonra, Şile yönünden de on kilometre sonra otoyola cepheli girişi bulunmaktadır.

Tel: Alemdağ Doğa Koruma ve Milli Parklar Mühendisliği

0216 413 40 15-16

AYDOS MESİRE YERİ

Aydos Tepesi ve eteklerindeki doğal güzelliklerle bezeli mesire yeri, günlük dinlenme ve aktiviteler için ideal bir atmosfer sunmaktadır. Osmanlı Devleti Dönemi'nde av alanı olarak kullanılması çam ağaçlarından oluşan ormanının ne denli zengin olduğunu ortaya koymaktadır. on beş dakikalık bir yürüyüşle tırmanacağınız yükseltilerin güzelliği bütün yorgunluğunuzu unutturacaktır. Hele hele akşam vakti, adalar üzerinde güneşin batışını seyretmek hiçbir şeye değişilmez. Dört farklı giriş bölümü bulunan 6620 dönümlük mesire yerindeki gölet, çevresindeki ekolojik bütünlük küçük bir Uzun Göl manzarası oluşturmaktadır. Piknik sahaları, büfesi ve koşu parkurları oldukça bakımlıdır.

Ulaşım: E-5 ve TEM bağlantılarıyla Kartal-Yakacık ve Sultanbeyli istikametlerinden rahatlıkla ulaşılabiliyor. Ayrıca, toplu taşıma araçlarında da yararlanılabilir.

Tel: 0 216 377 46 47

AYVAT BENDİ MESİRE YERİ

Kâğıthane Deresi'nin kollarından olan Ayvat Deresi üzerinde kurulmuştur. 1765'te III. Mustafa zamanında yapılan tarihî bendin yüksekliği 13.45, tepe uzunluğu ise düz hat olarak altmışüç metredir. Küçük yükseltilerin arasındaki su toplama havzası Belgrad Ormanları'ndaki en güzel manzaralardan biridir. Yabani birçok hayvan türünün bulunması ekolojik açıdan bölgeyi önemli kılıyor. Tabiat ve fotoğraf meraklıları için zengin bir mekân olma özelliğinin yanı sıra giriş yerindeki düzlükler piknik ve dinlenme için idealdir. Osmanlı Devleti'nin İstanbul için inşa ettiği suyollarının önemli bir halkası olan Kurtkemeri de büyük ilgi çekmektedir.

Ulaşım: Kemerburgaz'dan Belgrad Ormanları'na giriş kapısı olan Kurtkemeri Giriş Mesiresi'nin içinden geçilerek toprak bir yolla ulaşılmaktadır.

Tel: 0 212 444 30 00

AZİZPAŞA MESİRE YERİ

Maslak-Gültepe-Levent-Kâğıthane-Eyüp gibi yerleşimlere yakınlığı, ilginç bitki örtüsü ve geniş piknik alanlarıyla çok tercih edilen bir bölgedir. Giriş bölümünde sizi karşılayacak düzlüklerde konaklayabileceğiniz gibi biraz daha yolu göze alıp tepelere doğru çıkabilirsiniz. Bu, aynı zamanda ciğerlerinizi oksijenle doldurmanızı sağlayacaktır. Tepedeki çimenlik saha, özellikle şirket, dernek, okul ve benzeri özellik taşıyan grupların aktiviteleri için çok uygundur. Kafeteryadan piknik için gerekli malzemeleri temin edebilirsiniz.

Ulaşım: Maslak'tan aşağıya inen Cendere yolu üzerinde sağ taraftadır. Hasdal üzerinden gelinen Kemerburgaz'dan da hemen sağ tarafa dönülerek ulaşılabilir.

Tel: 0 212 360 30 85

BAHÇEKÖY FİDANLIĞI

Çevre ve Orman İl Müdürlüğü'nün 1944'ten beri fidan üretimi ve da-

ğıtım merkezidir. Orman mühendisleriyle birlikte uzman personelin çalıştığı fidanlık, çok farklı ağaç türlerini barındırıyor. İstanbullular istedikleri fidanı çok uygun fiyatlarla alabilecekleri gibi, uzmanların bilgisinden de yararlanabilirler. Yeşilin her tonuyla bezenmiş çevreyi gezerken kendinizi aynı zamanda bir oksijen çadırında hissedersiniz. Bahçeköy Fidanlığı, laboratuar çalışmalarıyla da ülkemizin tabiat varlığına çok önemli katkılarda bulunmaktadır. Fidanlık seksenüç dönüm olup, fidan yetiştirme alanı kırküç dönümdür. Genelde iğne yapraklı ağaçlar (ladin, göknar, servi, mazı, ardıç türleri) ve süs bitkileri (akuba, taflan, şimşir, ortanca, dağ muşmulası, kartopu) üretilmektedir. Az miktarda aşılı fidan (mavi ladin, mavi sedir) üretimi de yapılmaktadır.

Ulaşım: Maslak-Sarıyer yolu üzerinden ulaşılan Bahçeköy'ün hemen içindedir. Belgrad Ormanları' na da giden yolun sol tarafı tamamen fidanlığa aittir.

Tel: 0212 226 10 28

BELGRAD ORMANLARI - NEŞET SUYU

Adını, Belgrad Ormanları'nın ıslahı için büyük gayret sarf eden Müderris Neşet Bey'den (1881–1929) alan serin suyun etrafında kurulan önemli bir mesire yeridir. Ulaşım kolaylığı ve Belgrad Ormanları'nın tam ortasındaki konumuyla yılın dört mevsimi, haftanın yedi günü tabiat severlerin akınına uğrar. Güzel suyunun yanı sıra, Büyükbent etrafında ring yapan sekiz kilometrelik koşu parkuru, temiz piknik alanları, kafeteryası ve

otoparkı ile İstanbullular için ideal imkânlar sunar. Spor kulüplerinin kros ve nefes açma çalışmaları için değerlendirdiği Neşetsuyu Mesire Yeri, zengin flora ve faunasıyla tabiat bilimcilere de hizmet vermektedir.

Ulaşım: Levent-Maslak-Bahçeköy ya da Kemerburgaz istikametlerinden giriş yapılan Belgrad Ormanları'nda tabelalar size yön verecektir. Her iki yönden ortalama üç kilometrelik bir asfalt yoldan sonra Neşet Suyu'na varılır.

Tel: 0216 486 00 72

BELGRAD ORMANLARI - BENTLER

Belgrad Ormanları'ndaki en güzel mesire alanlarındandır. Osmanlı Devleti Dönemi'nde

şehrin su ihtiyacını karşılamak amacıyla birbiri ardına inşa edilen, Topuzlu Bendi (1750) Valide Bendi (1796) ile 2. Sultan Mahmut Bendi (1839) buradadır. Büfeden piknik için gerekli hizmeti alabilmeniz mümkün. Ormanın derinliklerine kadar uzanan yürüyüş parkurları ve bisiklet yolu sizi her mevsim ayrı bir güzelliğe taşır. Bahar ayındaki yeşil örtü, yazdaki serinlik, sonbaharda sarıdan kırmızıya dönen renkler ve kışın yalınlığı tabiatla bir olma duygularınızı coşturacaktır.

Ulaşım: Belgrad Ormanları'nın Bahçeköy girişinden hemen sağa dönen asfalt yol ile çok rahat bir ulaşım imkânına sahiptir.

Tel: 0212 559 25 49

BELGRAD ORMANLARI - FALİH RIFKI ATAY MESİRE YERİ

Ağaç denizi Belgrad Ormanları' nda daha bir sakin köşe dilenirse gidilecek yer, ünlü edebiyatçımız Falih Rıfkı Atay'ın adını taşıyan mesire yeridir. Neşet Suyu ve Kömürcübent arasındaki iki yüz dönümlük alanda misafirlerini ağırlar. Ahşap oturma mekânlarıyla donatılmış alanlar her şartta piknik yapma imkânı sağlamaktadır. Su kaynakları bol olan Falik Rıfkı Atay Mesire Yeri'nin içindeki mini futbol sahası özellikle gençler ve çocuklar için bulunmaz bir şans. Ormanın derinliklerine yapılacak yürüyüşlerde birçok çiçek ve bitki türü sizleri karşılayacaktır.

Ulaşım: Belgrad Ormanları'nın Bahçeköy girişinden sonra gelen Neşet Suyu'yla komşudur. Kemerburgaz-Göktürk-Kurtkemeri'ni takiben de ulaşılabilir.

Tel: 0 212 531 55 81

BEYKOZ - GÖKNARLIK MESİRE YERİ

Binbir güzelliğe sahip Beykoz'un bir başka güzelliğidir Tokatköy-Göknarlık... 46,5 hektar büyüklüğündeki alanda kendiliğinden yetişen ve en nadide ağaç türlerinden olan göknarlar, insanda tarifsiz bir hayranlık uyandırıyor. Kapladığı alana neredeyse hiç ışık bırakmayan göknarlar içinde yürümek sizde çok değişik duygular uyandıracaktır. Etrafını saran kestane ve diğer ağaç türleri arasında kolaylıkla fark edilebilen bu sahaya, Beykoz İlçe Merkezi'ne olan yakınlığıyla ulaşılması son derece kolaydır.

BİNBAŞI MESİRE YERİ

Kemerburgaz ya da Belgrad Ormanları içinden rahatlıkla ulaşabileceğiniz zengin bir ağaç ve bitki örtüsüne sahip piknik yeridir. Yürüyüş parkuru ve oturma mekânlarıyla dikkat çekiyor. Rivayet şöyledir: Osmanlı İmparatorluğunun son yıllarındaki savaşlarda bir bölük asker bölgeye sığınmak zorunda kalır. Açlık ve susuzluk giderek artmaktadır. Asker huzursuzdur ancak kamp yerinden ayrılmak da mümkün değildir. Bunun üzerine günlerce çare arayan bölük komutanı binbaşı, geceden sabaha kadar açtığı kuyudan su çıkarmayı başarır ve bölgeye de adını vermiş olur. Girişteki kafeterya ziyaretçilerin birçok ihtiyacını karşılayacak donanıma sahiptir. Mesire yerinde çocuklar için de unutulmayacak şirin bir oyun bahçesi kurulmuştur..

Ulaşım: Kemerburgaz ile Bahçeköy'ü birbirine bağlayan yol üzerindedir.

Tel: 0 212 280 01 47

ÇATALCA M. ÇAKMAK MESİRE YERİ

Türkiye Cumhuriyetinin kurucu isimlerinden Mareşal Fevzi Çakmak'ın adını taşıyan bu mesire yeri, Çatalca'nın önemli dinlenme ve piknik yerlerinden biridir. Yer yer çam ağaçlarıyla kaplı olması renk örtüsüne ayrı bir güzellik katmaktadır, içindeki açık yüzme havuzu yaz mevsiminde hizmet vermektedir. Mesire yerine girişteki yükseltiden Trakya'nın geniş topraklarını ve Çatalca Tren istasyonu'nu seyredebilirsiniz, ilçenin hemen yanında olması avantajıyla da her mevsim ziyaretçi akınına uğrar.

Ulaşım: TEM yoluyla rahatlıkla ulaşılan Çatalca merkezinden sağ tarafa doğru inildiğinde karşınıza çıkar, ilçe stadına yüz metre uzaklıktadır.

Çatalca Doğa Koruma ve Milli Parklar Mühendisliği

Tel: 0 212 789 69 89

ÇİLİNGOZ MESİRE YERİ

Karadeniz'in kıyısında uzun ve hayli geniş beyaz bir kumsal... Dalgaların yüzyıllardır döve döve ilginç şekillere bezediği kayalıkların arasından denize karışan bir dere...

Bütün bu güzel tabloyu tamamlayan yeşil bir örtü.

Ulaşım:

1) Çatalca-Saray yolu üzerindeki Binkılıç beldesinin hemen çıkışından sağa dönüldükten sonra on yedi kilometrelik orman içi yolu kullanabilirsiniz.

2) Terkos'un kuzey kısmını takip eden Ormanlı, Karacaköy ve 11 köy istikametlerinden ulaşılabilir.

Tel: Çatalca Doğa Koruma ve Milli Parklar Mühendisliği

0 212 789 10 05

DEĞİRMENBURNU MESİRE YERİ

Adalar deyince akla bir çok güzellik gelir. Bunların arasında Heybeliada'daki Değirmenburnu mevkii ayrı bir cazibeye sahiptir. Bölgeye adını veren tarihî değirmene çıkıp, diğer adaları ve İstanbul kıyılarını seyredebileceğiniz gibi, şehir hatları vapurlarını da selamlayabilirsiniz. Âşıklar yolunda yürüyebilir, koşabilir veya hemen kenarında nefis bir piknik yapabilirsiniz. Çam ağaçlarının kokusu yosun kokusuna karışır, sizi başka bir dünyaya taşır. Faytonla renklendirebileceğiniz geziniz süresince mesire yerindeki büfeden her ihtiyacınızı karşılayabilirsiniz. İstenirse, küçük koylar, deniz sefasına da imkân vermektedir.

Ulaşım: Şehir hatları vapuru veya özel teknelerle Heybeliada iskelesine ulaştıktan sonra sağa giden yolla varılır.

Tel: 0 212 601 11 88

DİLBURNU MESİRE YERİ

Sadece İstanbul'un değil, Türkiye'nin de en nadide köşelerinden biri. Adalara has mimari, Marmara mavisi ve çam ağaçlarının fıstıki yeşili ile bir araya geldiğinde ortaya çıkan tablo gerçekten hayranlık verici. Böyle bir ortamda piknik, plaj, yürüyüş ya da yelken gibi aktivitelerden birini seçmek tamamen size bağlı. Kızılçamlar arasından koyları, biraz vaktiniz varsa güneşin batışını seyretmek çok az bulunabilecek bir keyiftir. Dilburnu, kafeterya, piknik ve doğa yürüyüşleriyle de sizi gün boyu kendinde tutmayı bilecektir...

Ulaşım: Sirkeci, Kabataş, Kadıköy, Bostancı ve Kartal'dan kalkan Adalar-Yalova vapurlarıyla Büyükada'ya ulaşılır. Sonrasında yürüyüş, fayton ya da bisikletle mesire yerine gidebilirsiniz.

Tel: 0 216 226 36 31

ELMASBURNU MESİRE YERİ

Karadeniz'in maviliğini bölen siyah kayaların korumasıyla oluşan enfes bir koy... Uzun kumsalı, çam ormanı ve sessizliği ile birçok tatil merkezinin bile ötesinde. Deyim yerindeyse 'Elmas' değerindeki mesire yerinde isterseniz çadırınızla rahatlıkla geceleyebilir, denizin sesiyle güne merhaba diyebilirsiniz. Tepelerden denizin derinliklerine kadar inen kayalıklar özellikle zıpkınla balık avcılığı için çok idealdir ve büyük ilgi görmektedir. Koyun hemen karşısındaki Martı Adası çok sayıda deniz kuşunu barındırırken, bu güzelliğe zaman zaman yunuslar da eşlik etmektedir. Riva'ya kadar gitmişken çevre ve ırmak boyu yürüyüşlerini ihmal etmeyin.

Ulaşım: TEM bağlantılı Kavacık mevkiinden Riva'ya kadar uzanan otoyol ile 20 dakikada ulaşabilirsiniz. Ayrıca, Beykoz Mahmut Şevket Paşa köyü ile bağlantılı olarak da gidilebilir.

Tel: 0 212 651 98 91

FATİH ORMANI MESİRE YERİ

Orman sevgisiyle de tarihe geçen Fatih Sultan Mehmed'in adını taşıyan önemli bir mesire yeridir. Yerleşim merkezlerine çok yakın olması yanında bin beş yüz dönüme yayılan gür ağaçları ve rekreasyon alanlarıyla günün her saati gezip görülebilir. Giriş bölümündeki kafeterya, güler yüzlü personeli ve nefis yiyecekleriyle sizleri ağırlayacaktır, istediğinizde ise ana yolu takiben ormanın derinliklerine inip oturma gruplarında iyi bir piknik yapabilirsiniz. Bisiklet tutkunlarının sıkça uğradığı Fatih Ormanı, giriş kısmının sol tarafındaki geniş çocuk bahçesiyle de aileler tarafından tercih edilmektedir.

Ulaşım: Maslak Büyükdere Caddesi Sarıyer Yolu üzerindeki Bahçeköy tabelası takip edilir. Üç kilometreden sonra sol taraftadır. Alt girişi ise Şişli-Ayazağa yönündedir.

Tel: 0212 299 84 75

FATİH ÇOCUK ORMANI - PARKORMAN

Tabiatın kucağında, her yaşın ihtiyaç duyacağı her şeye cevap veren bir mekân, Parkorman... İstanbul'un içinde, karmaşa, koşuşturma ya da bildik metropol problemlerinin ise tamamen dışında...Çocuklara ayrılan bölümde çok sayıda oyun grubu bulunuyor. Spor, müzik, sanat ve sosyal etkinlikleri ile günün 24 saati misafirlerine unutulmaz keyifler sunuyor. Mekânların kurulmasında ağaç ve bitki örtüsüne dikkat edildiği daha ilk anda göze çarpıyor.

Ulaşım: Maslak'tan Sarıyer'e uzanan Büyükdere Caddesi üzerindedir.

www.parkorman.com.tr

Tel: 0212 328 20 00

FATİH ÇEŞMESİ MESİRE YERİ

Kutlu belde İstanbul'un kapılarını bize açan Fatih Sultan Mehmed'in adına vakfedilen çeşme etrafında kuruludur. Giriş kısmındaki bu çeşme, yıllardan beri hizmet sunmakta, özellikle yaz mevsiminde çok sayıda ziyaretçiyi ağırlamaktadır. Mesire yerinde ahşap kullanılarak inşa edilen mini kafeterya oldukça sıcak bir atmosfere sahiptir. Piknik alanları ve toprak yollar, bu güzel dekoru tamamlıyor. Burada kuş cıvıltıları arasında unutulmaz bir gün geçirmek ya da koşu yaparken bir sincap ile karşılaşmak, unutulmaz hatıralar arasında yerini alır. Birbirine çok yakın büyüyen meşelerden oluşan iki yüz elli dönümlük saha, yılın her mevsimi farklı renk ve gölge özellikleriyle de büyük ilgi topluyor.

Ulaşım: Kemerburgaz içinden sağa Belgrad Ormanları yönüne 6 kilometre boyunca gidilir. Binbaşı çeşmesinin hemen ardından yolun sol tarafındadır.

Bahçeköy Doğa Koruma ve Milli Parklar Mühendisliği

0 212 226 23 35-37

GAZİ MAHALLESİ MESİRE YERİ

İstanbul'un hemen yanı başında gözden kaçan güzelliklerinden biridir. Alibeyköy Barajı olarak da bilinen mesire yeri, Gazi Mahallesi, Alibeyköy ve Yeşilpınar gibi yerleşimlere sınır olarak yediyüzseksenbeş dönüm üzerine kurulmuştur. Oturma mekânları bulunmamasına rağmen yürüyüş ve piknik için uygun şartlara sahiptir. Baraj gölünün kıvrımları göze çok hoş gelirken, martıların su üzerindeki danslarını izlemek hayli keyiflidir. Gün batımında, Levent-Maslak hattındaki gökdelenlerden suya ulaşan yansımalar renk zenginliğini artırmaktadır. 1972 yılında hizmete açılan baraj gölünde balık avcılığına ve suya girilmesine izin verilmiyor.

Ulaşım: Şehir içinde kalması sebebiyle ulaşımı son derece kolaydır. Gaziosmanpaşa'dan devamla Gazi Mahallesi içinden gidebileceğiniz gibi Kağıthane-Alibeyköy üzerinden de ulaşabilirsiniz.

İstanbul Doğa Koruma ve Milli Parklar Mühendisliği,
0212 262 77 10 / 2484

GÖKTÜRK GÖLETİ MESİRE YERİ

Dinlenme, gezi ve İstanbul'u çevreleyen geniş ormanlardan gelen suyu tutmak için beşyüzaltmış dönümde oluşturulan Göktürk Göleti çevrenin önemli cazibe merkezlerinden biridir. Göktürk bölgesinde yerleşimin artması bu tür yerlerin varlığını daha önemli kılıyor. İSKİ'nin denetimindeki baraj gölü, görsel zenginliğinin yanısıra dinlenme ve yürüyüş aktiviteleri için çok uygundur. Fotoğraf makinenizi kurup, martıların maviyle yeşil arasında süren hayatlarını görüntüleyebilirsiniz. Buna karşılık, göletlerde yüzme ve balık avcılığına risk taşıdığı için izin verilmediğini hatırlatmakta fayda vardır.

Ulaşım: Hasdal-Kemerburgaz yoluyla ulaşılan Göktürk merkezine çok yakın olup, İhsaniye yolunun hemen başlangıcında sağ taraftadır.

Doğa Koruma ve Milli Parklar Mühendisliği,
0 212 262 77 10/ 2484

GÖKTÜRK FİDANLIĞI MESİRE YERİ

İstanbul'un dört köşesini yeşillendiren Çevre ve Orman Bakanlığı İl Müdürlüğü'nün 1969'dan beri hiz- met sunduğu önemli bir fidanlık. Bereketli topraklar üzerindeki 328 dönümlük saha, haftanın her günü İstanbullularla dolup taşmaktadır. Kapalı ve açık alan üretimindeki yüksek kaliteyle adeta rakipsizdir.

Ulaşım: Kemerburgaz-Göktürk yoluyla çok rahat bir ulaşımı vardır. Göktürk'deki alışveriş merkezinin hemen karşısındadır.
Tel: 0212 322 00 14

HACET DERESİ MESİRE YERİ

Küçük hacmine rağmen devasa çam ağaçlarıyla Tuzla çevresinin önemli piknik alanlarından biridir. Düzlük sahada küçük oyun bahçeleri ve oturma grupları vardır. Etrafındaki yerleşimler sebebiyle mesire yerine adını veren derede bazen çevre kirliliği oluşmaktadır. Buna rağmen, bölgedeki vatandaşlar için özellikle yaz aylarında dinlenme ve piknik yapmak için tercih edilmektedir. İstanbul'da Adalar'a özgü olarak bilinen kızılçam, Anadolu yakasında sadece Hacet Deresi mesire yerinde görülebilir.

Ulaşım: Tuzla'nın kuzey yönüne düşen yükseltiler içindeki Aydınlı Köyü'nün içindedir Alemdağ Doğa Koruma ve Milli Parklar Mühendisliği
Tel: 0 216 413 40 15–16

IRMAK MESİRE YERİ

Küçük bir ırmak boyunca yükselen anıt değerindeki ağaçların rengini ve havasını verdiği, önemli bir dinlenme sahası. Hemen girişte özenle kurulmuş tahta masalar ve düzgün alanlar piknik yapmak isteyenler için uygundur. Suyunun berraklığı ve çevrenin temizliği daha ilk anda dikkat çekiyor. Neşet Suyu'ndan başlayan koşu parkuru bu mesire yerinin içinden geçer.

Ayrıca patika yollarla ormanın derinliklerine ulaşabilirsiniz. Özellikle hafta sonu başta aileler ve kalabalık gruplar olmak üzere geniş bir ziyaretçi yelpazesine hitap eder.

Ulaşım: Maslak-Bahçeköy girişindeki işaretle sola dönülür. 4 kilometrelik yolun sağında tabelasıyla sizi karşılar. Kemerburgaz istikametinden ise, sağa girilip Binbaşı ve Fatih Çeşmesi'nden sonra ulaşılır.

Tel: 0 212 559 25 49

İMRAHOR GÖLETİ

Ormanlık arazinin korunması ve su kaynaklarının değerlendirilmesi amacıyla kurulan İmrahor Göleti, aynı adı taşıdığı yerleşim yerine çok yakındır. Zamanla oluşan bitki ve canlı türleri bölgeyi neredeyse doğal bir park hâline getirdi. Mavi ve yeşilin içice girdiği mesire yeri tabiat severlerin hayli ilgisini çekmektedir. Göl kıyısında oluşturulan oturma ve yürüyüş alanları hizmete açıktır. Özellikle hafta sonu başta aileler olmak üzere, okul, dernek ve işyerlerine ait gruplar tarafından tercih ediliyor, İmrahor Göleti'nde suya girilmesi ve balık tutulmasına benzeri yerlerde olduğu gibi izin verilmiyor.

Ulaşım: Gaziosmanpaşa'dan Tayakadın'a giden ana yolun beşinci kilometresindeki İmrahor köyü sapağına girilir. Stablize yolu takiben köyün hemen üst kısmında yer almaktadır.

İstanbul Doğa Koruma ve Milli Parklar Mühendisliği

Tel: 0212 262 77 10/ 2484

İNCEĞİZ MESİRE YERİ

Çatalca'nın yaklaşık 2500 yıl önce ilk kurulduğu bölge... Cenevizliler'in 9. yüzyılda yüksek kayalara oyduğu üç büyük mağara ve toprağın bereketiyle göğe uzanan ağaçlar... Böyle biryerde geçecek saatler insanı elbette dinlendirecek, ruhunu okşayacaktır. Piknik sahası, hemen yanından geçen dereyle ayrı bir güzelliğe bürünür. Mesire yeri içindeki restoran ve kafeterya hayli beğeni toplarken, yukarılardan süzüle süzüle gelen su kaynağı da ziyaretçilerin akınına uğruyor.

Ulaşım: Çatalca'dan Subaşı'na giden asfalt yolun 3. kilometresinde sol tarafa dönüp yaklaşık 6 kilometrelik mesafeden sonra rahatlıkla ulaşılabilir.

Tel: 0 212 789 15 24

KAYMAKDONDURAN MESİRE YERİ

Boğaz'ın girişine uzanan Beykoz'da; 'havası suyu bir başka' denir ya, işte öyle bir yer. Belli ki suyunun soğukluğunu anlatmak için 'Kaymakdonduran' adıyla anılıyor yüzyıllardan beri. Osmanlı Dönemi'nin ünlü Kanije Beylerbeyi Ahmet Paşa tarafından yaptırılan çeşmesinin suyu doya doya içilecek güzelliktedir. Ahşap masalarla donatılmış çimenliklerde harika bir piknik yapabilir, ya da küçük büfenin mönüsünden tadabilirsiniz. Altı yüzelli dönümlük mesire yerinde, ikiyüz yaşındaki anıt değerindeki ağaçlar hayranlık vericidir. Sonbaharda bol bol kestane toplayabileceğiniz bu sahada sincaplarla karşılaşmak da hoş bir sürpriz olacaktır.

Ulaşım: Beykoz - Akbaba Köyü istikametinden 3. kilometre sonra mesire yeri sapağı, 1 kilometre sonra da giriş bölümü yer alır. Beş dakika uzaklıkta stabilize yolla rahatlıkla ulaşabilirsiniz.

Alemdağ Doğa Koruma ve Milli Parklar Mühendisliği

Tel: 0 216 413 40 15-16

KİRAZLIBENT MESİRE YERİ

Belgrad Ormanları içindeki diğer bir tabiat harikası. Yüksek ağaçları, ince patika yolları ve tarihî Kirazlıbenti ile mutlaka görülmesi gereken mesire yerlerinden. Piknik alanının üst kısmındaki bent, daha çok meraklıları tarafından bilinir ve mimarisiyle büyüler. II. Mahmut'un 1818'de Kirazlı Deresi üzerine inşa ettiği bu güzel bendin yüksekliği 11.25, tepe genişliği ise 59.45 metredir, işletmeye kapalı olduğu için büfe hizmetleri verilemiyor.

Ulaşım: Bahçeköy'ün içinden sola dönüp Kemerburgaz'a giden yolu üzerinde, Irmak Mesire Yeri'yle karşı karşıyadır.

Doğa Koruma ve Milli Parklar Mühendisliği

Tel: 0 212 226 23 35

KÖMÜRCÜ BENDİ MESİRE YERİ

Osmanlı Devleti'nin aynı zamanda bir su medeniyeti olduğunu gösteren ilk örneklerden biri. Karanlıkbent adıyla da bilinen bent, II. Osman tarafından 1620 yılında Kâğıthane deresiyle buluşan Topuz Dereciği üzerine inşa edilmiştir. Küçük su havzası aynı zamanda birçok canlıya da ev sahipliği yapmaktadır. Hemen bitişiğinde bulunan geyik üretme sahasında bu şirin hayvanları uzaktan da olsa görmek mümkündür. Arazi biraz engebeli olmakla birlikte göğe uzanan ağaçlarıyla farklı bir güzelliğe sahiptir. Piknik ve oturma sahaları oldukça bakımlıdır. Mesire yerinin içinden geçen asfalt yol Kısırkaya köyüne bağlantılıdır.

Ulaşım: Belgrad Ormanları'nın Bahçeköy girişinden sonra gelen Neşet Suyu ve Falih Rıfkı Atay Mesire Yerlerini takiben gidilir. Yaban Hayvanları Üretme Sahası bitişiğindedir.

Tel: 0 212 221 45 37

KURT KEMERİ MESİRE YERİ

Belgrad Ormanları'nın devamı kabul edilir. Çok sayıda geniş piknik alanlarına sahiptir. Eyüp, Kâğıthane, Kemerburgaz ve Göktürk sakinlerinin haftasonlarında sıklıkla gittiği bir mesire alanıdır. Patika yolu, koşu ve yürüyüş parkurları da mevcuttur.

Ulaşım: Kemerburgaz'dan gelen yolun Belgrad Ormanları'na dahil olduğu noktada.

Tel: 0 212 530 70 16

MARMARACIK MESİRE YERİ

Hırçın Karadeniz'in dinlenip nefes aldığı, küçük bir koyla çam ağaçlarına doğru uzandığı yerdir, ister koşup oynayın, ister balık tutup yüzün, ister tabiatın sessizliğini dinleyin. Bütün bu aktiviteler, kamp yeri, ahşap evler, kır kahvesi, lokanta, plaj, mini golf sahası ve yelken tesisleriyle birleşince Marmaracık Koyu yılın her mevsiminde ziyaretçi akınına uğruyor. Tesislerin tamamında ahşap ve tabii taşın kullanılmış olması çevreci hassasiyeti göstermesi bakımından önemli. Bir dönem, Volkswagen otomobil tutkunlarının toplanma yeri olarak ünlenen bölge, görsel güzelliğiyle film ve fotoğraf çalışmaları için de uygun atmosfere sahiptir.

Ulaşım: Sarıyer üzerinden ulaşılan Rumeli Kavağı'ndan sol tarafa dönüp sahili takip eden yolun sonundadır.
E-Posta: info@altunbasturizm.com

Tel: 0 212 325 55 83-85

MEHMET AKİF ERSOY MESİRE YERİ

İstiklal şairimiz Mehmed Akif Ersoy adına kurulan bu mesire yeri

Sarıyer ve Levent gibi yerleşimlere yakınlığıyla önemli avantajlara sahiptir. Üstelik son derece güzel restoran ve bakımlı oturma alanlarıyla kalabalık grupların konaklamasına imkân vermektedir. Mini futbol sahası her yaştaki futbol tutkunlarının top koşturabileceği vasıflara sahiptir. Yılın dört mevsimi kendisine has bir atmosferi barındıran Mehmed Akif Ersoy mesire yeri, neredeyse anıt değere ulaşan ağaçlarıyla da önem taşımaktadır.

Ulaşım: Bahçeköy'ün içinden Sarıyer'e inen Çayırbaşı Caddesi üzerindedir. Tam Karşısında İETT durağı bulunmaktadır.

Tel: 0212 226 36 31

MİHRABAD MESİRE YERİ

Kanlıca'nın hemen üstünde yıllara, şarkılara ve İstanbul'un bütün renklerine şahitlik etmiş bir tabiat mirası. İstanbul Boğazı'na hâkim bir tepe üzerine kurulan koruluk, fıstık çamları, erguvanlar, çınarlar, serviler başta olmak üzere birçok ağaç ve bitki türünü barındırır. Özellikle bahar aylarında katırtırnakları ve defne kokuları arasında dolaşmak ayrı bir keyiftir. Bölge, Boğaz'ın kıyısındaki yalısıyla birlikte Abdülhamid'in Berlin Büyükelçisi Sadullah Paşa'nın eşi Necibe Hanım tarafından Mısırlı Abbas Halim Paşa'nın kızı olan Rukiye Hanım'a yüz görümlüğü olarak verilmiş, prenses de yalıyı bugünkü hâliyle yeniden inşa ettirmiştir. 200 dönüm üzerine yayılan mesire yeri, oturma alanları, büfesi, koşu parkuru, çocuk parkı ve diğer birimleriyle günün her saati dolup taşmaktadır. Boğaz'ın ikinci gerdanlığı Fatih Sultan Mehmed Köprüsü'nün en iyi göründüğü alanlardan biri olan Mihrabad, İstanbul'a gelen yabancıların da önemli uğrak noktalarındandır.

Ulaşım: Mihrabad Mesire Yerine sahilden (Kanlıca yönü) girilebildiği gibi, TEM bağlantı yolu Kavacık Tekke mevkiinden de ulaşılabilir.

Alemdağ Doğa Koruma ve Milli Parklar Mühendisliği,

Tel: 0216 413 40 15-16

ODAYERİ MESİRE YERİ

Şehrin gürültüsünden, çalışma hayatının stresinden uzaklaşıp biraz başınızı dinlemek istediğinizde yolunuz mutlaka Odayeri'ne düşecektir. Meşe, gürgen ve kestane ağaçlarının çevrelediği çimenlere uzanıp tabiatın yeni tatlarını keşfetmek hiç de uzak değil. Eğer piknik yapmak istiyorsanız, malzemenizi kendiniz götürebileceğiniz gibi hemen yanı başındaki köyden de temin edebilirsiniz. Maden kazıları sonrası civarda oluşan göllerin çok güzel görünmekle birlikte bazı tehlikeler taşıdığını unutmamak gerekir.

Ulaşım: Hasdal-Kemerburgaz-Göktük'ten sonra girilen İhsaniye Köyü istikametinin 6. kilometresindeki Ağaçlı Yolu üzerindedir.

İstanbul Doğa Koruma ve Milli Parklar Mühendisliği

Tel: 0212 262 77 10

POLONEZKÖY TABİAT PARKI

Ülkelerinin 1842'de işgal edilmesiyle, mücadelelerini yurt dışında sürdürmek isteyen bir grup Polonyalı'nın kurduğu ve adlarını verdikleri tabiat diyarı. Bin bir çeşit ağaç ve bitki türüyle gelenleri kendisine hayran bırakıyor. Polonyalılar'ın ağırlıkta olduğu köyde, farklı bir kültür ve hayat tarzının da yansımalarını görebilirsiniz ve camping alanları özellikle hafta sonları için idealdir. Güzelliği dillere destan bölge, Mustafa Kemal Atatürk'ün yanı sıra Franz List, Gustave Flaubert ve daha birçok ünlü ismi ağırlamıştır.

Ulaşım: Popüler bir yer olması avantajıyla birçok noktadan ulaşım imkânına sahiptir. Kavacık-Çavuşbaşı üzerinden tabelaları takiben gidilebileceği gibi Beykoz-Riva ve Alemdağ-Şile istikametinden de karayolu mevcuttur.

SAZAKÇEŞME MESİRE YERİ

Dinlenme, yürüyüş ve piknik aktiviteleri için Anadolu yakasının önemli mesire yerlerinden biridir. Giriş yerinin küçüklüğüne karşılık yukarıya doğru çıkıldıkça genişleyen bir orman zenginliğine sahip. Orman içi yollarla istediğiniz köşesine ulaşabileceğiniz Sazakçeşme'de çocuklar da düşünülmüş. Siz göğe uzanan çam ağaçları altında dinlenirken, çocuklarınız kendilerine ayrılan bölümde hoşça vakit geçirebilirler. Ahşap olarak inşa edilen kafeteryasında oturup çayınızı yudumlarken, İstanbul'un Anadolu yakası ormanlarını geniş bir açıdan seyredebilirsiniz.

Ulaşım: Üsküdar-Şile TEM yolunu takiben sağ taraftadır. Üsküdar Merkez'den yaklaşık yirmibeş kilometredir.

Tel: 0 532 717 14 42

ŞAMLAR - ARNAVUTKÖY MESİRE YERİ

Şehirleşmenin yıkıcı gücünün durdurulduğu ormanlar olarak Şamlar ve Arnavutköy Mesire Yerleri büyük önem taşıyor. Fıstık çamları altındaki geniş düzlükler, yürüyüş yolları, tilki, şahin ve diğer yabani hayvanlarıyla İstanbullular için ideal bir tabiat köşesidir. Birbirlerine sınır olan Kayabaşı Samlar ve Arnavutköy Mesire Yerleri özellikle hafta sonları kalabalık gruplara ev sahipliği yapmaktadır. Yeni oluşturulan sosyal tesisler ve oturma sahaları bölgenin çekiciliğini daha da artırmaktadır. Ulaşım kolaylığı ve başarılı işletmecilik ziyaretçiler için hayli memnuniyet vericidir.

Ulaşım: Gaziosmanpaşa yoluyla Arnavutköy'e yaklaşıldığında 'Nokta' mevkiinden hemen sola doğru inen asfalt yol ile ulaşılması son derece kolaydır. IBB'ye ait toplu taşıma araçlarını kullanabilirsiniz.

Tel: 0 535 272 78 82

TAŞDELEN MESİRE YERİ

Çam, meşe, kayın ve göknar ağaçlarıyla kaplı nezih bir mesire yeridir. 800 dönüme yayılan bu güzelliği öne çıkaran asıl zenginlik ise, orman içindeki çeşmelerden gürül gürül akan ünlü Taşdelen Suyu'dur. Taşdelen'in tabiat değerleri, güler yüzlü personeli, bakımlı sahaları ve ulaşım kolaylığı ile bütünleşince Anadolu yakasının cazibe merkezi olarak öne çıkıyor. Orman içi yollarla çeşitli yönlere yürüyüş ve koşu yapma imkânı bulunmaktadır. Ailenizle oturup kendi sofranızı hazırlayabileceğiniz gibi, restoran ve büfe kısmından da bu hizmetleri talep edebilirsiniz.

Ulaşım: Üsküdar-Şile TEM yolu üzerinden girilen Taşdelen'in merkezinden 1 kilometre uzaklıkta. Kendi aracınızın yanı sıra toplu taşıma vasıtalarıyla da ulaşabilirsiniz.

Tel: 0216 312 13 68

TAYAKADIN MESİRE YERİ

Yeşili, bakımlı üniteleri ve hizmet kalitesiyle Avrupa yakasının önemli buluşma noktasıdır. Aileler, okul kafileleri ve benzeri kalabalık gruplar, orman içine serpilmiş düzlüklerde nefis bir gün geçirebilirler. Çam ve meşe ağaçlarının oluşturduğu floranın oksijeni bütün yorgunluğunuzu alacaktır. Kendi imkânlarınızla yapacağınız piknik keyfinin yanı sıra, kafeteryasında hizmete sunulan menüden yararlanabilirsiniz. Geniş saha içinde, yaban hayvanları dikkat çekici bir popülâsyona sahiptir. Tilki, sincap, şahin ve kartal gibi türler zaman zaman size eşlik edeceklerdir. Tayakadın Mesire Yeri'nden sonra, başta Terkos Gölü olmak üzere çevredeki birçok tabiat zenginliği gezip görülebilir.

Ulaşım: Gaziosmanpaşa - Arnavutköy'ü geçtikten sonra sol tarafta yolu paralel olarak takip eden alan.

Tel: 0 212 614 28 24
0535 763 90 69

BOĞAZ TURU-HALİÇ TURU

Sarayburnu: Pazartesi, perşembe hariç her gün.

Güzergâh: İstanbul'un her iki yakasında bulunan üç muhteşem saray; Dolmabahçe, Beylerbeyi Sarayları'nın ve Küçüksu Kasrı'nın bütün bölümlerini gezebilir ve Osmanlı Dönemi'nde güç ve kudretin simgesi olan Sultan Kayıkları ile üç saray arasında transfer yapabilirsiniz. Bunun için Dolmabahçe Sarayı bilet gişesinden bilet almalısınız.

İskele: Dolmabahçe

Haliç Turu: Hafta içi her gün 17.30 Hafta sonu 13.30–17.30

Güzergâh: kırkbeş dakika süresince İstanbul'un kültürel zenginliklerini sergileyen Haliç sularından tarihî mekânları izleyebilirsiniz. Piyer Loti, Rum Patrikhânesi, Bulgar Kilisesi, Eyüp Camii, "Kırmızı Mektep" denilen Rum Erkek Lisesi, Feshane, Fener semti, Galata Kulesi, Topkapı Sarayı, Ayasofya gibi mekânlar dört bir yanınızda.

İskele: Eyüp'teki Sultan Kayıkları iskelesinden kalkıyor.

Tel: 0212 296 52 40 pbx

Boğaz Turu: Hafta içi her gün 19.30 Hafta sonu 13.30–19.30 Güzergâh: 1 saat boyunca bir yanınızda Avrupa bir yanınızda Asya siz dünyada eşi olmayan Boğaziçi'nde canlı fasıl eşliğinde gezebilirsiniz. Dolmabahçe Sarayı, Çırağan Sarayı, Boğaz Köprüsü, Feriye Köşkü, Esma Sultan Yalısı, Beylerbeyi Sarayı, Topkapı Sarayı, Selimiye Kışlası, Kız Kulesi, Salacak, Çamlıca dört bir yanınızda.

İskele: Dolmabahçe'den kalkıyor. Rezervasyon için:

Tel: 0212 296 52 40

MÜZELER

Adam Mickiewcz Müzesi
Harbiye
0(212) 253 66 98

Arkeoloji Müzesi
Gülhane
0(212) 520 77 40

Aşiyan Müzesi
Rumelihisarı-Beşiktaş
0(212)263 69 86

Atatürk Müzesi
Şişli
0(212) 240 63 19

Aya İrini Müzesi
Sultan Ahmet
0(212) 512 04 80

Ayasofya Müzesi
Sultan Ahmet
0(212) 588 45 00

Basın Müzesi
Çemberlitaş
0(212) 513 84 58

Beylerbeyi Sarayı
Beylerbeyi
0(216) 321 93 20

Çinili Köşk
Gülhane
0(212) 520 77 40

Deniz Müzesi
Beşiktaş
0(212)261 00 40

Divan Edebiyatı Müzesi
Tünel
0(212) 245 41 41

Dolmabahçe Sarayı
Beşiktaş
0(212) 236 90 00

Eski Şark Eserleri Müzesi
Gülhane
0(212) 520 77 40

Halı Müzesi
Sultan Ahmet
0(212) 518 13 30

Ihlamur Kasrı
Beşiktaş
0(212) 259 50 86

İtfaiye Müzesi
Fatih
0(212)524 11 26-27

Karikatür ve Mizah Müzesi
Fatih
0(212)521 12 64

Kariye Müzesi
Edirnekapı
0(212) 631 92 41

Maslak Kasırları
Maslak
0(212) 276 10 22

Mozaik Müzesi
Sultan Ahmet
0(212) 518 12 05

Rahmi M. Koç Sanayi Müzesi
Hasköy
0(212) 256 71 33

Resim Heykel Müzesi
Beşiktaş
0(212) 261 42 98

Rumeli Hisarı
Beşiktaş
0(212) 265 04 10

Sabancı Müzesi
Emirgan
0(212) 277 71 53

Sadberk Hanım Müzesi
Büyükdere
0(212) 242 38 13

Şehir Müzesi
Beşiktaş
0(212) 258 53 44

Tanzimat Müzesi
Sirkeci
0(212) 512 63 84

Topkapı Sarayı Müzesi
Sultan Ahmet
0(212) 512 04 80

Türk İslam Eserleri Müzesi
Sultan Ahmet
0(212) 518 18 05

Türk Vakıfları Hat Sanatları Müzesi
Beyazıt
0(212) 527 58 51

Yapı Kredi Vedat Tör Müzesi
Beyoğlu
0(212) 252 47 00

Yerebatan Sarnıcı
Sultan Ahmet
0(212) 522 12 59

Yıldız Sarayı-Şale Köşkü
Yıldız
0(212) 259 45 70

İSTANBUL'UN GÖZDE ALIŞVERİŞ MERKEZLERİ

Akmerkez
Etiler
Tel: 0 212 282 01 70
www.akmerkez.com.tr

Atrium
Ataköy
Tel: 0212 661 12 33
Fax: 0212 560 36 65
Web: www.atrium.com.tr
E-Posta: atrium@bistek.net.tr
Adres:9-10. Kısım, Ataköy

Bauhaus
İçerenköy
Tel: 0216 448 03 44
Adres: E-5 Karayolu Eski Gen Oto Arkası, Hal Giriş Yanı, İçerenköy

Capitol
Altunizade
Tel: 0216 391 19 20
Adres: Mahiz İz Cad. Altunizade

Carousel
Bakırköy
Telefon:0212 570 84 34
Fax: 0212 538 66 76
Web: www.carousel.com.tr
Adres: Halit Ziya Uşaklıgil Cad. No:1 Bakırköy

Carrefour
Carrefour / Büyükçekmece
Telefon: 0212 852 06 06
Adres:Londra Asfaltı Haramidere Mevkii Yakuplu Köyü, Büyükçekmece

Carrefour / İçerenköy
Telefon: 0216 448 02 96-97
Adres:Eski Gen Oto Arkası, Hal Giriş Yanı, İçerenköy

Carrefour / Ümraniye
Telefon: 0216 525 10 50-51
Adres:İnkılap Mahallesi Küçüksu Caddesi No:68 Vega Ümraniye

Cevahir
Büyükdere Cad. No: 22 Şişli/İstanbul
Haftanın her günü 10:00 - 22:00 saatleri arasında açık.

Colony Outlet ve Yaşam Merkezi
Sefaköy
Tel: (0212) 580 45 75
Adres: E-5 Londra Asfaltı Bağlar Mevkii Bağlar Caddesi, Sefaköy
Açılış Saati 10:00
Kapanış Saati 22:00

Galleria Ataköy
Tel: 0212 559 95 60
Fax: 0212 560 05 38
Web: www.galleria-atakoy.com.tr
Adres: Sahilyolu, Ataköy

Kanyon
Büyükdere Cad. No:185 Levent
0212 281 08 00
www.kanyon.com.tr

Kule Çarşı
İş Kuleleri 4. Levent
Tel: (212) 316 10 15
Açılış Saati 10:00
Kapanış Saati 22:00

Maxi City
Telefon: (0212) 323 56 66
Web: www.maxi.com.tr
E-Posta: info@maxi.com.tr
Adres: ABC Yolu Boğaziçi A Blokları Önü 34460 İstinye

Mass Alışveriş ve Eğlence Merkezi
Gaziosmanpaşa
Telefon: (212) 616 22 65 - (212) 616 22 64
Fax: (212) 616 22 66
Adres:Eski Edirne Asfaltı No: 34 Gaziosmanpaşa

Mayadrom
Tel: 0212 284 57 06
Web: www.mayadrom.com.tr
Adres: Yıldırım Göker Cad. Etiler

Metro - Güneşli
Tel: (212) 478 70 00
Kozyatağı
Tel: (216) 317 12 74
Büyükçekmece
Tel: (212) 886 13 86

Millenium Metrocity
4. Levent
Tel: 0 212 282 49 51
www.metrocity.com.tr

Mr. Bricolage
Güneşli
Tel: 0212 630 08 07
www.mrbricolage.com.tr

Olivium Alışveriş Merkezi
Zeytinburnu
Tel: 0212 547 74 53 (pbx)
Fax: 0212 582 06 26
Web: www.olivium.com
E-Posta: musteri@olivium.com.tr
Adres: Prof.Dr. Muammer Aksoy Cad. No:1/1 Zeytinburnu

Polcenter
Levent
Telefon: (212) 270 63 31
Fax: (212) 270 47 21
Web: www.polatholding.com.tr
Adres: Büyükdere Cad. Eczacı Ali Kaya Sk. No: 4 Levent Levent

Praktiker Yapı Marketleri AŞ.
Adres: Küçüksu Cad. No:115
Ümraniye- İSTANBUL
Tel: 0216 522 88 88
Faks: 0216 522 89 86
Alo Praktiker: 0212 343 13 13
Web: www.praktiker.com.tr

Profilo Alışveriş Merkezi
Mecidiyeköy
Tel: 0212 216 44 00
Fax: 0212 216 44 10
Web: www.profiloalisverismerkezi.com.tr
Adres: Cemal Sahir Cad. 26/28 Mecidiyeköy

Tekzen
Tel: 0 212 660 10 11
Adres: Çırpıcı Yolu 34720 Merter - Bakırköy/İSTANBUL

Web: www.tekzen.com.tr
Faks: 0 212 572 81 20

Tepe Nautilus Alışveriş Merkezi
Kadıköy Acıbadem
Adres: Fatih Caddesi No:1 Acıbadem 34650 Kadıköy
Tel: 0 216 339 39 29
Fax: 0 216 339 39 20

Town Center Alışveriş Merkezi
Bakırköy
Tel: 0 212 466 07 70
Adres: Town Center Alışveriş Merkezi İncirli cad. No:11 Kat:5 Bakırköy

ÖNDE GELEN HASTANELER ve AMBULANS SERVİSLERİ

Aksaray Vatan Hastanesi
Aksaray
0(212) 525 93 95

Acıbadem Hastanesi
Acıbadem
0(216) 544 44 44

Alman Hastanesi
Taksim
0(212) 293 21 50
Amerikan Hastanesi
Nişantaşı
0(212)311 20 00

Cerrahpaşa Tıp Fakültesi Hastanesi
Cerrahpaşa
0(212) 588 48 00 (60 Hat)

Clinix(Ambulans)
0(216) 349 80 90

Çapa Tıp Fakültesi Hastanesi
Çapa
0(212) 534 00 00(10 Hat)

Çapa Özel Ambulans
0(212) 585 61 84
0(212)587 46 11

Dünya Göz Hastanesi
Levent
0(212) 281 11 11

Florance Nightingale Hastanesi
Çağlayan
0(212) 224 49 50

Haydarpaşa Numune Hastanesi
Haydarpaşa-Kadıköy
0(216) 345 46 80

International Hospital
Yeşilköy
0(212) 663 30 00(30 Hat)
International Hospital Ambulans
0(212) 663 30 00

International SOS Assistance(Ambulans)
0(212) 247 25 60
0(212) 247 97 79
(Hava Ambulansı)

Marmara Ambulans
0(216) 341 27 27
0(216) 474 82 82

Marmara Üniversitesi Tıp Fakültesi Hastanesi
Koşuyolu
0(216) 327 10 10
Med-Line(Tam teşekküllü ambulans)
0(212) 282 00 00
0(212) 329 12 12
0(212) 444 12 12
Metropolitan Florance Nightingale Hastanesi
Mecidiyeköy
0(212) 288 34 00

Özel Ambulans
0(212) 240 13 42
0(212)240 68 86
0(212) 247 20 06

Sema Hastanesi
Maltepe
0(216) 444 73 62

Siyami Ersek Kalp ve Göğüs Cerrahisi Hastanesi
Haydarpaşa-Kadıköy
0(216) 349 91 20
SOS Alarm(Ambulans)
0(212) 505 72 72
(Hava Ambulansı)
Taksim İlkyardım Hastanesi
Taksim
0(212) 252 43 00

Teşvikiye Ambulans
0(212) 247 07 81
0(212) 231 11 44
0(212) 302 15 15

ÖNEMLİ TELEFONLAR

110 Yangın
112 Ambulans-İlk Yardım
118 Bilinmeyen Numaralar
154 Trafik
155 Polis

HAVAALANLARI

ATATÜRK HAVALİMANI

Ulaşım:

Atatürk Havalimanı İstanbul'un Avrupa yakasında ve Yeşilköy'de yer almaktadır. Havalimanının şehir merkezine (Sirkeci) mesafesi yirmi sekiz kilometre olup denize uzaklığı ise 4–4,5 kilometredir. Atatürk Havalimanı Dış Hatlar Terminaline 20 Aralık 2002 tarihinden itibaren metro ile ulaşım sağlanabilmektedir.

SABİHA GÖKÇEN HAVAALANI

Ulaşım:

İstanbul Anadolu yakası Pendik/Kurtköy'de, Kadıköy'e 40 kilometre , Pendik'e 12 kilometre, Taksim'e ise 50 kilometre mesafededir. TEM otoyoluna olan 1,5 kilometrelik bağlantısıyla ulaşım açısından da son derece rahat bir trafiğe sahiptir. Anadolu yakasında Kadıköy Sahil, Bostancı Sahil ve Küçükyalı'ya sefer saatlerine bağlı olarak düzenli servis olanağı vardır. Servis noktası Kozyatağı Atatürk Cad. Havaş Ofisi'dir. Pendik Deniz Otobüsü İskelesi'ne 14 kilometre uzaklıktadır. Pendik Tren İstasyonu'nun havaalanına mesafesi 14 kilometredir.

OTOBÜS TERMİNALLERİ

BÜYÜK İSTANBUL OTOGARI

İstanbul'un Avrupa yakasında yeralmaktadır. Türkiye'nin en büyük otogarlarındandır. Türkiye'nin her yerinden ve her yerine otobüs bulmak mümkündür.

Ulaşım:

Hafif metro otogardan Kartaltepe, Sağmalcılar, Bayrampaşa, Ulubatlı, Topkapı, Emniyet ve Aksaray yönüne ortalama beş dakikada bir; Esenler yönüne ortalama 10 dakikada bir ve Terazidere, Davutpaşa, Merter, Zeytinburnu, Bakırköy, Bahçelievler, Ataköy -Şirinevler ve Yenibosna yönüne ortalama 10 dakikada bir sefer yapmaktadır.

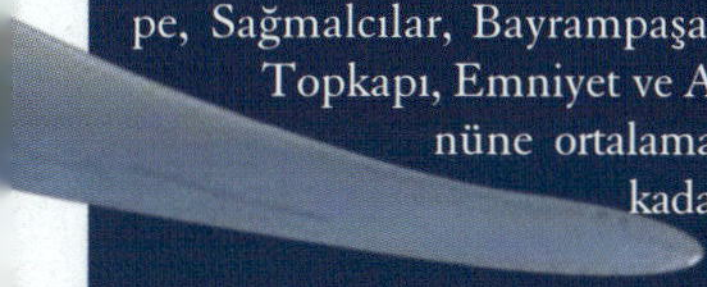

Büyükşehir Belediyesi Otobüsleri; Beşiktaş, Mecidiyeköy, Taksim, Eminönü ve Avcılar semtleri ile otogar arasında seferler yapmaktadır. Sefer saatleri hatlara göre değişken olup ortalama olarak 07.00–21.00 arasında ve 20–60 dakikalık sıklıkta seferler yapılmaktadır. Özel halk otobüsleri otogar ile Bostancı, Sarıyer ve Arnavutköy semtleri arasında sefer yapmaktadır.

Hafif Raylı Metro:

Aksaray - Esenler – Aksaray – Havaalanı

Belediye ve Halk Otobüsleri:

28o Beşiktaş - Otogar
39o Yeşilpınar - Otogar
75o Otogar - Mecidiyeköy
76o Avcılar Siteler - Otogar
83o Otogar - Taksim
91o Otogar - Eminönü
98o Otogar - Bakırköy

Detaylı bilgi için http://www.iett.gov.tr adresini ziyaret edebilirsiniz.

HAREM OTOBÜS TERMİNALİ

İstanbul'un Anadolu yakasındadır. Büyük İstanbul Otogarı'na giden veya gelen otobüslerin büyük çoğunluğunun uğradığı bir terminaldir. Harem otobüs terminaline özel araç ve taksi alternatiflerinin dışında firmaların özel servis araçları, Büyükşehir Belediyesi otobüsleri ve özel halk otobüsleri ile ulaşmak mümkündür.

12h Kadıköy-Harem-Üsküdar
139 Harem-Şile
139a Harem-Şile-Ağva
16a Harem-Pendik
16f Harem-Fındıklı Mahallesi
16m Harem-Ataşehir
16u Harem-U.Mumcu Mah
320a Harem-Samandıra

Detaylı bilgi için http://www.iett.gov.tr adresini ziyaret edebilirsiniz.

ARICILAR OTOBÜS TERMİNALİ

İstanbul'un Avrupa yakasındadır. Az sayıda firmanın terminal olarak kullandığı Arıcılara şirket servisleri, belediye otobüsü ve özel halk otobüsleriyle ulaşım mümkündür.

48b Hasdal (Arıcılar) – Şişli
Alibeyköy Otobüs Terminali

İstanbul'un Avrupa yakasındadır. Bazı otobüs seyehat firmalarının uğradığı bir terminaldir. Şirket servisleri ile ulaşım mümkündür.

KONSOLOSLUKLAR, KÜLTÜR ATAŞELİKLERİ ve KÜLTÜR MERKEZLERİ

Almanya Federal Cumhuriyeti İstanbul Başkonsolosluğu
Telefon: 0212 334 61 00
Fax: 0212 245 26 24
Web: www.germanembassyank.com
E-Posta: infomail@germanembassyank.com
Adres:İsmet İnönü Caddesi No:16
Gümüşsuyu, İstanbul

Amerika Birleşik Devletleri - ABD Konsolosluğu
Telefon: (0212) 335 90 00
Fax: (0212) 335 91 02
Web: www.usemb-ankara.org.tr
Adres: İstinye Mahallesi Kaplıcalar
Mevkii No.2 İstinye, Sarıyer 34460 İstanbul
Vize Bilgi Servisi: Tel: 0 212 340 44 44

Arnavutluk Konsolosluğu
Telefon: 0212 296 24 28
Fax: (0212) 296 24 27
Adres: Valikonağı Cad. Ekmek Fabrikası
Sok. No: 4, Nişantaşı Şişli, İstanbul

Avustralya Konsolosluğu
Telefon: 0212 257 70 50 - 52
Fax: 0212 257 70 54
Web: www.embaustralia.org
E-Posta: ausemank@ibm.net
Adres: Tepecik Yolu No: 58, Etiler, İstanbul

Avusturya Konsolosluğu
Telefon: 0212 262 93 15
Fax: 0212 262 49 84
Web: www.austria.org.tr
Adres: Koybaşı Caddesi No:46
Yeniköy, İstanbul

Azerbaycan Konsolosluğu
Telefon: (0212) 279 54 00, 269 13 43
Fax: (0212) 284 95 79
E-Posta: arzist@superonline.com
Adres: Alt Zeren Sokak No:13
1. Levent, İstanbul

Bahamalar İstanbul Fahri Konsolosluğu
Telefon: (0216) 493 80 00
Fax: (0216) 493 80 80
E-Posta: moliva@turk.net
Adres: Aydıntepe Mah. Tersaneler
Caddesi 50.Sokak No:7
Tuzla, 81700 İstanbul
Hasan Kemal YARDIMCI
(Fahri Konsolos)

Bangladeş Halk Cumhuriyeti İstanbul Fahri Konsolosluğu
Telefon: (0212) 315 52 00
Fax: (0212) 347 00 83
E-Posta: soyakint@turk.net
Adres: Büyükdere Caddesi No:38
Mecidiyeköy, İstanbul
Mehmed Rasim SENGİR
(Fahri Başkonsolos)

Belçika Konsolosluğu
Telefon: 0212 243 33 00
Fax: 0212 243 50 74
Web: www.diplobel.org
Adres: Sıraselviler Cad. No: 73
Beyoğlu, İstanbul

Birleşik Arap Emirlikleri Konsolosluğu
Telefon: 0212-279 63 49
Adres: Konaklar Mah. Meşeli Sok. No.11
4.Levent, İstanbul

Bolivya İstanbul Fahri Konsolosluğu
Telefon: (0212) 272 24 02
Fax: (0212) 267 26 47
Adres: Altan Erbulak Sokak No:3 Kat:3,
Mecidiyeköy, İstanbul
Karlo Yakup MİLOVİÇ(Fahri Konsolos)

Bosna Hersek Konsolosluğu
Telefon: 0212 245 16 16 / 245 16 19
Fax: (0212) 245 16 20
Adres: Beyaz Karanfil Sok. 45,
3.Levent, İstanbul

Brezilya İstanbul Fahri Konsolosluğu
Telefon: (0212) 251 47 35
Fax: (0212) 293 91 29
E-Posta: ist.brasil.cons@superonline.com
Adres: Bankalar Cad. 31/33 K:2
Karaköy, İstanbul
Silvyo BENBASSAT(Fahri Konsolos)

Bulgaristan Konsolosluğu
Telefon: 0212 269 04 78

Fax: 0212 264 10 11
Adres: Ulus Mahallesi Adnan Saygun Cad. No:44, 2. Levent, İstanbul

Burkino Faso İstanbul Fahri Konsolosluğu
Telefon: (0212) 213 06 50
Fax: (0212) 212 82 63
E-Posta: cgandur@seahorsenet.com
Adres:Kore Şehitleri cad. Mithat Ünlü Sokak no:23 Zincirlikuyu, İstanbul
F. Cemil GANDUR(Fahri Konsolos)

Cezayir Demokratik Halk Cumhuriyeti Konsolosluğu
Telefon: (0212) 327 89 80-81
Fax: (0212) 327 89 83
Adres: Süleyman Seba Cad. No:124, (Akaretler Yokuşu) Beşiktaş, İstanbul

Çek Cumhuriyeti Konsolosluğu
Telefon: 0212 234 13 66 - 230 95 97
Fax: (0212) 231 94 93
Adres: Abdi İpekçi Cad. 71, Maçka Nişantaşı, İstanbul

Çin Halk Cumhuriyeti Konsolosluğu
Telefon: 0212 272 52 00
Fax: 0212 274 77 33
Web: www.chinaembassy.org.tr
E-Posta: chinaemb_tr@mfa.gov.cn
Adres: Ortaklar Caddesi No:14 Mecidiyeköy, İStanbul

Danimarka Konsolosluğu
Telefon: 0212 359 19 00
Fax: (212) 359 19 02
Web: www.danimarka.org.tr
E-Posta: info@denmark.org.tr
Adres:Meygede Sokak No.2 TR-80810 Bebek, İstanbul

Dominik Cumhuriyeti İstanbul Fahri Konsolosluğu
Telefon: (0212) 248 36 13
Fax: (0212) 231 30 65
E-Posta: sahipak@superonline.com
Adres:Teşvikiye Caddesi No: 172 İzgü Apt. Kat 4 Da:6 Nişantaşı, Istanbul
Sahip AKOSMAN(Fahri Konsolos)

Ekvador İstanbul Fahri Konsolosluğu
Telefon: (0212) 257 47 88, 257 51 16
Fax: (0212) 287 59 24
E-Posta: ecuadorist@na-plus.com
Adres: Seher Yıldızı Sokak 33/12 Etiler, İstanbul
Fadi NAHAS (Fahri Başkonsolos)

El Salvador İstanbul Fahri Konsolosluğu
Telefon: 0212-567 47 60 (5 hat)
Fax: 0212-565 30 70
E-Posta: info@tekstiplik.com.tr
Adres: Çırpıcı Yolu No:2 34020 İstanbul
Jeki Levi(Fahri Başkonsolos)

Endonezya Cumhuriyeti İstanbul Fahri Konsolosluğu
Telefon: (0212) 287 00 08
Fax: (0212) 287 00 09
Adres: Seheryıldızı Sokak No:22/11 Etiler İstanbul
Semih TEZCAN(Fahri Başkonsolos)

Estonya İstanbul Fahri Konsolosluğu
Telefon: (0212) 315 70 71-72
Fax: (0212) 232 62 91
E-Posta: rana.ozduzencıler@abank.com.tr
Adres: Alternatif Bank A.Ş. Merkez Şubesi, Cumhuriyet Cad. No:22-24 80200 \ Elmadağ, İSTANBUL
Tuncay ÖZİLHAN (Fahri Konsolos)

Etyopya İstanbul Fahri Konsolosluğu
Telefon: (0212) 299 11 20/36
Fax: (0212) 223 95 81
Adres: Nuri Paşa Caddesi No:84 Tarabya Sarıyer, İstanbul
Atilla YURTÇU (Fahri Konsolos)

Filipinler İstanbul Fahri Konsolosluğu
Telefon: 0216 331 43 44
Fax: 0216 537 02 34
E-Posta: rzaimoglu@etas.com.tr
Adres: Cumhuriyet Cad. Ak İş Merkezi No:1 Kat: 5-6 Kavacık Beykoz, İstanbul
Rasim Zaimoğlu (Fahri Konsolos)

Finlandiya İstanbul Fahri Konsolosluğu
Telefon: 0212 283 57 37 - 38
Fax: 0212 283 57 39
Adres:Yeni Çamlık Caddesi Ayaz Sokak No: 5 4. Levent, İstanbul
Ural ATAMAN (Fahri Başkonsolos)

Fransa Konsolosluğu

Telefon: (0212) 243 18 52-53, 293 24 60-61 292 48 10-11
Fax: (0212) 249 91 68
Web: www.ambafrance-tr.org
Adres: İstiklal Cad. 8, Taksim, İstanbul

Gabon İstanbul Fahri Konsolosluğu

Telefon: (0212) 260 71 78
Fax: (0212) 280 00 71
Adres: Nispetiye Cad. Korukent Yolu, Aydın Sok. No: 10 Levent, istanbul
Tuğrul ERKİN (Fahri Konsolos)

Gambiya Cumhuriyeti İstanbul Fahri Konsolosluğu

Telefon: (0212) 259 17 42
Fax: (0212) 258 43 65
Adres: Yıldız Sarayı , Seyir Köşkü, Barbaros Bulvarı Beşiktaş, 80700 İstanbul
Ekmeleddin İHSANOĞLU(Fahri Konsolos)

Gana Cumhuriyeti İstanbul Fahri Konsolosluğu

Telefon: 0212-346 01 12
Fax: 0212-346 01 21
E-Posta: merkez@ustay.com
Adres: Maslak Polaris Plaza, Kat:11 Ahi Evran Cad. No: 1, İstanbul
Ali Haydar ÜSTAY(Fahri Başkonsolos)

Gine Cumhuriyeti İstanbul Fahri Başkonsolosluğu

Telefon: 0216 550 94 01
Fax: 0216 550 94 03
E-Posta: consulatdeguinee@yahoo.fr
Adres: Poyraz Sok. Sadıkoğlu Plaza 1 Kat: 3/69 Kadıköy, İstanbul
Orhan ARGÜN (Fahri Konsolos)

Güney Afrika Cumhuriyeti İstanbul Fahri Konsolosluğu

Telefon: (0212) 227 52 00
Fax: (0212) 260 23 78
Web: www.southafrica.org.tr
E-Posta: ialaton@alarko.com.tr
Adres: Alarko Holding A.Ş. Muallim Naci Caddesi 113-115 Ortaköy, İstanbul
İshak ALATON (Fahri Konsolos)

Gürcistan Cumhuriyeti İstanbul Konsolosluğu

Telefon: (0212) 292 81 10
Fax: (0212) 292 81 12
Adres: İnönü Caddesi No : 55 Marmara Apt. Da:2 Gümüşsuyu Taksim, İstanbul

Haşemi Ürdün Krallığı İstanbul Fahri Konsolosluğu

Telefon: (0212) 274 75 43-44
Fax: (0212) 274 75 62
Adres: Büyükdere Caddesi Lalezar İşhanı No:101 Kat.2 Mecidiyeköy, İstanbul
Osman Mehmed Mithat ÖZBEK (Fahri Başkonsolos)

Hırvatistan Cumhuriyeti Konsolosluğu

Telefon: 0212-293 54 67-68
Fax: (0212) 293 54 76
E-Posta: croconis@netone.com.tr
Adres: Meşrutiyet Caddesi No: 163/2 Tepebaşı Beyoğlu, İstanbul

Hindistan Konsolosluğu

Telefon: 0212-296 21 31 - 32
Fax: (0212) 296 21 30
Web: www.indembassy.org.tr
Adres: Cumhuriyet Cad. 18, Dörtler Apt. Kat:7 Harbiye-Taksim, İstanbul

Hollanda Krallığı Konsolosluğu

Telefon: 0212-251 50 30-33
Fax: (0212) 292 50 31
Web: www.dutchembassy.org.tr
E-Posta: nlgovist@domi.net.tr
Adres: İstiklal Cad. 393, Beyoğlu, İstanbul

İngiltere Konsolosluğu

Telefon: 212 334 6400
Fax: 212 334 6401
Web: www.britishembassy.org.tr
Adres: Meşrutiyet Cad. No:34 Tepebaşı, Beyoğlu, İstanbul
Vize Bölümü/Santral: Tel: +90 212 334 6500
Vize Bölümü/Bilgi ve Sorular: Tel: +90 212 334 6525, Faks: +90 212 334 6504

İran İslam Cumhuriyeti Konsolosluğu

Telefon: 0212 513 82 30 - 32
Fax: 0212 511 52 19
Adres: Ankara Cad. 1/2, Cağaloğlu Eminönü, İstanbul

İrlanda İstanbul Fahri Konsolosluğu
Telefon: 0212-246 60 25
Adres: Cumhuriyet Cad. 26, Harbiye, İstanbul
Dr. James Geary (Fahri Konsolos)

İspanya Konsolosluğu
Telefon: 212) 2707410 - (212) 2707414
Adres: Karanfil Aralığı Cad. No:16 Levent, İstanbul

İsrail Konsolosluğu
Telefon: (0212) 317 65 00
Fax: (0212) 317 65 55
Web:www.israel.org.tr
Adres: Büyükdere Cad. Yapı Kredi Plaza C Blok 7. Kat 80620 4. Levent, İstanbul

İsveç Konsolosluğu
Telefon: 0212-243 57 70
Fax: 0212 252 41 14
Web: www.swedenembassy.org.tr
Adres: İstiklal Cad. 497, Tünel Beyoğlu, İstanbul

İsviçre Konsolosluğu
Telefon: (0212) 283 12 82
Fax: 0212) 283 12 97, 283 12 98 (Vize)
E-Posta: Vertretung@ist.rep.admin.ch
Adres: 1. Levent Plaza, A Blok, Kat 3, Büyükdere Cad.No:173,34394, Levent, İstanbul

İtalya Konsolosluğu
Telefon: 0212 243 10 24-25, 0212 252 54 36
Fax: 0212 252 5879
Web:www.italyancons.org.tr
Adres:Boğazkesen Cad. Tom Tom Kaptan Sok. 15, Galatasaray Beyoğlu İstanbul
Visa: 0212 244 32 59

İzlanda İstanbul Fahri Konsolosluğu
Telefon: (0216) 394 32 10
Fax: (0216) 394 32 08
E-Posta: iceconsulist@hotmail.com
Adres:Okul Yolu No : 9, 81474 Orhanlı, İstanbul
Kazım Münir HAMAMCIOĞLU (Fahri Başkonsolos)

Jamaika İstanbul Fahri Konsolosluğu
Telefon: (0212) 288 63 51
Fax: (0212) 266 42 21
E-Posta: batadıs@superonline.com
Adres: Altan Erbulak Sok. Eken Apt. 6/3, Mecidiyeköy, İSTANBUL
Hikmet Aykut EKEN(Fahri Konsolos)

Japonya Konsolosluğu
Telefon: (0212) 393 20 10-13
Fax: (0212) 393 20 08
Web:www.mofa.go.jp/embjapan/turkey
Adres:İnönü Cad. No: 24, Gümüşuyu Taksim, İstanbul

Kanada Konsolosluğu
Telefon: 0212 251 98 38
Fax: 0212 251 98 88
Web:www.dfait-maeci.gc.ca/ankara
Adres: İstiklal Cad. No. 373/5 Beyoğlu, İstanbul
Telefon: (0212) 662 53 47-48
Fax: (0212) 662 53 49
E-Posta: consulkzist@superonline.com
Adres: Florya Cad.No:62,Yeşilköy, Bakırköy, İstanbul

Kırgızistan Cumhuriyeti Konsolosluğu
Telefon: (0212) 235 67 67
Fax: 0212) 235 92 93
Adres: Lamartin Caddesi Altınay Apt. No:7 Kat 3 Taksim İstanbul

KKTC Kuzey Kıbrıs Türk Cumhuriyeti Konsolosluğu
Telefon: 0212 227 34 90
Fax: 0212 227 34 93
Adres: Emirhan Cad. Yeni Gelin Sok. 8, Balmumcu Beşiktaş İstanbul

Kolombiya İstanbul Fahri Konsolosluğu
Telefon: (0212) 279 98 28-29
Fax: (0212) 268 48 95
Adres: Birlik Sokak.Manolya Apt.3/3 1. Levent, İstanbul
Martha P. Ardila De ÜLKÜMEN (Fahri Konsolos)

Kongo Demokratik Cumhuriyeti Konsolosluğu
Telefon: 216 4253777
Fax: 216 425377
E-Posta: kdcist@yahoo.com
Adres: Çubuklu Caddesi No 52/3 kat 2,

Pembe Yalı-Kanlıca-Beykoz
Fahri Konsolos: Belkıs Gümüş Sever

Kore Cumhuriyeti İstanbul Fahri Konsolosluğu
Telefon: (0212)256 49 70
Fax: (0212) 256 44 14
E-Posta: alikibar@kibarholding.com
Adres: Tersane Cad.Bakır Sokak.No:19, Karaköy, İstanbul
Ali Kibar (Fahri Başkonsolos)

Kostarika İstanbul Fahri Konsolosluğu
Telefon: (0212) 528 68 19
Fax: (0212) 527 57 77
E-Posta: hkitapcı@aidata.net.tr
Adres: Tahmis Kalçın sokak No.15 Eminönü, İstanbul
Ender KİTAPÇI (Fahri Başkonsolos)

Letonya İstanbul Fahri Konsolosluğu
Telefon: (0216) 358 82 98
Fax: (0216) 302 64 42
E-Posta: latvia@netone.com.tr
Adres: Caddesi No: 367/7 Erenköy, İstanbul
Ahmet ARBATLI (Fahri Konsolos)

Liberya İstanbul Fahri Konsolosluğu
Telefon: (0212) 230 13 31
Fax: (0212) 225 06 44
Adres: Cumhuriyet Caddesi No:269 Harbiye 80230 İstanbul
Ceylan PİRİNÇÇİOĞLU (Fahri Başkonsolos)

Libya Konsolosluğu
Telefon: 0212-251 81 00
Fax: (0212) 252 55 15
Adres: Miralay Şefik Bey Sok. No:13, Gümüşsuyu, Taksim

Litvanya İstanbul Fahri Konsolosluğu
Telefon: (0216) 425 05 00
Fax: (0216) 425 04 97-98
Adres: Çavuşbaşı Cad. No: 33 81640 Kavacık, İstanbul
Tayfun UZUNOVA (Fahri Konsolos)

Lübnan Konsolosluğu
Telefon: 0212-236 13 65-66
Fax: 0212 227 33 73
Adres: Teşvikiye Cad. 134/1, Teşvikiye Şişli, İstanbul

Macaristan Cumhuriyeti Konsolosluğu
Telefon: (0212) 225 55 01 - 225 55 19
Fax: (0212) 248 27 83
E-Posta: huconsist@domi.net.tr
Adres:Poyrazcık Sok. No: 35, Beyoğlu, İstanbul

Madagaskar Cumhuriyeti İstanbul Fahri Konsolosluğu
Telefon: (0212) 211 92 06 216 85 13
Fax: (0212) 211 77 01
E-Posta: aftuexport@superonline.com
Adres: Büyükdere Cad. Kral Apt. No:75/10 80300 Mecidiyeköy, İSTANBUL
Nesrin KARAARSLAN KARADAĞ (Fahri Konsolos)

Makedonya Cumhuriyeti İstanbul Konsolosluğu
Telefon: (0212) 249 99 77, 251 22 33
Fax: (0212) 293 77 65
Adres: İnönü Cad. No: 20/3, Gümüşsuyu, Taksim, İstanbul

Malavi Cumhuriyeti İstanbul Fahri Konsolosluğu
Telefon: (0216) 521 38 50
Fax: (0216) 521 38 55
E-Posta: mfbal@hotmail.com
Adres: Alemdağ Caddesi No: 48/4 Kat 3 Çamlıca Üsküdar, İstanbul
Mehmed Fatih BALTACI (Fahri Konsolos)

Maldivler İstanbul Fahri Konsolosluğu
Telefon: (0212) 241 73 72
Fax: (0212) 230 36 97
E-Posta: kamera@turk.net
Adres: Cumhuriyet Caddesi No: 257 Kat.3 Harbiye 80230 İstanbul
Nihat BÖYTÜZÜN(Fahri Başkonsolos)

Malezya İstanbul Fahri Konsolosluğu
Telefon: 0212-247 17 28
Fax: (0212) 247 13 75
E-Posta: nusreta@koc.com.tr
Adres: Halaskargazi Cad. No: 266 Çankaya Apt. Kat 4 Daire 7 Şişli, 80020 İstanbul
Nüsret ARSEL (Fahri Başkonsolos)

Mali İstanbul Fahri Konsolosluğu
Telefon: (0212) 296 81 31 (212) 296 91 39
Fax: (0212) 232 16 61 (212) 247 13 41
Adres:Vali Konağı Cad. Mim Kemal 2. Apt.No:72/12 Nişantaşı, İstanbul
Faruk CENGİÇ (Fahri Konsolos)

Malta Cumhuriyeti İstanbul Fahri Konsolosluğu
Telefon: (0212) 244 28 95, 249 81 62, 243 03 28
Fax: (0212) 252 97 96, 293 35 14
Adres: İstiklal Caddesi Korsan Çıkmazı Akdeniz Apt. K..2 80074 Beyoğlu, İstanbul
M. Oğuz TEOMAN (Fahri Başkonsolos)

Meksika İstanbul Fahri Konsolosluğu
Telefon: (0212) 227 35 00
Fax: (0212) 227 35 04
Adres: Teşvikiye Caddesi Teşvikiye Palas No: 107/2 Nişantaşı, İstanbul
Varol DERELİ(Fahri Konsolos)

Mısır Arap Cumhuriyeti Konsolosluğu
Telefon: 0212 263 60 38, 265 24 40
Fax: 0212 257 44 28
Adres: Cevdet Paşa Cad. no 173 Bebek, İstanbul

Monako Prensliği İstanbul Fahri Konsolosluğu
Telefon: (0212) 262 41 48
Fax: (0212) 266 47 45
Adres: Köybaşı Arkası Sok. No:4 Park Apt.Daire 2, Yeniköy, İSTANBUL
Tuna Aksoy KÖPRÜLÜ(Fahri Başkonsolos)

Nepal İstanbul Fahri Konsolosluğu
Telefon: (0212) 246 61 04-05
Fax: (0212) 240 21 99
Adres: Vali Konağı Caddesi YKB İşhanı Nişantaşı, İstanbul
Fatma Günseli MALKOÇ (Fahri Konsolos)

Norveç Krallığı İstanbul Fahri Konsolosluğu
Telefon: 0212-249 97 53 - 252 06 00
Fax: 0212 249 44 34
Adres: Bilezik Sokak No:2 Fındıklı Istanbul
Selim BİLGİŞİN (Fahri Başkonsolos)

Oman(Umman) Sultanlığı İstanbul Fahri Konsolosluğu
Telefon: (212) 240 11 66
Fax: (212) 234 22 04
E-Posta: dmagripli@national.com.tr
Adres: Rumeli Cad. 16/11, 82220, Nişantaşı, İstanbul
Kenan MAĞRİPLİ (Fahri Konsolos)

Özbekistan Cumhuriyeti İstanbul Konsolosluğu
Telefon: (0212) 323 20 37, 229 00 75
Fax: (0212) 323 20 40
Adres: Şehit Halil İbrahim Cad. 23, İstinye, İstanbul

Pakistan Konsolosluğu
Telefon: (0212) 358 45 06
Fax: (0212) 358 45 08
Adres: Nispetiye Cad.Gülşen Sok.No:3, Beyaz Ev, Etiler, İstanbul

Panama Cumhuriyeti İstanbul Fahri Konsolosluğu
Telefon: (0212) 223 32 67
Fax: (0212) 223 32 67
Adres: Acar Sokak Kubilay Sitesi Mimoza Apt. 26/4 Tarabya, İstanbul
İrma Ah Che DE FİRUZ (Fahri Başkonsolos)

Peru İstanbul Fahri Konsolosluğu
Telefon: 0212-294 23 00
Fax: 0212-294 23 04
E-Posta: consulperu-ist@diplomats.com
Adres: Ayazma Yolu, No:23, 34403, Kağıthane, İstanbul
Jak HAYİM (Fahri Konsolos)

Polonya Cumhuriyeti Konsolosluğu
Telefon: (0212) 291 03 00-1
Fax: (0212) 233 06 18
Adres: Büyükçiftlik Sok. 5-7, Nişantaşı, İstanbul

Portekiz İstanbul Fahri Konsolosluğu
Telefon: (0212) 251 91 18
Fax: (0212) 251 73 48
Adres: Muradiye Cad. 49/5 Sirkeci İstanbul
Aron NOMMAZ (Fahri Konsolos)

Romanya Cumhuriyeti Konsolosluğu
Telefon: (0212) 292 41 25-26-27
Fax: 0212 293 82 61
Adres: Sıraselviler Cad. No:55
Taksim, İstanbul

Rusya Federasyonu Konsolosluğu
Telefon: 0212 244 16 93
Fax: 0212 249 05 07
E-Posta: visavi@turk.net
Adres: İstiklal Cad. 443,
Beyoğlu, İstanbul

San Marino İstanbul Fahri Konsolosluğu
Telefon: (0212)352 06 97
Fax: (0212) 352 05 54
Adres: Maya Rezidans, M Blok, D/13,
Etiler, İstanbul
Mehmed Bercis MOROVA
(Fahri Başkonsolos)

Senegal İstanbul Fahri Konsolosluğu
Telefon: (0212) 241 73 72
Fax: (0212) 230 36 97
E-Posta: senegalconsulate@turk.net
Adres: Cumhuriyet Caddesi No: 257
Kat.3 Şişli 80230 İstanbul
Nihat BÖYTÜZÜN (Fahri Başkonsolos)

Seyşeller Cumhuriyeti İstanbul Fahri Konsolosluğu
Telefon: (0212) 325 26 24
Fax: (0212) 325 26 20
E-Posta: altunc@destekfinans.com
Adres: Yapı Kredi Plaza C Blok Kat 13
Levent, İstanbul
Altunç KUMOVA (Fahri Konsolos)

Sırbistan Konsolosluğu
Telefon: 0212 248 10 04
Fax: 0212 248 35 34
Adres: Valikonağı Cad. No: 96/A
Nişantaşı İstanbul

Singapur İstanbul Fahri Konsolosluğu
Telefon: (0216) 358 01 33, 302 70 44
Fax: (0216) 350 86 19
Adres:Kazım Özalp Sokak No:28/8 Şaşkınbakkal, İstanbul

Slovenya Cumhuriyeti İstanbul Fahri Konsolosluğu
Telefon: (0216)-321 90 00
Fax: (0216)-321 90 13
Adres: Hacı Reşit Paşa Sokak No:7,
Çamlıca, İstanbul
Mustafa Başar Arıoğlu (Fahri Konsolos)

Sri Lanka Demokratik Sosyalist Cumhuriyeti İstanbul Fahri Konsolosluğu
Telefon: (0212) 232 47 00
Fax: (0212) 231 00 35
E-Posta: cerrahgil@cerrahgil.com.tr
Adres:Abdi İpekçi Caddesi No.33
Teşvikiye, İstanbul
Eşref CERRAHOĞLU (Fahri Konsolos)

Sudan Cumhuriyeti İstanbul Fahri Konsolosluğu
Telefon: (0212) 287 68 50
Fax: (0212) 287 68 51
E-Posta: zqe@erdem.com.tr
Adres:Etiler Sokak No:1 , 80630,
Etiler, İstanbul
Zeynel Abidin ERDEM (Fahri Konsolos)

Surinam İstanbul Fahri Konsolosluğu
Telefon: (0212) 291 06 26, 231 25 50
Fax: (0212) 219 39 64
E-Posta: habaconsultant@superonline.com
Adres: Cumhuriyet Caddesi No:317/9 ,
80230, Harbiye, İstanbul
Haşmet BAŞAR (Fahri Konsolos)

Suriye Arap Cumhuriyeti Konsolosluğu
Telefon: 0212 232 67 21 - 232 71 10
Fax: 0212 230 22 15
Adres: Maçka Caddesi Ralli Apt. 59/3
Teşvikiye, İstanbul

Suudi Arabistan Krallığı Konsolosluğu
Telefon: (0212) 281 91 40
Fax: (0212) 281 91 41
Adres: Akıncı Bayırı Sokak No : 8
Mecidiyeköy, İstanbul

Tanzanya İstanbul Fahri Konsolosluğu
Telefon: 0212 233 82 91 – 246 61 42
Fax: 0212 234 56 79
Adres: Şakayık Sok. Park Palas Apt.
No:49/1 Kat 3 Teşvikiye, İSTANBUL
Ziya KARAHAN(Fahri Konsolos)

Tayland Krallığı İstanbul Fahri Konsolosluğu
Telefon: (0212) 292 86 51-52, 292 83 66

Fax: (0212) 292 97 70, 249 43 09
E-Posta: info@thaicons-ist.org
Adres: İnönü Caddesi No: 90 Dersan Han Gümüşsuyu Taksim, İstanbul
Refik GÖKÇEK (Fahri Başkonsolos)

Togo Cumhuriyeti İstanbul Fahri Konsolosluğu
Telefon: (0216) 342 78 21
Fax: (0216) 342 78 21
Adres: Mesut Baban Sitesi, No: 68 A Blok, Daire 20 Altunizade, İstanbul
Sitou GNASSOVNOU(Fahri Konsolos)

Tunus Konsolosluğu
Telefon: (0212) 293 95 78-86
Fax: (0212) 293 95 76
Adres: Meşrutiyet Cad. No:99/1, Tarhan Han, Tepebaşı, İstanbul

Türkmenistan Cumhuriyeti Konsolosluğu
Telefon: (0212) 662 02 22-23
Fax: (0212) 662 02 24
Adres: Gazi Evronos Caddesi Baharistan Sokak No: 13 Yeşilköy, İstanbul

Ukrayna Konsolosluğu
Telefon: (0212) 662 25 41, 662 27 35
Fax: (0212) 662 18 76
Adres: Adakale Sokak No:13 Şenlikköy Florya Bakırköy, İstanbul

Uruguay İstanbul Fahri Konsolosluğu
Telefon: (0212) 352 10 67, 351 23 16
Fax: (0212) 351 08 71
Adres: Zeytinoğlu Cad. Yeşerti Sok. Hayat Apt. 1. B /15 Daire 8, 80630 Etiler, İSTANBUL
Elvira Alonso de Barghi (Fahri Başkonsolos)

Vietnam Sosyalist Cumhuriyeti Konsolosluğu
Telefon: 0212 274 69 08
Fax: 0212 274 69 09
Adres: No: 3/1, Itri Sok., Balmumcu, Beşiktaş, İstanbul

Yemen Cumhuriyeti İstanbul Fahri Konsolosluğu
Telefon: (0212) 231 27 05, 248 20 46, 231 53 66
Fax: (0212) 240 68 08
Adres: Halaskargazi Caddesi Oral Apt. No:107/2 Harbiye, İstanbul
Mohamed Ahmed AL-MASHARI (Fahri Konsolos)

Yeni Zelanda İstanbul Fahri Konsolosluğu
Telefon: 0212-244 02 72
Fax: 0212-251 40 04
E-Posta: nzhonconist@hatem-law.com.tr
Adres: İnönü Cad. 92/3 Taksim, 80090 İstanbul İzzet HATEM(Fahri Konsolos)

Yugoslavya Fedral Cumhuriyeti Konsolosluğu
Telefon: (0212) 248 10 04, 248 11 33
Fax: (0212) 248 35 34
Adres: Valikonağı Cad. 96/A, Nişantaşı, İstanbul

Yunanistan Konsolosluğu
Telefon: 0212-245 05 96-97-98
Fax: (0212) 252 13 65
Adres: Turnacıbaşı Sok. No:32 Galatasaray, Beyoğlu, İstanbul

KÜLTÜR ATAŞELİKLERİ

Almanya Kültür Ataşeliği
Telefon: 0212 251 54 04
Fax: 0212 249 99 20
Adres: İnönü Cad. No:16 80090 Taksim, İstanbul

Amerikan Kültür Ataşeliği
Telefon: 0212 251 25 89, 251 36 06
Fax: 0212 251 52 54
Adres: Meşrutiyet Cad. No:104-108 80050 Tepebaşı, İstanbul

Avusturya Kültür Ataşeliği
Telefon: 0212 236 15 81, 262 49 84
Fax: 0212 258 02 22
Adres: Teşvikiye Cad. Belveder Apt. No: 101 K:2 80212 Teşvikiye, İstanbul

Belçika Kültür Ataşeliği
Telefon: 0212 243 33 00
Fax: 0212 243 50 74
Adres: Sırasevler Cad. No:73 80060 Taksim, İstanbul

Çin Halk Cumhuriyeti Kültür Ataşeliği
Telefon: 0212 272 52 01

Fax: 0212 27 69 06
Adres:Ortaklar Cad. No:14 80290 Mecidiyeköy, İstanbul

Fransız Kültür Ataşeliği
Telefon: 0212 243 43 87, 245 38 35
Fax: 0212 243 77 38
Adres: Nuru Ziya Cad. No:22 80050 Beyoğlu, İstanbul

Hindistan Kültür Ataşeliği
Telefon: 0212 248 48 64
Fax: 0212 230 36 97
Adres: Cumhuriyet Cad. No:257/3 80230 Harbiye, İstanbul

Hollanda Kültür Ataşeliği
Telefon: 0212 251 50 30, 251 50 31
Fax: 0212 251 92 89
Adres: İstiklal Cad. No:393 80050 Beyoğlu, İstanbul

Irak Kültür Ataşeliği
Telefon: 0212 230 29 33
Fax: 0212 234 57 26
Adres: Halide Edip Adıvar Mah. İpekböceği Sok. No: 1 80270 Şişli, İstanbul

İngiltere Kültür Ataşeliği
Telefon: 0212 252 74 74, 252 74 78
Fax: 0212 243 76 82
Adres: İstiklal Cad. No:251-253 K:2 80050 Beyoğlu, İstanbul

İran Kültür Ataşeliği
Telefon: 0212 513 82 30
Fax: 0212 511 52 19
Adres: Ankara Cad. No:1 34410 Cağaloğlu

İspanya Kültür Ataşeliği
Telefon: 0212 225 20 99
Fax: 0212 225 20 88
Adres: Valikonağı Cad. Başaran Apt. No:33 K:3 80220 Harbiye

İtalya Kültür Ataşeliği
Telefon: 0212 293 98 48
Fax: 0212 251 07 48
Adres: Meşrutiyet Cad. No:161 80070 Tepebaşı

Rusya Kültür Ataşeliği
Telefon: 0212 244 26 10, 244 16 93
Fax: 0212 249 05 07
Adres: İstiklal Cad. No:443 80050 Beyoğlu

Yugoslavya Kültür Ataşeliği
Telefon: 0212 248 10 04, 248 11 33
Fax: 0212 248 35 34
Adres: Valikonağı Cad. No:96/A 80200 Nişantaşı

Yunanistan Kültür Ataşeliği
Telefon: 0212 245 05 96, 245 05 97
Fax: 0212 252 13 65
Adres: Turnacıbaşı Sok. No:32 80060 Beyoğlu

KÜLTÜR MERKEZLERİ

Avusturya Başkonsolosluğu Kültür Ofisi
Palais Yeniköy

Köybaşı Cad. No: 44 Pk.13 34464

Yeniköy - İSTANBUL

Tel: (0212) 223 78 43 Fax: (0212) 223 34 69
E-Posta: istanbul-kf@bmaa.gv.at

Fransız Kültür Merkezi
Telefon: 0212 334 87 40
Fax: 0212 334 87 41
web: www.infist.org/
Adres: İstiklal Cad. No:8 Beyoğlu

İspanyol Kültür Merkezi
Tarlabaşi Bulvarı Zambak Sokak 33
34435 Taksim, İstanbul

Telefon: 90 212 292 65 36

Fax: 90 212 292 65 37

web: cenest@cervantes.es

İtalyan Kültür Merkezi
Telefon: 0212 293 98 48
Adres: Meşrutiyet Cad. No:161, Tepebaşı, Taksim, İstanbul

Japon Kültür ve Enformasyon Merkezi
Telefon: 0212 251 15 80-81
Adres:İstiklal Cad. Fransız Konsolosluğu arkası Ana Çesme Sok. No:3, İstanbul